期成会実践刑事弁護叢書05

東京弁護士会期成会明るい刑事弁護研究会編

入門・覚せい剤事件の弁護

改訂版

現代人文社

はじめに

　現在刑事事件で有罪判決を受ける者の罪名のトップは、覚せい剤取締法違反（以下、覚せい剤事件という）である。これに次ぐのが窃盗である。

　所持や使用でも、覚せい剤事件が不起訴となることはほとんどなく、執行猶予の判決を得られる例は、初犯で所持量が少ないなどのケースに限られている。その結果、刑務所は覚せい剤犯歴者であふれている。

　そこで、全国の刑務所では彼らの改善・更生、社会復帰のために一般改善指導に加えて薬物依存離脱指導をとり入れている。

　しかし、覚せい剤事件は再犯者や累犯者が多く、刑務所での矯正教育には限界がある。ここから、処罰よりも治療をといわれ、仮に刑事手続のレールに乗った場合でも、特殊な手続（例えば米国のドラッグコート）が提言される所以である。

　もとより、覚せい剤事件の捜査―公判に直面すれば、我々には、他の事案と同様に適切な弁護活動が求められるが、その場合、上記の特質をふまえつつ、他方で薬物を対象とする犯罪ゆえの覚せい剤事件固有の弁護活動の方法（領域といってもよい）があるはずである。

　本書は、このような観点から、期成会明るい刑事弁護研究会が、覚せい剤事件にかかわった自らの弁護経験や判例を集積するとともに、鑑定や治療の専門家を招いて、広く薬物事件への対応や留意すべき問題点、弁護のポイント（捜索押収手続の問題点や証拠上の争点、新しい治療法など）を学び、これらの成果をまとめたものである。

　それゆえ、捜査、公判弁護をこえて、更生、社会復帰までの我々のケアーも視野においている。

　本書は、2008年2月に出版した期成会実践刑事弁護叢書02「覚せい剤事件の弁護活動」の改訂版である。この間に捜査手法や被疑者・被告人の弁解も多様化し、これらを反映した多くの裁判例が蓄積されている。そこで現在の要請に応えるべく大幅に改訂したのが本書である。前著にもまして、活用されることを願ってやまない。

2018年1月31日

　　　　　　　　　　　　東京弁護士会期成会明るい刑事弁護研究会
　　　　　　　　　　　　　　　　世話人　西嶋勝彦

入門・覚せい剤事件の弁護〔改訂版〕 目次

はじめに 003

覚せい剤事件の弁護活動

▶▶覚せい剤事件の受任にあたって 022
▶▶犯罪捜査が適正になされているかどうかを慎重にチェックする 023
▶▶保釈 031
▶▶公判段階 032
▶▶情状弁護 034

薬物鑑定業務の経験から

牧野由紀子
（薬学博士、東京大学大学院薬学系研究科研究員、元・厚労省関東信越厚生局麻薬取締部主任鑑定官）

▶▶自己紹介 040
▶▶違法薬物問題の現況 040
▶▶乱用薬物の性質・作用 041
▶▶薬物乱用対策について 042
▶▶覚せい剤について 044
▶▶覚せい剤の作用 046
▶▶覚せい剤の種類 047
▶▶覚せい剤の原料 050
▶▶覚せい剤の密造地域と流通経路 052
▶▶覚せい剤の鑑定 052
▶▶覚せい剤を炙った副流煙を吸ったとの弁解について 077
▶▶まとめ 078
▶▶質疑応答 078

覚せい剤 Q&A

森 啓
（元・帝京大学医学部法医学教室講師）

Q1 覚せい剤を舐めてみるとどのような味がするのか。それは他の食物と明らかに違いがわかるものか。　084

Q2 覚せい剤の鑑定において、検査に必要な尿、毛髪及び血液の量は、それぞれどれくらいか。　084

Q3 尿中の覚せい剤の有無を鑑定した科学捜査研究所のすべての鑑定書が、「全量消費した」と記載しているが、全量消費しないと鑑定ができないのか、残してあってもそう記載するのか、残すことに支障があるのか。また、再鑑定ができない不利益を被告人側が負う状態を改善する方法はないか。　084

Q4 同様の問題は、鑑定対象が毛髪や血液のときにも起こっているのか。そしてその改善策としてはどのようなことが考えられるか。　085

Q5 覚せい剤反応は、最終使用からどれくらいまでの間であれば検出できるのか。裁判では尿検査で覚せい剤が検出される期間を10日から2週間程度と想定しているようだが、その根拠は何か。血液・尿・毛髪など、採取する部位によって異なるか。また、それには個人差があるのか。　085

Q6 覚せい剤の摂取方法、試料の部位、鑑定方法別に、薬物作用が生じる最低限の使用量、鑑定で検出されうる最低限の使用量を教えてほしい。　085

Q7 1回しか覚せい剤を使用していなくても、毛髪から覚せい剤反応は出るのか。　086

Q8 1回の薬物使用で毛髪からの検出は可能か。又、毛髪のどの部位にどの程度蓄積されるか等、薬物の移行機構はどの程度解明されているのか。　086

Q9 薬物鑑定では、尿が最適であり、毛髪などは第二あるいは補助手段と言われているが、それはどういうことか。　087

Q10 毛髪から覚せい剤反応が出ると常習者（慢性中毒）という判断をしていいのか。　087

Q11 ブドウ糖の点滴をすると、尿検査において覚せい剤反応が出なくなる可能性があるのか。　087

Q12 覚せい剤の定性試験（検査）と定量試験（検査）の違い、及びそれぞれの意義を説明してほしい。　088

Q13 薄層クロマトグラフィーによる検査とは、どのような原理に基づくものか。この方法で使用量の多少や常習性が分かるものか。 088

Q14 マルキス試液やシモン試液で染色する検査とは、どのような原理に基づくものか。この方法で使用量の多少や常習性が分かるものか。 088

Q15 ガスクロマトグラフィー(GC)による検査とは、どのような原理に基づくものか。この方法で使用量の多少や常習性が分かるものか。 089

Q16 ガスクロマトグラフィー質量分析計(GCMS)による検査とは、どのような原理に基づくものか。この方法で使用量の多少や常習性が分かるものか。 089

Q17 覚せい剤の鑑定では、フェニルメチルアミノプロパンとフェニルアミノプロパンの両方について鑑定する必要があると聞いたことがあるが、それはなぜか。また、鑑定書に「フェニルメチルアミノプロパンが検出された」という記述しかない場合、どのような方法で争うのが正当か。 089

Q18 被疑者・被告人が「自分は絶対にやってない。尿をすり替えられたのかもしれない」という弁解をしているときに、鑑定を問題とする弁護活動としては、どのような切り込み方が可能か(例えば、鑑定に用いられた尿が本人のものであるかどうかを、DNA鑑定によって確認する必要がある、など)。 090

Q19 科学捜査研究所が行っている鑑定手法が陳腐化しているということだが、覚せい剤が検出された以上、その結論は争えないと思う。弁護人としては、本来、何を問題とすべきなのか。 090

Q20 日本薬学会規定「薬毒物化学試験法」とはどんなものか。これに準じて尿中覚せい剤の定性試験を行ったとだけ記載され、いかなる手順により鑑定が行われたか不明の鑑定書に出会ったが、如何なものだろうか。 091

物質使用性障害と中毒性精神病の治療

梅野 充
(精神保健指定医、精神科専門医/指導医、精神保健判定医、医療法人社団アパリ・アパリクリニック、医療法人社団學風会・さいとうクリニック)

▶▶物質使用性障害をめぐる近年の動向 094

▶▶薬物使用による精神科的問題
　　──中毒性精神病と物質使用性障害（薬物依存症）　094
▶▶乱用薬物とは　094
▶▶乱用と依存症との関係　095
▶▶依存症の進行過程　097
▶▶依存症の症状　097
▶▶「中毒」という言葉　098
▶▶依存症者がたどる経過　099
▶▶中毒性精神病とは　100
▶▶中毒性精神病の治療　101
▶▶医者に課せられる２つの義務　102
▶▶依存症の治療　103
▶▶入院治療　104
▶▶生き方を考え直す──自助グループ　104
▶▶依存症カウンセリング　106
▶▶回復のための資源──家族、地域ネットワーク　108

事例集

1　訴因

[１]　覚せい剤所持の事案で、覚せい剤をホテルの客室の窓から外に投げるまでの間覚せい剤を同室内等において所持していたことと、公訴事実（ホテルの駐車場において覚せい剤を所持していたこと）との間には公訴事実の同一性があると認められた事例**（最高裁判所第三小法廷平成13年11月12日判決）**
　　112

[２]　いわゆる麻薬特例法違反被告事件の上告審において、多数回にわたり、氏名不詳の多数人に薬物を譲り渡した旨の概括的な記載のある公訴事実について、訴因の特定として欠けるところはないとされた事例**（最高裁判所第一小法廷平成17年10月12日決定）**
　　114

2　違法薬物の認識

［3］運転手として関与した被告人が共謀して営利目的で覚せい剤輸入をした事案において、捜査段階の自白について供述過程や供述内容に変遷があり、その変遷に不合理な部分があり、他方、捜査段階で供述しなかったことを含め、犯意を否認する公判供述には、決して不自然な点がなく、一応信用できるとされた事例（**鳥取地方裁判所米子支部平成12年12月14日判決**）
　　　　　　　　　　　　　　　　　　　　　　　　　　116

［4］覚せい剤の輸入について、運搬役の被告人には運搬物の中に規制薬物が隠匿されている蓋然性を基礎づける事実の認識があったと認めることには疑いがあるとして、未必の故意も認められず、被告人を無罪とした事例（**千葉地方裁判所平成27年7月19日判決**）
　　　　　　　　　　　　　　　　　　　　　　　　　　117

［5］覚せい剤を密輸入しようとしたとして起訴された事案について、本邦に持ち込んだスーツケースに覚せい剤が隠匿されていたことを知らなかった旨の被告人の弁解を裏付ける事実を詳細に精査・認定して、未必的にせよ故意があったとするには合理的疑いが残るとして無罪を言い渡した事例（**千葉地方裁判所平成19年8月22日判決**）
　　　　　　　　　　　　　　　　　　　　　　　　　　119

［6］覚せい剤密輸の事案において、刑訴法382条の事実誤認とは、第1審判決の事実認定が論理則、経験則等に照らして不合理であることをいうから、控訴審が第1審判決に事実誤認があるというためには、第1審判決の事実認定が論理則、経験則等に照らして不合理であることを具体的に示すことが必要であると判示したうえ、被告人を無罪とした第1審判決を破棄した原判決を破棄し、控訴棄却の自判をした事例（**最高裁判所第一小法廷平成24年2月13日判決**）
　　　　　　　　　　　　　　　　　　　　　　　　　　123

［7］覚せい剤密輸（業務委託型）の事案において、覚せい剤が貨物に入っていたことに対する被告人の認識やその輸入に対する氏名不詳者らとの共謀がなかったとすれば合理的に説明することができない事実関係も、説明が困難である事実関係も認められないとして無罪を言い渡した事例（**東京地方裁判所平成24年3月12日判決**）
　　　　　　　　　　　　　　　　　　　　　　　　　　127

［8］覚せい剤自己使用の故意が争点となった事案において、被告人の尿中から覚せい剤成分が検出された場合、特段の事情がない限り、その検出が可能な期間内に、被告人が覚せい剤をそれと認識して身体に摂取した事実を推認することができるとしつつも、上記推認を妨げる特段の事情があるとして無罪を言い渡した事例（**東京地方裁判所平成24年4月26日判決**）
　　　　　　　　　　　　　　　　　　　　　　　　　　128

［9］被告人が覚せい剤在中のスーツケースを日本に持ち込んだ事案において、密売組織に一方的に運び役として利用された可能性があるとして、被告人に対し、無罪を言い渡した事例（**大阪地方裁判所平成25年5月29日判決**）
　　　　　　　　　　　　　　　　　　　　　　　　　　130

［10］覚せい剤の密輸の事案において、被告人Aが、本件コーヒー袋の中に覚せい剤を含む違法薬物が入っているかもしれないとの認識、被告人Bが、募集メールに応じた者が覚せい剤を含む違法薬物を持ち込むかもしれないとの認識を有していたと認めるには足りないとして、それぞれに無罪を言い渡した事例（裁判員裁判）（**大阪地方裁判所平成25年9月27日判決**）
　　　　　　　　　　　　　　　　　　　　　　　　　　132

[11] 覚せい剤の密輸の事案において、被告人の知情性を否定して無罪を言い渡した第1審（裁判員裁判）について事実誤認があるとして有罪とした原審に法令解釈適用の誤りはないとした事例 **(最高裁判所第一小法廷平成25年10月21日決定)**

134

[12] 覚せい剤の密輸の事案において、被告人に本件スーツケース内に覚せい剤を含む違法薬物が隠匿されていたことの認識があったと認めることには合理的な疑いが残るとして、無罪を言い渡した事例（裁判員裁判）**(千葉地方裁判所平成26年3月17日判決)**

136

[13] 覚せい剤の密輸事案において、被告人に覚せい剤が隠されていることを知らなかったという合理的疑いがあるというべきであるとして無罪を言い渡した事例（裁判員裁判）**(千葉地方裁判所平成26年6月11日判決)**

137

[14] 覚せい剤密輸入事犯（航空機、スーツケース隠匿）で被告人の弁解が一概に排斥することができないから故意があったと常識的に考えて間違いないと判断するには躊躇せざるを得ないとして無罪とした事例 **(千葉地方裁判所平成26年8月6日判決)**

139

[15] ジャンパー内から覚せい剤が発見された覚せい剤所持事犯において、被告人のジャンパーは知人から譲り受けた物であるが覚せい剤のことは知らなかったという弁解につき排斥することはできないとして無罪とした事例 **(福岡地方裁判所小倉支部平成26年12月9日判決)**

141

[16] 覚せい剤使用事犯において、被告人の合法ドラッグを注文して受け取りそれが覚せい剤であるとは知らなかった旨の弁解につき、信用できないものと排斥することはできないとして原判決を破棄し無罪とした事例 **(高松高等裁判所平成27年2月12日判決)**

143

[17] 覚せい剤密輸の事案において、原判決が、犯行に対する故意を認めることができると認定したことについては、その証拠の評価、推認過程に種々の論理則、経験則等に適わない不合理な点があり、是認することができないとし、原判決を破棄し、無罪を言い渡した事例 **(東京高等裁判所平成27年12月22日判決)**

145

[18] 覚せい剤密輸の事案において、原審の公判前整理手続及び原判決の判断の在り方が、証拠に基づき事実を認定するものとなっていないとし、これを是認することはできないとしたうえで、スーツケース内に覚せい剤を含む違法薬物が隠匿されている可能性があると被告人が認識していたとは認められないとして、原判決を破棄し、被告人に対し無罪を言い渡した事例 **(東京高等裁判所平成28年1月13日判決)**

146

[19] 覚せい剤密輸の事案において、被告人両名が本件浄水器等に覚せい剤を含む違法薬物が隠匿されていた認識があったと認めることには合理的な疑いが残るとして、被告人両名に対し無罪を言い渡した事例（裁判員裁判）**(千葉地方裁判所平成28年5月19日判決)**

148

［20］覚せい剤密輸の事案において、本件スーツケース内に覚せい剤を含む違法薬物が隠匿されているとの認識がないとの被告人の弁解がメール等の客観証拠により強く裏付けられ、PTSDの影響により通常人よりも大局的な判断能力が低下しているとして、所持品内に違法薬物が隠匿されているとの認識があったと認めるには合理的な疑いが残るとして、無罪を言い渡した事例（裁判員裁判）（千葉地方裁判所平成28年6月24日判決）

150

3 捜査の適法性（違法収集証拠）

(1) 捜査が違法とされた事例

［21］被疑者の承諾なく行った所持品検査について、必要性及び緊急性は認められるものの、プライバシー侵害の程度が高く、所持品検査の許容限度を逸脱しているとして逮捕手続が違法であるとし勾留請求を却下した裁判に対する準抗告を棄却した事例（東京地方裁判所平成12年4月28日決定）

153

［22］被告人が帰宅したい旨の意思を表明したのに対し、強制採尿令状発付まで長時間警察署に留め置いた警察官の行為は、任意捜査の限界を超え違法であるものの、当時の被告人の態度に照らすと、その違法の程度は証拠能力を否定すべきほどの重大なものとはいえないとされた事例（札幌高等裁判所平成13年2月20日判決）

155

［23］採尿手続に先行する警察官の任意捜査は、その限界を超えて違法であるものの、適法な採尿手続によって獲得された尿の証拠能力を失わせなければならないような重大なものとはいえないとされた事例（札幌高等裁判所平成13年9月25日判決）

157

［24］覚せい剤自己使用の事案で、本件採尿に至る過程に重大な違法があり、その違法行為を直接利用して行われた採尿により得られた尿の鑑定書等の証拠能力は否定されるべきであるとし、被告人を無罪とした事例（横浜地方裁判所平成13年12月3日判決）

160

［25］覚せい剤の使用、所持及び窃盗の事案について、①捜索差押許可状の発付に当たり疎明資料とされた被疑者の尿に関する鑑定書が、逮捕手続に重大な違法があるとして証拠能力を否定される場合であっても、②同許可状に基づく捜索により発見され、差し押さえられた覚せい剤及びこれに関する鑑定書は、証拠能力を否定されないとされた事例（最高裁判所第二小法廷平成15年2月14日判決）

162

［26］覚せい剤の自己使用事案において、被告人の尿を違法収集証拠であるとしてその証拠能力を否定し、被告人に無罪を言い渡した原判決を破棄し、被告人が警察署に留め置かれる状況下でなされた本件採尿手続きも違法性を帯びるが、その程度が重大で令状主義の精神を没却するものとまではいえないとして被告人に有罪を言い渡した事例（大阪高等裁判所平成16年10月22日判決）

165

［27］職務質問に付随する所持品検査において、警察官が被告人のポケットの内容物を下からつかんで押し上げ、意図的に落下させて、覚せい剤を発見したという合理的な疑いが残るとし、当該行為は令状主義の精神を潜脱し、没却するような重大なものであって、得られた証拠の証拠能力を否定すべきであるとして、覚せい剤の所持の点については無罪としたうえで、上記覚せい剤の

存在を疎明資料として発付された捜索差押許可状に基づく強制採尿手続には固有の違法は存しないとして、覚せい剤の自己使用の点については有罪とした事例（**大阪地方裁判所平成18年6月29日判決**）
167

[28] 覚せい剤取締法違反被疑事件の捜査段階で行われた採尿手続きについて、任意同行の際に警察官らによる強度の実力行使があったが、これを隠蔽したこと、公判廷で捜査官側がはなはだ不公正な態度をとっていることを考え合わせると、捜査の違法は、結果的に令状主義の精神を没却するような重大なものとなり、将来における違法捜査抑制の見地からも証拠は排除せざるを得ないとして、尿の鑑定書の証拠能力を否定し、無罪を言い渡した事例（**宇都宮地方裁判所平成18年8月3日判決**）
170

[29] 任意同行後、被告人が退出の意思を表明したにもかかわらず、強制採尿令状を提示するまでの約3時間半の間、退出を阻止したうえ、取調室に留め置いた行為は、任意捜査の限度を超えて違法であるが、被告人の尿に関する鑑定書の証拠能力は、排除されないとした事例（**東京地方裁判所平成21年1月20日判決**）
172

[30] 浮浪罪に当たるとして現行犯逮捕されたが、その逮捕が違法であったため、その逮捕手続中に採取された尿から出た覚せい剤成分を根拠にした鑑定書の証拠能力が否定された事例（**大阪高等裁判所平成21年3月3日判決**）
175

[31] 荷送人の依頼に基づき宅配便業者の運送過程下にある荷物について、捜査機関が、捜査目的を達成するため、荷送人や荷受人の承諾を得ることなく、これに外部からエックス線を照射して内容物の射影を観察した行為は、検証としての性質を有する強制処分に当たり、検証許可状によることなくこれを行うことは違法であるとした事例（**最高裁判所第三小法廷平成21年9月28日決定 ※事例［51］の上告審**）
177

[32] 被告人に対して行われた職務質問及び所持品検査の実施の際に、被告人が弁護士に電話をかけようとしたのを警察官が妨害したことが、弁護権を侵害する重大な違法に当たるなどとして、被告人が所持品検査の現場で任意提出した覚せい剤及びその後警察署で任意提出した尿について、いずれも証拠能力が排除されるべきであるとして、被告人に無罪が言い渡された事例（**東京地方裁判所平成21年10月29日判決**）
179

[33] 被告人が明確に拒絶していたにもかかわらず、実質的に無令状でウエストバッグの捜索を行い、これにより覚せい剤が発見されたので被告人を逮捕し、その後、違法な身柄拘束状態を利用して採尿手続を行ったとして、尿の鑑定書の証拠能力を否定し無罪を言い渡した事例（**京都地方裁判所平成22年3月24日判決**）
181

[34] 任意同行後、被告人が退去の意思を強く示したにもかかわらず、取調室出入り口付近を大勢の警察官で立ちふさがって事実上退去を不可能にするなど、長時間にわたり違法に留め置き、逮捕後、無令状で身体検査を行い、強制採尿令状請求の際には、注射痕が存在しなかったことを隠していたという一連の捜査過程には、令状主義の精神を没却する重大な違法があったとし、尿鑑定書の証拠能力を否定して、覚せい剤取締法違反について無罪を言い渡した事例（**松山地方裁判所平成22年7月23日判決**）
184

［35］必要性・緊急性が存在しなかったにもかかわらず無人の車両を違法に捜索し、それにより覚せい剤を発見したことを端緒として被告人に職務質問、緊急逮捕の要件がないにもかかわらず被告人を実質的に逮捕したとして、警察官の態度も併せて考慮し、一連の手続の違法の程度は令状主義の精神を潜脱し没却するような重大なものであると評価し、尿鑑定書の証拠能力を否定して無罪を言い渡した事例（横浜地方裁判所平成23年3月8日判決）
186

［36］覚せい剤自己使用の事案において、採尿までの警察官の取調べ、被告人の取調室待機、警察官の説得という捜査手続や取扱いはそれぞれ違法なものであり、警察官は、これらの違法や捜査手続、取扱いによる影響の累積によって、被告人が自己の意思に基づいて尿の提出に応じるかどうか判断することを著しく困難にし、最終的にこれを承諾するに至らせたものであり、この一連の捜査過程には令状主義の精神を没却する重大な違法があるとして、被告人の尿の鑑定書等の証拠能力を否定し、これらの証拠請求を却下した事例（東京地方裁判所平成23年3月15日決定）
188

［37］覚せい剤自己使用の事案において、軽犯罪法違反による現行犯逮捕は犯罪の明白性を欠くのみならず、覚せい剤取締法違反の捜査目的で行われた令状主義の精神を没却する違法なものであることから、被告人の尿の鑑定書には証拠能力が認められないとして無罪を言い渡した事例（福岡地方裁判所小倉支部平成24年1月5日判決）
190

［38］覚せい剤自己使用の事案において、被告人に対する所持品検査には令状主義の精神を潜脱し、没却するような重大な違法があるとして、被告人の尿の鑑定書の証拠能力を否定し、無罪を言い渡した事例（東京地方裁判所平成24年2月27日判決）
193

［39］被告人方を捜索中、被告人が弁護士に連絡させてほしいと言ったのを警察官が制止したとしても、弁護人依頼権を侵害したものとはいえず、強制採尿令状の執行中、警察官が被告人の所持していた携帯電話を取り上げ、被告人からの返還要求を拒んだ行為は違法であるが、違法の程度が重大であるとはいえないとして、その後に採取された被告人の尿に関する鑑定書の証拠能力を肯定した事例（福岡高等裁判所平成24年5月16日判決）
195

［40］覚せい剤自己使用の事案において、被告人に対する暴行の現行犯逮捕は、現行犯逮捕自体として違法であるだけでなく、別件逮捕としても違法であって、その違法の程度は、令状主義の精神を没却する重大な違法に該当するから、その逮捕による身体拘束を利用して得られた尿の鑑定書には証拠能力は認められないとして無罪を言い渡した事例（京都地方裁判所平成24年6月7日判決）
197

［41］警察官が被告人に対し、捜索差押えや逮捕をしないと虚偽の約束をした上で、覚せい剤の隠し場所を聞き出した事案において、被告人供述のみならず、それと密接不可分の関連性を有する第二次証拠である覚せい剤、鑑定書等も違法収集証拠として排除し、原判決を破棄し、被告人を無罪とした事例（東京高等裁判所平成25年7月23日判決）
199

［42］覚せい剤使用の事案において、捜索時に、被告人に対する逮捕状は発付されておらず、現行犯逮捕や緊急逮捕の要件もないのに、警察官が被告人に対し、被告人が頭部等から出血するほどの暴力を振るい、実質的に被告人を逮捕した違法は令状主義を没却する重大なものと言わざるを得ないとして、尿

の提出、領置、鑑定の関係の各書証の証拠能力を否定し、無罪の言渡しをした事例（静岡地方裁判所平成25年11月22日判決）
201

[43] 覚せい剤の自己使用等の事案において、被告人をパトカー内で長時間留め置いたことにつき違法の重大性を認めて尿の鑑定書等を違法収集証拠として証拠能力を認めず、無罪判決を言い渡した事例（札幌地方裁判所平成26年8月25日判決　※事例［57］の上告審）
203

[44] 被告人は覚せい剤使用を認めているものの、被告人の尿の鑑定書等をいずれも違法収集証拠として職権で証拠から排除し、そうすると自白を補強する証拠がなく、被告人を有罪とすることはできず犯罪の証明がないことになることから、無罪の言い渡しをした事例（京都地方裁判所平成27年12月4日判決）
205

[45] 被告人の尿の鑑定書の前提となる強制採尿令状請求において、意図的に事実と異なる記載をした捜査報告書を疎明資料として裁判所に提出した行為は、令状主義に関する裁判官の判断をゆがめるものであり、そのような疎明資料を提出して強制採尿令状を得た捜査手続には、令状主義の精神を没却する重大な違法があるとして、本件鑑定書に証拠能力を認めることはできないと示して、破棄自判して、被告人に無罪を言い渡した事例（東京高等裁判所平成28年6月24日判決）
206

⑵　捜査が適法とされた事例

[46] 捜索差押許可状の呈示に先立って、警察官らがホテル客室のドアをマスターキーで開けて入室した措置は適法であるとした事例（最高裁判所第一小法廷平成14年10月4日決定）
209

[47] 覚せい剤を自己使用の事案で、①自傷他害のおそれある異常な言動をしていた被告人について、警察官が東京都衛生局に通報することは、たとえ医師が採尿することを知っており、その尿を証拠として採取したいとの意図が併存していたとしても、直ちに違法になるものではなく、②被告人の言動に自傷他害のおそれがある状況下では、指定医が被告人の尿を採取したことは適法であるとした事例（東京地方裁判所平成14年12月27日判決）
211

[48] 警察官らが、被告人の了解なく被告人が宿泊するホテルの客室内に立ち入ったこと、及び、全裸の被告人を現行犯逮捕するまで約30分間にわたりソファーに押さえ続けた行為がいずれも適法であったとして、その際に被告人の財布から押収された証拠、及びその派生証拠について、その収集手続には証拠能力に影響を及ぼすような違法はないとされた事例（最高裁判所第一小法廷平成15年5月26日判決）
213

[49] 捜索や逮捕の前に捜査官による行き過ぎた有形力の行使があったとしても、その後これと無関係に行われた捜索や逮捕手続、尿の押収手続の適法性は左右されず、また捜査全体が違法と評価されるものではないとされた事例（東京地方裁判所平成15年7月31日判決）
215

[50] 医師が治療のため被告人の承諾を得ることなく採取し、警察が押収した尿につき、医療行為として必要な尿の採取については被告人の承諾が認められないとしても医療行為として違法であるとは言えないとして、証拠能力を認めた事例（最高裁判所第一小法廷平成17年7月19日決定）
217

[51] 覚せい剤取締法違反被告事件の捜査段階において、配送途中の荷物について、内容物の射影を観察するために、令状なく、エックス線検査にかけたという捜査方法について、荷送人・荷受人のプライバシー等を侵害するものであるとしても、その程度は極めて軽度のものにとどまるとし、捜査機関が任意捜査として実施しうると判示した事例（大阪地方裁判所平成18年9月13日判決 ※事例[31]の1審）
219

[52] 覚せい剤取締法違反被疑事件において、捜索差押許可状に基づき、被告人立会いの下に被告人居室を捜索中、宅配便の配達員によって被告人あてに配達され、被告人が受領した荷物についても同許可状に基づき捜索できるとした事例（最高裁判所第一小法廷平成19年2月8日決定）
221

[53] 被告人を留め置いた時間、被告人を留め置くために警察官が行使した有形力の態様からすれば、被告人の自由の制約は最小限度にとどまっていたから、本件における強制手続への移行段階における留め置きも、強制採尿令状の執行へ向けて対象者の所在確保を主たる目的として行われたものであって、いまだ任意捜査として許容される範囲を逸脱したものとまでは認められない等とした事例（東京高等裁判所平成21年7月1日判決）
223

[54] 被告人を約4時間にわたり職務質問の現場に留め置いた事案において、職務質問を開始して約40分後に、強制採尿令状請求の手続きに取り掛かっており、捜査機関に、令状主義潜脱の意図があったとは認められないとして、尿の鑑定書の証拠能力を肯定した事例（東京高等裁判所平成22年11月8日判決）
225

[55] 覚せい剤自己使用の事案において、捜査手続には被告人の弁護人との接見交通権を侵害する違法があるとしつつも、採尿手続には令状主義の趣旨を潜脱するような重大な違法があるとまではいえないとして、被告人の尿の鑑定書の証拠能力を肯定した事例（東京地方裁判所平成23年12月21日判決）
227

[56] 強制採尿前に被疑者が尿の任意提出を求めた場合、捜査官は、強制採尿に至る経緯、尿の任意提出を申し出た時期、申出の真摯性等を勘案して、強制採尿を実際に実行するか否かを判断できるとした事例（東京高等裁判所平成24年12月11日判決）
229

[57] 覚せい剤の自己使用等の事案において、被告人をパトカー内で長時間留め置いたことにつき違法であるとしつつも、その程度は重大ではないこと等を理由として鑑定書等が違法収集証拠であり証拠能力を欠くとした原審の判断には訴訟手続の法令違反があるとして差し戻した事例（札幌高等裁判所平成26年12月18日判決 ※事例[43]の控訴審）
231

[58] 捜索差押許可状の発付は嫌疑がなく違法であり、同令状に基づいてされたウェストポーチの捜索及び覚せい剤の差押えは違法である等として被告人を無罪とした原判決を破棄し、被告人に有罪を言い渡した事例（東京高等裁判所平成27年3月4日判決）
233

4　尿鑑定による事実認定

[59]　覚せい剤の自己使用の事案で、被告人からの任意提出にかかる尿は、被告人が採尿時に排泄した尿ではなかった可能性が相当に高く、尿の鑑定書の証拠価値は著しく低いとして、被告人を無罪とした事例（**釧路地方裁判所帯広支部平成14年3月27日判決**）

236

[60]　被告人が捜査官に提出した尿が鑑定に付されるまでの過程が明らかでなく、当該尿が適正かつ妥当な方法により鑑定に付された事実を認められないとして、懲役2年を言い渡した原判決を破棄し、無罪を言い渡した事例（**東京高等裁判所平成15年4月14日判決**）

239

[61]　尿の量や薄層クロマトグラフィー（TLC）検査の結果によって、尿中の覚せい剤濃度とその摂取時期について判断を行うとの手法は、合理的な疑いを容れないほどの科学的根拠を有していないとして、起訴状記載の期間内に、被告人が覚せい剤を使用したという事実は認定できないとしたうえで、破棄差戻しをした事例（**東京地方裁判所平成22年1月21日判決**）

241

[62]　被告人の尿の鑑定書について、その鑑定対象となった尿が被告人の尿であるとは認められず、関連性がないと判断し、他に証拠はなく、無罪を言い渡した事例（**東京地方裁判所立川支部平成28年3月16日判決**）

243

5　自らの意志で覚せい剤を摂取したのではないとする弁解

[63]　覚せい剤の自己使用の事案で、被告人がその意思に反して男性客に覚せい剤を注射されたものであるとの弁解はあながち排斥することはできないとして、被告人を無罪とした事例（**東京高等裁判所平成14年7月15日判決**）

246

[64]　覚せい剤の自己使用の事案について、第三者が気を失った被告人に対して覚せい剤を摂取させた可能性が否定できない以上、覚せい剤使用の故意の要件を欠くとした事例（**名古屋地方裁判所豊橋支部平成15年4月14日判決**）

247

[65]　被告人が職務質問を受けて逃走した後に、被告人が所有する普通自動車内のタバコの箱の中から発見された覚せい剤が、被告人以外の者によって入れられた可能性が否定できないとして、無罪とした事例（**東京地方裁判所平成22年1月26日判決**）

249

[66]　被告人に対してわいせつな行為をしようとし、その手段として覚せい剤を注射しようとする第三者に対し、抵抗することが非常に困難な状況であったため、注射される間抵抗しなかったことが認められるとしても、覚せい剤使用についての共謀を認めることが出来ないとして無罪を言い渡した事例（**大阪地方裁判所平成24年8月31日判決**）

252

[67]　被告人が覚せい剤を自己の身体に注射したのは、捜査対象者から拳銃を頭部に突き付けられて覚せい剤の使用を強要されたためであることから緊急避難に該当するとして無罪を言い渡した事例（**東京高等裁判所平成24年12月18日判決**）

254

[68] 被告人はその意思に基づかずに覚せい剤を注射されたことを具体的にうかがわせる事情があることなどから、被告人が自らの意思に基づき覚せい剤を使用したという点に合理的疑いが残るとして、無罪を言い渡した事例（福岡地判小倉支部平成26年7月18日判決）
255

[69] 覚せい剤の使用事犯において、交際相手が被告人に無断で同人の飲み物に薬物を入れた旨の供述が信用できるとして、被告人につき覚せい剤使用の故意が認められないとして無罪とした事例（奈良地方裁判所平成27年8月26日判決）
257

6　共犯者の供述

[70] 覚せい剤営利目的輸入罪の共犯関係の成立が争点となった事案において、共犯者2名の供述には信用性がなく、他方、被告人の弁解内容には一応の合理性があり信用性を否定できないとして、被告人を無罪とした事例（福岡地方裁判所平成13年7月17日判決）
260

[71] 被告人が共謀して覚せい剤有償譲受けをした事案における密売の首謀者であった共犯者Aとの間の共謀について、Aの証言に不合理な変遷や関係者の証言と看過し得ない齟齬があり、信用性が認められないとして、被告人を無罪とした事例（大阪地方裁判所平成13年10月4日判決）
263

[72] 被告人2名（Y1・Y2）の覚せい剤取締法違反・関税法違反が争われた事件で、実行行為に関与していない被告人2名の罪に関して、共謀の成立が問題となり、その共謀の認定について、この両名の共犯者とされる者Aの供述の信用性が争われた事例（東京地方裁判所平成20年5月14日判決）
265

[73] 覚せい剤密輸の共謀の有無が争点となった事案において、公判廷における宣誓・証言を拒否した共犯者の供述によって被告人が共犯者らに対して覚せい剤の密輸を持ちかけ指示するなどしたと間違いなく認定することはできないなどとして無罪を言い渡した事例（千葉地方裁判所平成24年5月16日判決）
266

[74] 被告人の関与を認めた共犯者供述は捜査側の意に添う虚偽供述であり、それを除外すると犯罪の証明がないとして無罪を言い渡した事例（東京高等裁判所平成24年12月14日判決）
268

[75] 覚せい剤を共犯者の体内に隠匿し、密輸しようとした事案において、共犯者と共謀していたことについては合理的な疑いが残るとして、被告人に対し、無罪を言い渡した事例（大阪地方裁判所平成24年12月21日判決）
270

[76] 覚せい剤の密輸の事案において、関係者Bについて、検察官が、被告人又は弁護人にBに対し直接尋問する機会を与えることについて、相応の尽力はおろか実施することが容易な最低限の配慮をしたことも認められないとして、退去強制によって出国したBの検察官調書の刑訴法321条1項2号前段による採用を認めなかった事例（東京地方裁判所平成26年3月18日判決）
271

[77] 覚せい剤密輸入事犯において、共犯者の供述が通話記録により裏付けられていること等を理由に信用できるとし共謀の事実が認定できるとして有罪とされた事例（**大阪地方裁判所平成27年3月24日判決**）
274

[78] 依頼を受けて覚せい剤を運搬したとする覚せい剤所持の幇助罪の事案において、運搬を依頼したとの依頼主の供述の信用性を否定し、その他被告人において運搬物の中に覚せい剤があるとの認識を認めるに足りる証拠は存在しないとして、無罪を言い渡した事例（**大阪地方裁判所平成27年11月12日判決**）
276

[79] 覚せい剤譲渡の事案において、唯一の積極的直接証拠である譲受人Aの供述が高い信用性を有するとはいえないとし、入手先が被告人以外の者であることの合理的疑いが残るとして無罪を言い渡した事例（**宇都宮地方裁判所平成28年12月1日判決**）
277

[80] 覚せい剤の密輸の事案において、密輸入について被告人の指示を受けていたという共犯者供述が、核心部分について通話記録で裏付けられるなどの理由から信用できるとした事例（**大阪高等裁判所平成28年11月16日判決**）
280

7　法令の適用

[81] 被告人が覚せい剤を本邦に輸入しようと企てたが、目的を遂げなかった事案で、覚せい剤輸入罪の既遂時期は陸揚げ時であることを理由として、予備しか成立しないとした事例（**最高裁判所第三小法廷平成13年11月14日決定**）
283

[82] 被告人が覚せい剤入りの紙袋を電車の座席に置き忘れに気付かないまま降車した事案で、乗客により紙袋が遺失物として車掌に届けられた時点での覚せい剤の所持を排斥し、予備的訴因である座席を移動する前の時点での所持を認めた事例（**東京高等裁判所平成14年2月28日判決**）
284

[83] 被告人が共犯者と共謀の上、覚せい剤を輸入した後に、配達員から受領した時点での所持は、覚せい剤輸入に必然的に伴う所持と評価すべきであり、その時点での覚せい剤所持は覚せい剤輸入罪に吸収され、別罪を構成しないとされた事例（**東京地方裁判所平成15年11月6日判決**）
286

[84] 海上に投下した覚せい剤を小型船舶で回収して本邦に陸揚げするという方法で覚せい剤を輸入することを計画し、密輸船から海上に投下したが、悪天候のため、回収を断念した事案について、覚せい剤が陸揚げされる客観的な危険性が発生したとはいえず、輸入罪の実行の着手がないとされた事例（**最高裁判所第三小法廷平成20年3月4日判決**）
288

[85] 路上での覚せい剤等の密売に売り子として関与し幇助犯とされた被告人に対する麻薬特例法11条1項、13条1項に基づく没収・追徴の範囲は、幇助犯が薬物犯罪の幇助行為により得られた財産等に限られるとした事例（**最高裁判所第三小法廷平成20年4月22日判決**）
290

［86］既に別件で覚せい剤取締法違反の執行猶予付き確定判決を受けている被告人に対する、本件覚せい剤事件の併合関係に関して、本件での覚せい剤使用行為が、その確定判決の前か後かが明らかでないという場合にも、使用時期は、上記確定裁判に関する事実に対する捜査が開始された後であることは明らかであるとして、本件覚せい剤使用の罪は、別件の確定判決と併合罪の関係にはないとした事例（東京地方裁判所平成22年1月28日判決）
291

［87］被告人が覚せい剤代金として得た1万円札は、麻薬特例法12条が準用する組織犯罪処罰法14条により、被告人の所持金の中から1万円を没収すべきであるとして、麻薬特例法13条1項前段、11条1項1号により被告人から1万円を追徴した原判決を破棄した事例（東京高等裁判所平成22年4月27日判決）
293

［88］税関職員である財務事務官が犯則事件の調査において作成した写真撮影報告書や差押調書等の書面について、検証の結果を記載した書面と性質が同じであると認められる限り、刑訴法321条3項所定の書面に含まれるとした事例（東京高等裁判所平成26年3月13日判決）
295

［89］覚せい剤密輸の事案において、証拠となった電子メールの趣旨について、当事者に釈明を求めないまま、客観的な趣旨を根本的に取り違えた上、これを前提として結論を導いた原審の訴訟手続には、釈明義務に違反した違法があり、原判決には訴訟手続の法令違反があるとして、原判決を破棄し、差し戻した事例（東京高等裁判所平成28年1月20日判決）
297

8　その他

［90］被告人が情を知らない第三者Aをして覚せい剤を輸入したとされる事案において、荷物の引き取りの経緯に関する被告人の供述については、弁解に虚偽があるものとして排斥することはできず、また、Aが所持していた被告人の住所等が記載されたメモの存在だけでは被告人が本件に関与していたとは断定できないとした事例（大阪地方裁判所堺支部平成13年3月22日判決）
300

［91］発見された大麻が、発見場所となった自動車の運転者であった被告人の所有物であることにつき、合理的な疑いがあるとして無罪を言い渡した事例（京都地方裁判所平成14年2月7日判決）
302

［92］共謀による覚せい剤の営利目的所持の事案で、被告人の覚せい剤密売組織における役割、密売への関与の程度から、時期によっては共謀による共同所持の事実が認められないとして一部無罪を言い渡した事例（大阪地方裁判所平成16年10月25日判決）
304

［93］警察官が収集、保管している証拠について弁護人が証拠保全の請求をし、原審がこれを認めて証拠を押収したため、検察官が準抗告を申し立てたが、申立権がないという理由で棄却されたために、警察署長が準抗告を申し立てた事案において、保全すべき必要性が肯認できるのは、捜査機関が、証拠を故意に毀滅したり、紛失させたりするおそれがあることが疑われる特段の事情が疎明された場合に限られるとし、また、検察官及び警察官ともに申立権を有するとして、原裁判を取り消して、押収請求を却下した事例（京都地方裁判所平成17年9月9日決定）
306

[94] 捜査段階での取調べにおいて、警察官が被告人に対し暴行を加え、傷害を負わせた行為について、著しく妥当性を欠いた違法な取調べであり、これにより被告人の被った肉体的・精神的苦痛も大であったと考えられ、量刑判断において相当程度考慮することが必要であるとした事例（**大阪地方裁判所平成18年9月20日判決**）
308

[95] 覚せい剤の使用及び所持の事案の控訴審において、原判決の量刑は、原判決言渡しの時点では重過ぎて不当であるとはいえないが、原判決結前に存在した情状に加え、原判決後に生じた情状を併せ考慮すると、現時点においては、執行猶予を付さなかった点において重過ぎることになったとして、原判決を破棄、自判し、執行猶予を付した事例（**東京高等裁判所平成20年2月12日判決**）
309

[96] 犯罪歴のない主婦が友人夫婦に協力して覚せい剤を輸入した事件の控訴審において、いわば友人夫妻に騙されて海外に渡航させられ、協力依頼を断りにくい状況に追い込まれ、それほど重大なことと気付かないまま犯行に協力させられてしまったといえること等の情状を考慮すると実刑判決は量刑が重すぎるとし、また被告人を支える者が大勢いることから社会での更生が相当として、破棄自判し、執行猶予判決を言い渡した事例（**東京高等裁判所平成20年3月13日判決**）
311

[97] 覚せい剤密輸（業務委託型）の事案において、実行行為を行っていない被告人につき、覚せい剤輸入の故意は認められるとしつつも、被告人と犯罪組織関係者が、貨物発送時以前において、共同して覚せい剤を輸入するという意思を通じ合っていたことが常識に照らして間違いないとはいえないとして無罪を言い渡した事例（**東京地方裁判所平成23年7月1日判決**）
313

[98] 覚せい剤を密輸した事件について、被告人の故意を認めながら共謀を認めずに無罪とした第1審判決には事実誤認があるとした原判決に、刑訴法382条の解釈適用の誤りはないとされた事例（**最高裁判所第三小法廷平成25年4月16日決定**）
316

[99] 同種前科で執行猶予判決後わずか約1年で覚せい剤の自己使用及び所持をした事案において、再犯防止のため、社会内において薬物再乱用防止プログラムを備えた薬物離脱のための適切な指導を受けさせる期間を十分に設けることが有用であるなどとして、保護観察付執行猶予に処した事例（**千葉地方裁判所平成28年6月2日判決**）
318

覚せい剤事件の弁護活動

▶▶覚せい剤事件の受任にあたって

⑴　弁護士が覚せい剤事件と出会うのは、当番弁護士として弁護士会を経由して接見要請がある場合や、被疑者段階又起訴後において、法テラスを通じて国選弁護を受任する場合が大半であろう。

　弁護士会の当番弁護士センターは、被疑者・被告人から、逮捕・勾留されている警察署や勾留質問をした裁判所を通じて接見要請の連絡を受けたときは、まえもって当番弁護士の希望者を募って作成してあるリストに従って、弁護士を派遣する。

　弁護士会から当番弁護士に送られる情報は、被疑者の氏名、性別、生年月日、勾留されている警察署や拘置所、被疑事実の罪名、国籍と使用言語のみである。それゆえ、覚せい剤事件の場合は「覚せい剤取締法違反」とだけしかわからず、覚せい剤の所持か、使用か、譲り受けか、譲り渡しかは接見して被疑者に尋ねてみないとわからない。

⑵　弁護士は警察の留置場や拘置所などで被疑者・被告人と接見するが、被疑者段階であれば、被疑者や関係者の供述調書、捜査報告書などの刑事記録はまったく閲覧できず、もっぱら被疑者に逮捕・勾留された経過などを尋ねてアドバイスをすることになる。起訴されていれば、検察官に証拠の閲覧請求を行う。

　弁護士は、住所、氏名、年齢、職業、健康状態などを簡単に尋ねた後、どのような容疑で逮捕・勾留されたのか尋ねる。被疑者・被告人のなかには、職務質問を受け、所持品検査を受けて覚せい剤を所持していたことが判明し、現行犯逮捕され、さらに尿検査を受けて陽性反応が出たと正直に話をしてくれる者もいれば、警察官にいきなり逮捕され、尿検査を受けたら陽性反応が出たが思いあたるふしがないと弁解する被疑者・被告人もいる。

　前科・前歴について尋ねると、覚せい剤に関する前科・前歴が少なからずあることがわかってくる。腕の肘の内側を見せてもらうと注射痕を見つけることもある。

　弁護士は、被疑者・被告人に対し、容疑を素直に認めて、執行猶予付きの判決もしくは執行猶予が付かなくてもできるだけ量刑の軽減を求める方針とするか、あるいは、容疑を否認して不起訴処分となるようにするか、あるいは起訴されても無罪を争うという方針とするかについて助言する。

⑶　覚せい剤事件の場合、覚せい剤を所持していた場合は所持罪で、尿検査で陽性反応が出れば使用罪で、ほぼ例外なく起訴される。私費で弁護人を選任できない場合は裁判所が国選弁護人を選任する。弁護人は、起訴後、検察官が公判において取調べ請求予定の証拠の閲覧請求をする。

　この段階で捜査の結果、すなわち、被告人や関係者の供述調書、捜索・押収された物品、所持していた粉末や結晶が覚せい剤であることを示す鑑定書、尿中に覚せい剤の成分が含まれていることを示す鑑定書等を閲覧することができ、被告人がどのように覚せい剤を入手して使用したか、これまでの覚せい剤の使用歴や前科・前歴はどうなっているのか、生活状況や家庭環境はどうなっているのかが明らかになる。

⑷　被告人が覚せい剤の所持や使用を争う場合は、弁護活動は容疑が存在しないことに向けられる。しかし、被告人が覚せい剤の所持や使用を争わない場合は、情状面を前面に出して、量刑の軽減を求めることになる。

▶▶犯罪捜査が適正になされているかどうかを慎重にチェックする

⑴　覚せい剤事件の弁護活動に特徴的な点

　第1に、職務質問、所持品検査、自動車検問、逮捕手続、証拠品の捜索押収、尿や毛髪の採取手続などについて捜査が適正になされているかどうか、常に注意深く検討する必要がある。覚せい剤事件の判例を検討すると、捜査の端緒となる職務質問、所持品検査もしくは自動車検問について、捜査の適正と被疑者の人権が鋭く対立していることがわかる。また、逮捕手続（特に現行犯逮捕された場合）、証拠品の捜索押収や採尿手続の適正について争われた事例も多数存在する。

　第2に、覚せい剤が身体に摂取、蓄積及び排泄されるメカニズムや鑑定の信用性を検討しなければならず、科学的知見を十分理解しておかねばならない。被疑者・被告人のなかには尿検査の結果に納得しない者が少なからず存在する。そのような場合は、①覚せい剤が身体に摂取され、蓄積され、排泄される医学的なメカニズムを説明し、②科学捜査研究所で行われている尿検査（鑑定）の仕組みを解説し、③被疑者・被告人の採尿手続の経緯に問題がなかったかどうかを検討すれば、ほとんどの被疑者・被告人は自らがおかれている立場を理解する。

　第3に、被疑者・被告人のなかには罪を免れたいがゆえに虚偽やごまかし

の弁解を重ねる者が少なくなく、弁護人が虚言に惑わされて迅速かつ適切な弁護活動ができなくなったり、知らないうちに証拠隠滅に関与させられているという事態を招くことがあるので、弁解の信用性を十分に吟味しなければならない。

(2) **捜査の端緒**
ア 被疑者自身に捜査の端緒がある場合
 i 職務質問・所持品検査・自動車検問
　警察官が、路上に佇立徘徊したり駐停車中の自動車に乗車中の不審者に対して職務質問をすると、不審者がことさらに警察官を無視あるいは逃走するような挙動をしたり、落ち着きのない言動やうわのそらの対応をすることがある。自動車検問の際に不自然な走行をする運転者に職務質問をすると、不審な対応をすることもある。警察官は不審者から氏名と生年月日を聞き出し、警察署に無線で犯歴照会をすると不審者の覚せい剤等の前科・前歴の有無が判明する。このようなやりとりを経て、警察官は、不審者に対し、最寄りの警察署まで任意同行や尿検査のための尿の任意提出を求める。所持品検査で覚せい剤と思われる粉末や結晶が入ったパッケージを所持していることが明らかになれば、それについて予試験（簡易試験〔シモン試薬試験・Xチェッカー試験・マルキス試薬試験などの試験〕）が行われ、覚せい剤反応が出れば、覚せい剤の所持で現行犯逮捕ということになる。
 ii 別件逮捕
　覚せい剤を使用している者は包丁やナイフを携帯していることも多いことから、警察官は覚せい剤の所持や使用について十分な嫌疑がなくても、銃砲刀剣類所持等取締法違反で現行犯逮捕し、それに伴う身体の捜索により、覚せい剤の所持が明らかになれば、そのことを理由として再逮捕するということもある。ここでは上記法律の無原則な運用がなされていることを指摘しておく。
　また、自動車検問の際に不自然な走行をする自動車があると、覚せい剤の所持や使用について十分な嫌疑がなくても、道路交通法違反で現行犯逮捕し、それに伴って自動車を捜索することで覚せい剤の所持が明らかになることがあり、そのことを理由として再逮捕することがある。
 iii Xチェッカーによる予試験（簡易試験）
　警察官が、職務質問を行った際、質問した不審者が覚せい剤らしい結晶や粉末の入った小さいビニール袋もしくは覚せい剤を溶かしたと思われる液体の入った容器を発見しても、これらの外観だけで覚せい剤と判定することはでき

ない。そこで、現場で不審者が所持している覚せい剤らしき不審物が覚せい剤だと判定できるような試験器具が開発されてきた。

現在、警察が使用しているものの一つが「Xチェッカー」という覚せい剤予試験試薬である。Xチェッカーは、プラスチック製の容器（チューブ）に、(ア)ニトロプルシッドナトリウム溶液のアンプル、(イ)アセトアルデヒド・エタノール溶液のアンプル、(ウ)炭酸ナトリウム溶液を染み込ませた試験紙が入っている。

警察官は次のような手順で不審物が覚せい剤であることを判定する。
① 警察官は不審者にXチェッカーによる予試験をすることを説明をする。
② 警察官は不審者にXチェッカーが開封されていないことを確認させる。
③ 容器（チューブ）に覚せい剤と疑われる検体を入れる。検体が液体の場合は1〜2滴プラスチックチューブに入れるか、試験紙に染み込ませる。粉末、結晶の場合は耳かき半分くらいの少量をプラスチックチューブに入れる。
④ 容器（チューブ）のふた（キャップ）を締めた後、容器（チューブ）を軽く曲げると、(ア)と(イ)のアンプル2本が破裂し、中の溶液が検体と反応する。
⑤ 覚せい剤が存在すれば試験紙が青藍色となる（陽性反応）。

Xチェッカーはあくまで予試験（簡易試験）であるので、青藍色を示したときは覚せい剤（メタンフェタミン＝フェニルメチルアミノプロパン）の疑いが高まったという程度にとどまり、あらためて検体の確認試験を依頼する必要がある。

しかし、警察官は、不審者が所持していた結晶、粉末もしくは液体が覚せい剤もしくはその水溶液である可能性が極めて高いことが判明し、覚せい剤所持の容疑が固まれば、不審者を現行犯逮捕することになる。

イ 共犯者の供述等が捜査の端緒となる場合
　i 共犯者の供述

被疑者との覚せい剤の授受について共犯者の供述調書が作成されると、それに基づいて被疑者の逮捕や被疑者宅の捜索・押収がなされる。

　ii 携帯電話の受発信履歴や電話会社の交信記録

被疑者と共犯者との電話の通話記録や電子メールの記録は覚せい剤を授受していたことの間接証拠となる。

iii　銀行等の預貯金の記録
　被疑者や共犯者の預金口座における入出金の記録が覚せい剤の有償授受がなされたことの間接証拠となる。
　　iv　宅配便の配達記録
　宅配業者の配達記録が、宅配業者を介して覚せい剤を授受していたことの間接証拠となることがある。伝票は荷渡人欄のほとんどが匿名や偽名であるが、荷受人欄は真正の記載をせざるを得ない。荷渡人についても筆跡や荷渡営業所から特定される。

(3) 覚せい剤の摂取方法
ア　注射
　薬局で医療用（多くは糖尿病のインシュリン注射）の注射器と注射針を購入し、それを用いて覚せい剤を溶かした水溶液を自己又は他人の静脈に注射して身体に摂取する。ときには、医療機関が廃棄した注射器や理科の実験用（昆虫採集用）の注射器を使用していた例もある。注射部位は両腕の内側が多いが、何回も注射すると注射痕が残り、覚せい剤を身体に摂取した痕跡となるので、手の甲、足の踝付近などに注射する場合もある。注射は、覚せい剤の成分が直接血液中に入るので、他の方法と比べて即効性があり少量で効果がある。また、複数の者で1本の注射器を使用すると（いわゆる回し打ち）、感染症に罹患する可能性が高い。覚せい剤の常習者にC型肝炎の罹患者が多いのはそのためと言われている。

イ　嚥下
　覚せい剤を直接口から飲み下す方法である。これには、覚せい剤を食物や飲み物に混ぜる場合とそのまま飲み下す場合がある。嚥下した覚せい剤は胃腸から血液に吸収される。注射痕のように身体に摂取した痕跡が残らない。なお、覚せい剤を舐めてみると強い苦みがすると言われている。

ウ　吸引
　覚せい剤をたばこのパイプであぶって吸引したり、アルミ箔の上に少量置き、アルミ箔の下から火であぶり、気化したところを吸引したりする。吸引した覚せい剤は肺から血液に吸収される。覚せい剤をあぶるとその場にいた者の毛髪、皮膚、衣類だけでなく家具の表面、換気扇、空調機のフィルターにも付着する。水をしめらせたガーゼでそれらを拭き取って鑑定にかける。吸引も注射痕のように身体に摂取した痕跡が残らないので使用頻度が高い。

エ　陰部への塗布

　覚せい剤を使用する者のなかには性交渉時の性的興奮を高めようとして覚せい剤を使用する者がいるが、女性の性器に覚せい剤の水溶液を塗布したところ、これが原因で女性の尿から覚せい剤反応が出た事例がある。

(4)　**尿の採取方法について**

ア　尿の採取方法（主に任意提出の場合）は次のとおりである。
　①　警察官が被疑者に尿採取用の半透明の容器を与える。
　②　被疑者は容器の蓋に封緘するシールに署名・指印する。
　③　被疑者は容器の蓋を開け、水道水で容器のなかを洗浄する。
　④　被疑者は容器に尿を入れる。
　⑤　被疑者は容器の蓋を自ら閉める。
　⑥　被疑者は容器の蓋にシールを封緘する。
　⑦　被疑者は容器を警察官に提出する。
　⑧　警察官は容器を科学捜査研究所に送る。

イ　なお、シールに署名・指印するのは③ないし⑤の間で前後することがある。警察官は、被疑者が尿検査の手続に異議を述べることが予想される場合は、上記採取手続の各過程を写真撮影し、写真撮影報告書を作成することがある。

ウ　尿検査に必要な量は、少なくとも10ミリリットルと言われている。鑑定に疑義が出た場合に再鑑定ができるよう、最初の鑑定で尿の全量消費は絶対に避け、再鑑定ができる程度の尿を保管するようなシステムを実現すべきであるが、現実的には、被疑者段階における科学捜査研究所での鑑定において、鑑定書に「全量消費」したと記載され、再鑑定用の残量はないとされる。

エ　被疑者が任意に尿の提出に応じないときは、警察官は令状を請求し、その令状に基づいて被疑者から尿を強制的に採取する。尿の任意提出に応じない被疑者でも令状が発付された場合は大半が尿の採取に応じるが、それでも応じない場合は、警察官が被疑者の身体を拘束し、医師が採尿カテーテルを使用して採尿するのが一般的である。

(5)　**毛髪検査について**

　毛髪に覚せい剤の成分が蓄積するには、長期または多数回の使用を要するので、尿検査だけでは覚せい剤の使用を認定できない場合に併用されることが多い。毛髪の採取方法も尿検査と同様に、任意提出による場合と身体検査令状による場合がある。毛髪検査の鑑定結果が覚せい剤の使用事実の認定に採用され

た事例として、東京地裁平成4年11月30日判決・判例時報1452号151頁がある。

⑹ **科学捜査研究所における鑑定について**
ア 尿検査と毛髪検査の手順はほぼ同様である。
　① 不純物の取除（溶媒抽出法によって得られた抽出物を検査する）
　② 薄層クロマトグラフィーによる検査
　③ シモン試液、マルキス試液による検査（呈色反応）
　④ ガスクロマトグラフィー質量分析計による検査
イ 薄層クロマトグラフィーによる検査
　抽出物を、シリカゲルを塗布したガラス板上（薄層クロマトグラム）に展開させ、覚せい剤の水溶液の展開と比較し、覚せい剤含有の有無を判断する検査である。
ウ マルキス試液、シモン試液による検査（呈色反応）
　薄層クロマトグラムに展開した抽出物について、覚せい剤の水溶液を展開させた部位と同部位に試液を噴霧すると、覚せい剤が含有されている場合、マルキス試液であればレンガ赤色、シモン試液であれば青藍色に変色する。
エ ガスクロマトグラフィー質量分析計による検査
　薄層クロマトグラムでマルキス試液やシモン試液に反応した部分を分離してトリフルオロ酢酸誘導体を作成し、ガスクロマトグラフィー質量分析計にかけ、そのスペクトルと覚せい剤トリフルオロ酢酸誘導体のスペクトルと比較し、覚せい剤含有の有無を判断する。
　公判段階で被告人や弁護人が尿検査の信用性を争うと、検察官は、科学捜査研究所の技官を証人申請するとともに、ガスクロマトグラフィー質量分析計の検査データを書証として取調べ請求し、その検査データに基づいて尋問を行う。
オ 尿検査は、定性分析（覚せい剤の成分が含まれているか否か）であり、定量分析（覚せい剤の成分がどのくらい含まれているか）ではないため、尿に覚せい剤が含有されているという証明にはなるが、濃度や常習性は判断できない。毛髪に覚せい剤が蓄積されていれば、その蓄積過程を考えれば、毛髪から覚せい剤が検出されること自体が多数回の使用（常習性）を推定させる。
カ 尿検査や毛髪検査で陽性反応が出た場合
　尿検査や毛髪検査で陽性反応が出た場合、特段の事情のない限り、被告人が自らの意思により何らかの方法で覚せい剤を摂取したものと推定され、被告人

や弁護人がそれを争う場合は、覚せい剤とは知らずに摂取したとか、第三者に強制的に摂取させられた等の特段の事情を立証しなければならない。

＜参考判例＞
　最高裁昭和 56 年 4 月 25 日決定・判例時報 1000 号 128 頁
　高松高裁平成 8 年 10 月 8 日判決・判例時報 1589 号 144 頁
　浦和地裁越谷支部平成 9 年 1 月 21 日判決・判例時報 1599 号 155 頁

(7) 被疑者・被告人の弁解

ア 「点滴（利尿剤）をうってください」
　被疑者から、「自分はある疾病があり、○○という薬を点滴でうってもらいたい」と懇願されることがある。被疑者が本当に薬を処方されているという場合もあるが、大方の狙いは、点滴（特に利尿剤）により体内の覚せい剤を少しでも早く（多く）排泄し、尿検査で陽性反応となることを免れたいということである。警察官や医師は被疑者のこのような狙いは熟知している。

イ 「警察官は、私に暴行を加え、私が所持していた覚せい剤を奪いました」
　覚せい剤の所持を認めざるを得なくなった場合の弁解の一つで、違法収集証拠の法理に依拠し、覚せい剤の押収手続に違法があり、これを証拠とすることに異議を述べるものである。

ウ 「尿検査で陽性反応となったのは他の薬物による反応である」
　覚せい剤を身体に摂取したことを認めざるを得なくなった場合の弁解の一つである。覚せい剤と同じ反応が出る薬はまれに存在するが、そのような場合はその薬を処方されたことを立証すればよい。薬品名を特定できなかったり処方された事実を明らかにできないのであれば、信用することはできない。

エ 「これは何だろうと思って舐めたら覚せい剤でした」
　上記ウと同様の弁解の一つである。しかし、一般の人はどのような物質かわからないもの（自らに危害が生じるような毒性を持つ可能性があるもの）を舐めて確かめるはずがない。また、覚せい剤は独特の苦みがあると言われており、常習者であればそれに気づくはずであるから、覚せい剤と気づいた瞬間にこれを吐き出すのが通常である。それを飲み込んでしまったのであれば、それを正当化することは困難である。

オ 「私は騙されて覚せい剤を飲まされてしまいました」
　上記ウと同様の弁解の一つである。被疑者の弁解を細かく問い質していくと、覚せい剤を飲ませたとされる人物の存在自体が不明であったり、連絡をとることができなかったりすることが多い。覚せい剤を飲まされた日時、場所、

経緯が不明であることも多い。「(タブレットに入っていない)裸のカプセルを風邪薬と説明を受けて飲んだ」等と不自然不合理な弁解をして信憑性に欠ける場合が多いが、覚せい剤の常用者の夫または妻、近親者にはそのような場合がある。なお、本書掲載の裁判例の中にも上記の弁解が認められた事例があるので、参考にされたい。

カ 「私は他の者が覚せい剤をあぶって吸引するところに居合わせたので気化した覚せい剤を吸引してしまいました」

上記ウと同様の弁解の一つである。他の者が覚せい剤をあぶって吸引していたものを自らも吸引した(間接吸引)とするのであれば、密閉された狭い場所で覚せい剤を使用する者と長時間一緒にいたこと以外あり得ないが、そのような状況にいたこと自体がきわめて不自然不合理である。

キ 「渋谷のイラン人から買いました」「パチンコ店で顔見知りのシャブ仲間から買いました。顔は知っていますが、名前はお互いに偽名で呼び合っていたので知りません」

覚せい剤の入手経路についての虚偽の弁解の例である。覚せい剤の所持や使用が明らかになると、その入手経路が問題となる。捜査機関としては覚せい剤の販路を捜査する要請がある。被疑者・被告人が、犯行を真に反省せず、今後も覚せい剤の購入を予定しているのであれば、覚せい剤の入手先を確保しておくために、入手経路(誰から譲り受けたか)は秘匿し、虚偽の説明に終始する。しかし、これは情状としてきわめて悪く、量刑に影響を与える。

(8) 証拠の検討

ア 注射器

何らかの疾病があり医療用の注射器を使用する必要がある者は存在するが、そのようなものは医療機関から容易に診断書等を取り寄せて無実を証明することができる。しかし、そのような弁解ができないまま注射器や注射針を所持しているのは覚せい剤に関与しているという疑いをもたれてもしかたがない。また、東京都内には覚せい剤の使用に利用されることを知りつつ注射器を販売する薬局が存在し、その周辺には、覚せい剤関係者が注射器を購入しようとし、それらを警察官や麻薬取締官が内偵しているという異様な光景もある。

イ 注射痕

被疑者の両腕等に注射痕がある場合は覚せい剤使用の常習性を想定することになる。何度も注射を打つと、静脈にそって内出血をおこしていたり皮膚が紫色に硬化してかさぶたができる。警察官は被疑者の注射痕を写真撮影し写真

撮影報告書を作成する。被疑者は、「献血をした」、「点滴をした」、「皮膚が弱いので数回でこのようになった」等と弁解するが、信用性は低い。
　ウ　パッケージ（パケ）
　　覚せい剤の常習者もしくは売人はビニール袋を加工して小さい袋を作り、それに覚せい剤を小分けしておくことが多い。これは「パケ」と呼ばれる。小さいビニール袋でジッパー付きのものが市販されているが、それらを利用することも多い。
　エ　計量器
　　被疑者の所持品から計量器（しかも 0.1 グラム単位で計測できるもの）が発見されたり押収されたりしていれば、覚せい剤の小分けをして譲渡していた可能性を想定しなければならない。0.1 グラム単位で計測する必要があるものはそれほど多くない。
　オ　パイプ・アルミ箔（吸飲具）
　　覚せい剤をあぶって吸飲する道具として、煙草用のパイプだけでなくアルミ箔やそれを加工したパイプ状のものが見受けられる。
　カ　携帯電話の発着信履歴・電話会社の通信記録・銀行等の取引明細・宅配便の配達記録
　　被疑者・被告人が共犯者と覚せい剤の授受や代金の支払いを行ったことについて間接証拠となるものである。
　キ　被疑者・被告人の幻覚幻聴・手指の振戦（ふるえ）・フラッシュバック
　　覚せい剤の慢性中毒になると、挙動不審、落ち着きがない、受け答えに支障がある、幻覚や幻聴、手指の振戦、フラッシュバック等が見られる。

▶▶保釈

(1)　保釈が許可されるためには相応の努力が必要となる。
　　裁判官は、第 1 に、覚せい剤を使用する者がストレスに対する耐性の弱さから、公判中であるというストレスに耐えきれず、再度覚せい剤を使用してしまうことをおそれている。第 2 に、被告人に覚せい剤の使用を中断させ、被告人から覚せい剤を遠ざけるには勾留しておくことが最善の方策であると考えている。第 3 に、共犯者と通謀して口裏を合わせたり、証拠の毀損、隠匿、ねつ造をしたりすることを警戒している。
　　弁護人は、できる限り被告人の保釈を目指すことが使命であるが、その反面、被告人の環境整備が十分でないのに保釈申請をすることの危険性も考慮しな

ければならない。

(2)　保釈が許可されるための条件として、①犯行をすべて自白していること、②前科・前歴（とりわけ覚せい剤事件）がないこと、③覚せい剤や注射器等の用具が押収されていること、④入手経路（譲渡人）が明らかとなっており、他に譲渡していないこと、⑤身元引受人がしっかりしており、覚せい剤関係者との接触を絶つことが期待できること等が必要と考える。

(3)　覚せい剤の密売は暴力団の資金源になっているので、暴力団関係者は、脱会届や破門状を提出していても信用してもらえず、また、執行猶予が見込まれる場合であっても保釈が許可されることは容易でない。実刑が確実視される覚せい剤の常習者（前科・前歴があること）も同様である。

(4)　弁護人が裁判所に保釈請求をすると、裁判所は検察官の意見を求めた後（求意見）、弁護人と面接して、保釈の判断を行う。それゆえ、弁護人は、検察官の意見を閲覧し、検察官の指摘する問題点について十分な説明をなし得るような準備をした後に裁判官と面接するという工夫が必要となる。

(5)　保釈不許可事由として、4号（証拠隠滅のおそれ）が多い。前科・前歴がなくても逮捕されるまでに証拠上複数回の犯行が認められるときは3号（常習性）が適用される場合がある。

(6)　保釈保証金は東京地方裁判所では150万円程度が最低額であるが、それ以下でも許可された事例もあるようである。

▶▶公判段階

(1)　公訴事実の特定

ア　被疑者・被告人が覚せい剤の使用を否認し犯行についての供述を一切行わない場合、公訴事実は、「被告人は、平成〇〇年〇月〇日から同月〇日ころまでの間、東京都又はその周辺地域において、覚せい剤であるフェニルメチルアミノプロパン若干量を自己の身体に摂取し、よって覚せい剤を使用したものである」という記載になることが多い。これは、覚せい剤の尿検査の結果を前提として、①日時については覚せい剤鑑定で陽性反応が出た日から10日ないし

２週間さかのぼった時期、②場所については被告人の行動した可能性がある都道府県、③摂取する量・方法については具体的な方法を特定する必要はない（但し、最終使用とすること）という運用が一般化されている。
イ　鑑定において覚せい剤反応が出た場合、被疑者・被告人が覚せい剤を使用したという推定がなされ、無罪を主張する被疑者・被告人がその正当性を主張・立証しなければばらない。しかし、このような運用が無批判に肯定されると、被告人や弁護人の防御の範囲を特定するという公訴事実の機能がはたされなくなってしまうことから、厳しく批判されなければならない。

⑵　**公判における弁護活動**
ア　覚せい剤鑑定それ自体の信用性を争った事例
　覚せい剤の鑑定それ自体の信用性を争った事例があるが、鑑定方法が確立した現在において、その信用性を争うことはなかなか困難である。
　しかし、鑑定方法が確立したからといって、すべての鑑定が適法に行われているという確証はないし、科学捜査研究所の技官のなかには、例えば、呈色試験の結果のみから常習性を認定することができるという誤った証言をする者もいるので、鑑定結果を批判的に検討する必要がある。
　その後の判例の動向を見てみると、鑑定方法それ自体の信用性を争うことから、鑑定結果の解釈を争ったり、覚せい剤や尿の採取方法に違法があり、それに基づく鑑定結果は証拠から排除すべきであるという争い方が増加していることは興味深い。
イ　所持していた覚せい剤や尿の採取方法の違法性を争った事例
　いわゆる違法収集証拠の問題であるが、これには最高裁昭和53年9月7日判決・判例時報901号15頁がリーディングケースとなっており、①令状主義の精神を没却するような重大な違法と②将来における違法な捜査の抑制の見地からして相当でないという要件をめぐっての争いとなる。
ウ　共犯者の供述が問題となる事例
　被告人と共犯者が覚せい剤の共同所持で起訴されたり、被告人と共犯者との間で覚せい剤の授受があったとして起訴された場合、共犯者の供述や証言の検討が必要となる。共犯者の供述・証言が、①重要な部分で曖昧であったり、②事実経緯や供述・証言の変遷が不自然不合理であったり、③客観的証拠との整合性がないとして、その信用性を否定した事例がある。

▶▶情状弁護

(1) 量刑を軽減するために強調するのは、裁判官に、この被告人は十分に反省しており、二度と覚せい剤に手を出すことはないだろうと理解してもらうこと、すなわち、再犯の可能性がないことを強調することである。しかし、「自分はこれから死ぬ気でがんばります」とか、「覚せい剤をやっていいことは一つもありませんでした。これからは絶対しません」と言い切っても、裁判官はそれだけではまったく信用してくれない。そのようなことはどのような被告人でも供述するからである。裁判官に十分反省していること、二度と覚せい剤には手を出すことはないだろうと理解してもらうには、以下のようなことを強調する必要がある。

(2) **覚せい剤の入手経路と仲間をすべて明らかにすること**

まず、覚せい剤の入手経路をすべて明らかにすることである。すなわち、いつ、どこで、だれから、どれくらいの量を、いくらで手に入れたのかを包み隠さず話すことである。覚せい剤に再び手を出そうと考えている者は販売ルートや覚せい剤仲間との関係を守ろうとする。このような被告人は、「渋谷でイラン人から買った」、「新宿の中国人から買った」、「パチンコに行ったところ、数年前に刑務所で一緒だった友達に偶然会って、その時もらったが、その友人の名前は覚えていない。どこにいるかも知らない」というような弁解をする。裁判官はこのような弁解を一切信用しない。そればかりか、「またでたらめを言って、やめる気はないのだな」という心証を持たれてしまう。

逆に、販売ルートや覚せい剤仲間のことをすべて明らかにすれば、この被告人は今後は覚せい剤を譲渡してもらえなくなるし、覚せい剤仲間の関係を解消されてしまい、覚せい剤の販売ルートや覚せい剤仲間から離れることになる。また、警察や検察が販売ルートや覚せい剤仲間を知れば、覚せい剤組織の撲滅が進むことになる。

これに対し、「俺は、これまでいろいろ悪いことに手を染めてきたが、シャブ仲間をチンコロ（密告すること）するような卑怯なことはしてこなかった。チンコロすることは男のプライドが許さない」などと強弁する被疑者・被告人がいるが、販売ルートや覚せい剤仲間を供述したくない心情の現れと考えられるし、再犯可能性の視点からすれば看過することはできない。「あなたはシャブ仲間をずっとそのような劣悪な状態においておくつもりですか。シャブ仲間も足を洗わせてまっとうな生活にもどしてやることが大切なのではないす

か」と説得する必要があろう。

　報復を恐れて販売ルートや覚せい剤仲間を明らかにできないという被疑者・被告人がいる。「私にシャブを売ってくれたXさんは恐い人です。私がXさんのことを言えば、Xさんは私だけでなく、私の家族に危害を与えると言っています。私はXさんのことを話してもいいと思っていますが、報復が恐くて言えません」などと供述する。これは深刻な事態と考えられるが、しかし、覚せい剤の売人が報復をすれば、警察が動くことになるし、そのようなことをするとは考えにくいものがある。覚せい剤を手に入れた経緯を自供して報復を受ける可能性があれば、警察に保護を求めるべきであろう。そして、覚せい剤の販売ルートや覚せい剤仲間との関係を絶とうという意思があるなら、遠方に転居するくらいの気構えが必要である。

⑶　**覚せい剤を使用してしまったときの心境を明らかにすること**

　次に、どうして覚せい剤を使用したのか、自分の本当の気持ちを供述することができるかということである。初めて刑事裁判を受ける被告人は、暴力団と付き合いのある知人に勧められたとか、この薬を使用すると食欲が減退して痩せることができると言われたことがきっかけだったという場合が多い。それがどうして2回、3回と繰り返すようになったのであろうか。使用せずにはいられなくなったのだろうか。そのときの心境をきちんと思い出すことが重要である。そのときの心境をよく反省し、そのような状況にならないような努力が必要となる。

　覚せい剤に関わる刑事裁判が2度目という被告人は相当の覚悟が必要である。以前に逮捕・勾留され、刑事裁判に服したが、前科・前歴がないという理由で執行猶予付きの判決を受けたにもかかわらず、また、覚せい剤に関与してしまったのはなぜであろうか。逮捕されてから判決を受けて身体拘束から解放されるまでに2カ月から3カ月も拘置所や警察署の代用監獄に勾留されていたのだから、辛くないわけがない。刑事裁判においても裁判官の面前で覚せい剤に2度と手を出さないと誓ったはずである。それをすべて覆してしまったことは非常に問題である。

　さらに、覚せい剤で何度も刑務所に服役したことがある被告人は非常に深刻な状況にあることを認識してもらいたい。長期の服役を覚悟しなければならないだけでなく、それ以上に問題なのは、覚せい剤を止めることができなくなっている被告人自身の精神状態や健康状態が廃人寸前であるということである。

　覚せい剤の常習者は、「どうしてまた覚せい剤をやってしまうのかわからな

い」と言う者がいるが、そのような言い訳は信用することができない。覚せい剤を入手して使用するということは、駅の売店でガムを買うのとは訳がちがう。人目を忍んで売人から購入し、自宅の台所や天井裏に隠しておき、水で溶かし、注射器を準備し、血管を探して打つということをするのだから、安易に行えるものではない。どうして覚せい剤を使用したのかわからないのではなく、考えたくないのである。覚せい剤を使用した理由を考えたくない人が覚せい剤を止められるわけがない。

　アルコール依存症の患者は、症状が重篤なときは、病院から必死で抜け出し、街角で日本酒やビールを購入する。その時、その患者は「この一杯の酒が飲めたら死んでもいい」と実感するのだそうである。死んでもいいと思って酒を飲むのだから、酒を飲んだら病院に隔離するとか刑務所に服役すると脅してもまったく歯止めにならない。しかし、絶体絶命の局面で酒を飲んでしまう自分の心境を自覚し、それを正直に吐露できるなら、その対策を考えることができる。このような自覚がなければ、医療機関を受診して治療を受け続けたり、回復支援施設での活動に参加し続けることはできないと思われる。

　覚せい剤に手を出してしまったときの心境を正直に供述してもらいたいのは、そのような自分の精神的肉体的な苦境を自覚することができなければ回復に向けた対策が講じられないということである。

(4)　生活環境を改善できるか

　覚せい剤に手を出してしまう背景には、生活環境の悪さが大きく影響している。覚せい剤仲間と普段から接しているというのはその典型例であるが、家庭、職場、交際関係に不安定な要素がある場合は、それを取り除いて生活環境を整える必要がある。素行の悪い夫もしくは妻がいる場合（特に夫もしくは妻の影響で覚せい剤に手を出してしまった場合はなおさらである）は即刻離婚して完全に関係を絶つことを真剣に考えるべきである。夫婦で覚せい剤を使用して逮捕された夫婦がいた。夫婦は刑事裁判において「これからは助け合って励まし合って覚せい剤を止めます」と供述し、更生を誓約した。その1カ月後、その夫婦は再び覚せい剤で逮捕された。裁判所で「助け合って励まし合う」と誓約した夫婦は再び破滅の方向に連れ立ってしまったのである。つまり、覚せい剤から立ち直るためには、弱い者同士が傷を舐め合う状態ではなく、自らと向き合い、自らのいたらなさをかみしめながら回復していく必要がある。

　ストレスから覚せい剤を使用してしまう人たちがいる。社会で生活するためにはさまざまなストレスがある。例えば、朝早く起きて満員電車に乗ること、

会社の上司や同僚との関係がうまくいかないこと、仕事にやりがいを感じることができず働く気力がわかないということなどのストレスを克服するために、覚せい剤を使用して気分を高揚させようとするのである。それゆえ、覚せい剤から脱却するにはストレスがかからないような生活環境を整えなければならない。

最終的には覚せい剤の依存状態から脱却し、社会生活を営むことができるようにならなければならないが、そのためにはストレスが小さく長続きのできる職業に就くことが理想である。

(5) 親族の協力を得られるか

覚せい剤に依存している者を回復させるには、その者が再び覚せい剤に依存しないように環境を整備しなければならないが、そのためにはその者の家族や親族の協力が不可欠である。ここで誤解してほしくないのは、親族の協力とは、手取り足取り本人の面倒をみることではないということである。覚せい剤に依存している者は、近親者だけでなく、知人や友人に対しても依存する傾向が強く、いつまでも回復できず、自立することができないことが多い。

回復のためには、本人を医療機関に入通院させたり、回復施設に入通所させたりするだけでなく、親族も覚せい剤の恐ろしさと回復支援の方法をきちんと理解することが必要である。覚せい剤に依存しているということは、単に気の緩みや甘えだけでなく、医療機関で治療を受けることも必要であることを理解してもらいたい。

(6) 病院への入通院や薬物依存者の回復支援団体への参加

覚せい剤から独力で回復しようとしても限界がある。覚せい剤に依存しているということは明らかに疾病であり、医療機関による治療が必要なことが少なくない。精神病院等の医療機関には薬物依存者のための施療を行っているところが増えてきている。また、医療機関だけでなく、「ダルク」のような民間の薬物依存症者の回復施設もある。

(7) 贖罪寄付について

被告人のなかには、「先生、贖罪寄付をすれば量刑が軽くなるでしょうか」という質問をする者がいる。贖罪寄付とは、犯罪を行った者が、罪ほろぼしのために、公的な団体に金員を寄付することである。被害者がいる場合は被害者との間で示談をして賠償金を支払うことになるが、被害者のいない犯罪につい

ては贖罪寄付をして反省の意思を具現化するという目的がある。そのようなことから、「贖罪寄付をすれば減刑してもらえるなら、女房に借金させても金を集めます」と言う被告人が出てくる。贖罪寄付に一定の功績があり、それが量刑に斟酌されることはまちがいないが、贖罪寄付をすれば必ず量刑が軽くなると考えるのは早計である。

　贖罪寄付をすれば、その人が二度と覚せい剤に手を出さなくなるというものではない。覚せい剤を止めるための努力もしないで、贖罪寄付をしたことでなにかすばらしい功績を成し遂げたと考えるのは大きな誤解である。

　覚せい剤事件においては、覚せい剤を二度と使用しないこと、覚せい剤の売人や仲間と二度と関係を持たないことが大切である。そのための努力を何もしないで贖罪寄付をしても裁判官は何も斟酌してくれない。

　贖罪寄付は、日本弁護士連合会や各都道府県の弁護士会（単位会）で受け付けているほか、当該事件と関連性があれば、地方公共団体や地震等の罹災地の義捐基金への寄付も有用と考える。

(8) 裁判が終了したあとのケアは難しい

　弁護人は、刑事裁判において、被告人の環境整備ができたこと、家族や親族の協力や監督が期待できること、被告人も医療機関を受診したり、民間の薬物依存症者の回復を支援する団体に行くことを、家族や親族を情状証人として尋問したり、被告人質問で明らかにすることになる。

　現在、刑務所などの刑事施設においては、薬物事犯者の再犯防止を目的として、特別改善指導の一環として「薬物依存離脱指導」を実施しており、刑事施設と保護観察所が緊密な連携を図り、その中で、グループワーク、ダルク等の自助グループを招いたミーティング、講義、視聴覚教材、課題学習、討議、個別面接等、薬物依存の改善に向けた指導が行われている。

　一方、被告人が保護観察の付かない執行猶予判決を受けた場合、被告人がこのような薬物依存離脱に向けた指導を受ける機会はない。

　弁護人も、刑事裁判が終了すると被告人に関与することはほとんどなくなってしまうので、被告人が本当に医療機関を受診しているか、回復支援団体へ通い続けているのかということを確認することまでは行わないのがほとんどである。刑事裁判が終了した以降は被告人と家族・親族の意思に委ねられることになる。

薬物鑑定業務の経験から

牧野由紀子
薬学博士
東京大学大学院薬学系研究科研究員
元・厚労省関東信越厚生局麻薬取締部
主任鑑定官

▶▶自己紹介

　厚生労働省関東信越厚生局麻薬取締部を定年退職後、薬物関連の事件が起こると、マスコミや司法関係者から時々相談があり、これまでの経験を役立て対応しております、牧野です。

▶▶違法薬物問題の現況

　薬物問題を考える際に一つの指標となる生涯薬物経験率によりますと、大麻について、日本は1パーセント程度、欧州（フランス、ドイツ、イギリス）は30パーセント前後、アメリカは40パーセント強と報告されており、日本の状況は諸外国に比べると極めて健全であるといえます[1]。青少年への薬物問題に対する啓発活動、教育水準の高さなどが日本の薬物乱用の拡大阻止に役立っていると考えます。

　病気を治すために使用する薬は、使用量や使用方法を間違えると有害な薬物になる場合があります。薬は正常な人間の体にとっては、不必要な異物です。人の体を構成しているタンパク質の基になるアミノ酸や体の機能の働きを助けるビタミンとは違います。薬は、人間の体が異常になったときの治療に、各種薬理効果の発現を期待し使用されるものです。

　例えば、鎮痛薬のモルヒネや精神活動を高める作用があるリタリンは、適切な量を適切な間隔で服用していれば非常に役立つ薬ですが、大量あるいは短時間に何回も服用すると、好ましくない作用が現れ、体が異常な状態になります。薬物乱用者は薬のこの好ましくない作用を求めて反復使用し、病的な状態になります。薬物乱用の害としては、身体への作用だけでなく、薬物の流通により不正な利益を得るグループが存在し、健全な社会環境維持に影響を与えるという面もあります。

　警察庁発表の「平成28年における組織犯罪の情勢」中の薬物種類別押収量の推移に、1982年からのデータを加え作成した不正流通薬物押収量推移を、【図表1】に示します。日本では、覚せい剤の押収量が多いのが特徴ですが、2016（平成28）年の押収量は1.5トンで、2017（平成29）年は9月ですでに1.5トンに迫っているという状況です。これだけ多量の覚せい剤を消費する乱用者がいるということかもしれませんが、日本のどこにこんなに乱用する人々がいるのか、薬物取締行政にかかわってきた私自身、いまだに理解できず疑問に思っています。

【図表1】日本における不正流通薬物の推移

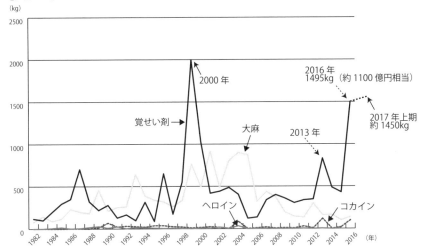

▶▶乱用薬物の性質・作用

　日本では、乱用される薬物は、「大麻取締法」「覚せい剤取締法」「麻薬及び向精神薬取締法」「あへん法」「毒物及び劇物取締法」「医薬品、医療機器等の品質、有効性及び安全性の確保等に関する法律（略称：医薬品医療機器等法）」で規制されています。法律により取締対象となっている薬物は、毒物及び劇物取締法対象の物質を除き約2600種類（指定薬物2362物質を含む）あります。しかし、2000種類以上の薬物が常に乱用されているわけではありません。

　国際的には、「1961年の麻薬に関する単一条約」「向精神薬に関する条約」「麻薬及び向精神薬の不正取引条約」の3つの条約で規制されています。古典的な麻薬（あへん、モルヒネ、ヘロイン、コカイン等）は「単一条約」で、覚せい剤や医療用睡眠薬等は「向精神薬に関する条約」で規制されています。

　乱用される薬物について、全体的な概念をとらえやすくするため、主な薬物の身体への主作用を【図表2】に示します。

【図表 2】乱用される薬物の性質

薬物	興奮 (upper)	抑制 (downer)	知覚の変容	幻覚
覚せい剤	○			
MDMA 錠剤型麻薬	○		○	
大麻		○	○	
モルヒネ系麻薬		○		
コカイン	○ (少量)			
LSD & サイロシビン				○
睡眠薬等		○		
有機溶剤		○	○	○
指定薬物	○		○	

　覚せい剤は興奮、大麻は抑制と知覚の変容、LSD やサイロシビンは幻覚作用を発現する薬物です。錠剤型麻薬 MDMA の摂取は、覚せい剤の興奮作用と大麻の知覚の変容の両作用を発現します。この両作用を求め、ディスコなどで長時間踊り続ける人たちが乱用するのに適したパーティードラッグといわれています。

　知覚の変容と幻覚作用は、異なる作用といわれています。大麻に幻覚作用ありと公的な機関のホームページに記載がありますが、大麻には、幻覚作用はないと考えられています。幻覚とは、ないものが見えたりすることですが、大麻は、知覚が変化して、音に対する感じ方が異常になり、下手な歌が上手に聞こえたり、異様な景色がきれいに見えたりすることはあるようです。妄想にふけるようになり人もいます。

　幻覚作用を理解するのに参考になる実験での絵を【図表 3】に示します。幻覚作用の強く現れる合成麻薬を飲んだ画家が、14 時間にわたって、メガネをかけたモデルの人を一定の時間間隔で描いていった絵です。途中の段階では、ないものが描かれております。ダメージを相当受けている状況が分かります[2]。

▶▶薬物乱用対策について

　2011（平成 23）年の国連麻薬委員会で、国連薬物犯罪事務所（UNODC）事務局長が、薬物乱用は犯罪であるとともに病気であり、治療が懲罰とともに必要な対策であると明言し、その方針をもとに各国が対策を進めています。

　他の犯罪と違って、薬や類似化学物質の好ましくない作用による犯罪で、治療を重視する方向で対策が取られることは、正しいことだと思います。

【図表3】LSD摂取による幻覚作用の発現についての実験

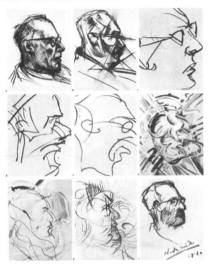

　日本は覚せい剤乱用の歴史が長く、豊富な治療経験を持っているので、治療を効果的に行っていくことが可能ではないかと考えている一人です。「だめ、絶対」的な気合のみでは、薬物乱用から抜け出せません。「薬物依存」という言葉は、「物質使用障害」という表現を使用するよう専門家の組織で決められました。物質使用障害とは、精神作用のある薬物を摂取すると酩酊などの快感（生理的報酬）が得られるため連用するようになり、その使用が他の多くの行動よりも、より高い優先度を持つようになる状態をいいます。

　生理的報酬をもつ覚せい剤、モルヒネ及びヘロインの反復摂取は、その行動が条件づけられ、関連する刺激を受けると摂取行動が生じる病的な状態になります。更に、モルヒネ及びヘロインの反復摂取で使用量が増加すると、薬物の存在によって不安定ながら生体が機能を保ち、薬物の急速な消失により離脱症状がでて、意識や自律神経に機能不全を起こします。

　薬物乱用者の治療については、いろいろな事件が報道されるたびに語られますが、覚せい剤依存を治療する薬は現在ありません。精神科領域で、条件反射制御法[3]や認知行動療法という治療方法が実際に試みられています。

　覚せい剤の反復使用による物質使用障害も、一般の病気と同様に、早く発見し、障害の初期に治療を開始すれば、よい治療効果が出るといわれています。再犯を重ねるほど重症になり、回復するのに、時間を要するようです。

▶▶覚せい剤について

【図表4】の写真は、極めて純度の高い覚せい剤の結晶の例で、押収品です。

【図表4】覚せい剤の結晶

　覚せい剤メタンフェタミンは、1893（明治26）年に、日本の薬学の先駆者である長井長義博士が、喘息の薬エフェドリンの研究中に合成し、研究論文に記載したものです[4]。覚醒作用があるということで使用され始めたのは、第2次世界大戦中の1940（昭和15）年ころといわれています。

　覚せい剤取締法に記載のある覚せい剤は、フェニルアミノプロパンとフェニルメチルアミノプロパンの2つです。同法で規制されている覚せい剤原料物質は、下記覚せい剤取締法別表の10物質です。

【覚せい剤取締法】

第2条　この法律で「覚せい剤」とは、左に掲げる物をいう。
　一　フエニルアミノプロパン、フエニルメチルアミノプロパン及び各その塩類
　二　前号に掲げる物と同種の覚せい作用を有する物であつて政令で指定するもの
　三　前二号に掲げる物のいずれかを含有する物
　　　　　　　　　（中略）
　5　この法律で「覚せい剤原料」とは、別表に掲げる物をいう。

別表
一　1-フエニル-2-メチルアミノプロパノール-1、その塩類及びこれらのいずれかを含有する物。ただし、1-フエニル-2-メチルアミノプロパノール-1として10%以下を含有する物を除く。

二　1-フエニル-1-クロロ-2-メチルアミノプロパン、その塩類及びこれらのいずれかを含有する物

三　1-フエニル-2-ジメチルアミノプロパノール-1、その塩類及びこれらのいずれかを含有する物。ただし、1-フエニル-2-ジメチルアミノプロパノール-1として10%以下を含有する物を除く。

四　1-フエニル-1-クロロ-2-ジメチルアミノプロパン、その塩類及びこれらのいずれかを含有する物

五　1-フエニル-2-ジメチルアミノプロパン、その塩類及びこれらのいずれかを含有する物

六　フエニル酢酸、その塩類及びこれらのいずれかを含有する物。ただしフエニル酢酸として10%以下を含有する物を除く。

七　フエニルアセトアセトニトリル及びこれを含有する物

八　フエニルアセトン及びこれを含有する物

九　覚せい剤の原料となる物であつて政令で定めるもの

【政令】

政令第1号：N・α-ジメチル-N-2-プロピニルフェネチルアミン（別名：セレギリン）

政令第2号：エリトロ-2-アミノ-1-フェニルプロパン-1-オール（ノルエフェドリン、フェニルプロパノールアミン）、その塩類及びこれらのいずれかを含有するもの、ただし、50%以下を含有する物を除く。

　薬物の場合は、化学物質であるので、構造式を書いて説明すると説明しやすいのですが、司法界の方々からは、できるだけ構造式を使わないようにしてほしいという要請があります。メタンフェタミンと原料物質エフェドリンの違いを絵で示しますと、【図表5】のようになり、「覚せい剤メタンフェタミンは、

エフェドリンにある酸素を化学的に取り除くことで出来るものです」となります。

【図表5】覚せい剤原料「エフェドリン」と覚せい剤「メタンフェタミン」の違い

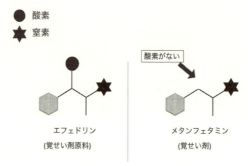

▶▶覚せい剤の作用

　常用量を超える覚せい剤を、反復使用すると発現する症状は、強い興奮作用で、一時的に気分が高揚しますが、作用がおさまると暗い気持ちになり、イライラや不安な気持ちになることが多いようです。周囲の人から見ると、ソワソワとしていて、落ち着きがなく、饒舌になったり、すぐ腹を立てたりするようになります。

　覚せい剤メタンフェタミン塩酸塩は、正規の医薬品であり、1ミリグラム含有する錠剤や3ミリグラム含有する注射液がうつ病等の改善用薬として用意されています。

　添付文書には、反復投与に注意必要と書かれており、副作用として興奮、不眠、多幸症、食欲不振等が生じると記載されています。

　覚せい剤原料エフェドリン塩酸塩の作用は、気管支拡張作用や鼻粘膜血管収縮作用があり、医薬品として極めて有効なものとして利用されています。プソイドエフェドリン塩酸塩はエフェドリン同様の作用がありますが、主に鼻づまり改善用の薬として風邪用市販薬に含有されています。

　エフェドリンやプソイドエフェドリンには、弱い交感神経興奮作用があるので、ドーピングで禁止薬物となっています。

　摂取方法による作用発現は、覚せい剤の場合は吸引で20分、喫煙で数分、静脈注射で数秒です。作用の持続時間は、静脈注射で、コカインは10～20

分で非常に短いですが、覚せい剤は3〜6時間と長い傾向にあります。

▶▶覚せい剤の種類

　覚せい剤メタンフェタミンは、日本では医薬品としてほとんど使用されていないのが現状ですが、海外では、小児（6〜12歳）の注意欠如多動性障害（ADHD）の治療にアンフェタミン硫酸塩を5ミリグラム含む錠剤が使用されています。

　最近はあまり押収されませんが、海外で鼻づまりの薬として販売されている「VICKS Inhaler」は、覚せい剤であるメタンアンフェタミンが入っています。

　ただし、「VICKS Inhaler」に含まれている覚せい剤 l-メタンフェタミンには、中枢神経興奮作用はありません。覚せい剤には、ある光をあてた時に光を左に回転する左利きと、逆に回転する右利きの光学異性体というものが存在します。覚醒作用のあるのは、右利きの d-体で、左利きの l-体には鼻づまり改善作用しかありません。日本の法律では、右利き覚せい剤も左利き覚せい剤も区別していないので、違法薬物であることに変わりはないのですが、覚醒作用がないということで、誤って海外から持ち込んだ場合には、放棄するよう指導されるだけです。

【図表6】左利き（左旋性）覚せい剤が入っている鼻づまり改善用医薬品「VICKS Inhaler」

　　＊　左利き覚せい剤には覚醒作用はない（l-methamphetamine）。

覚せい剤の押収品には、黄色いもの、青いもの、ねばねばしたもの、大きな結晶などがあります。合成の途中なのか、ヨウ素の薄い茶褐色に色がついている結晶も押収されていました**【図表7】**。

【図表7】様々な性状の覚せい剤押収品

大きな角砂糖様結晶

黄色い結晶

沃素の色が残っている結晶

ねばねばした結晶

青い結晶

　覚せい剤を炙るための器具も鑑定嘱託されます。ストロー内やアルミのパイプの中に付着した覚せい剤は、黒く焦げていても検出できます**【図表8】**。

【図表8】「あぶり」用器具の例

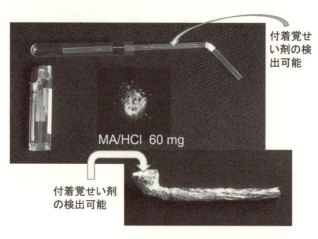

【図表９】は、錠剤型覚せい剤「ヤーバ」と呼称されています。特にタイや周辺諸国でよく押収されます。覚せい剤の成分が約15〜30パーセント入っています。例えば1錠が100ミリグラムの錠剤であれば、15〜30ミリグラムの覚せい剤が含まれています。

【図表９】錠剤型覚せい剤「ヤーバ」

　【図表10】の錠剤は、日本で押収された錠剤型麻薬「エクスタシー」で、パーティードラッグです。錠剤型麻薬には麻薬に指定されているメチレンジオキシメタンフェタミン（MDMA）やメチレンジオキシアンフェタミン（MDA）だけではなく、覚せい剤を3〜60ミリグラム含有していた錠剤もありました[5]。

【図表10】覚醒剤を含んでいた錠剤型麻薬「エクスタシー」

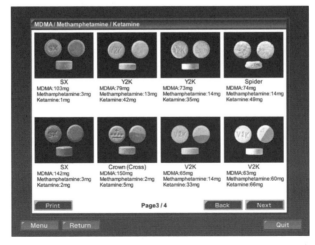

日本で危険ドラッグと呼んでいる薬物は、海外では NPS（New Psychoactive Substance）と表現しますが、エクスタシー錠剤同様に、覚せい剤を含有したものが存在していたという報告が、マカオで押収された覚せい剤を含む危険ドラッグの分析結果の論文で、発表されています。含有量はかなり少なかったようです[6]。日本で流通していた危険ドラッグに覚せい剤が含まれていた例があったか否かは、話題になりましたが、公表はされていません。

▶▶覚せい剤の原料

　覚せい剤原料エフェドリンやプソイドエフェドリンを含む麻黄は各種漢方薬に粉末にして一成分として含まれています。乾燥した麻黄植物の細片は市販されています。
　麻黄は【図表11】に示すような高さ30センチメートルほどの低木植物で、写真に示すような花が咲きます。エフェドリンの含有量は、0.1～1パーセント程度です。

【図表11】麻黄（エフェドリンやプソイドエフェドリンを含む植物）

　覚せい剤原料であるエフェドリンやプソイドエフェドリンを含む風邪薬が各国で販売されています【図表12】。エフェドリンやプソイドエフェドリンを

含む錠剤を日本では自由に購入できますが、東南アジアやインドでは、簡単には買えません。交渉すると、1箱のみ購入できますが、かなり厳しく「覚せい剤原料」として規制されていることが感じられます。

【図表12】覚せい剤原料を含む風邪薬

麻　黄　　　　　　　プソイドエフェドリンを含む錠剤

【図表13】の写真左は悪臭の強いフェニル酢酸で、右は液体の覚せい剤原料フェニルアセトン（P-2-P）です。

【図表13】覚せい剤原料「フェニル酢酸」「フェニルアセトン」

フェニル酢酸（粗い結晶）

フェニルアセトン（液体）

▶▶覚せい剤の密造地域と流通経路

　覚せい剤の密造及び流通経路が、毎年、国連薬物犯罪事務所（UNODC）より UNODC World Drug Report に発表されます。

　2016 年の UNODC World Drug Report 報告によると、2014 年の Amphetamine Type Stimulants（ATS）の押収量は 163 トンで、密造所のある国は、南北アメリカ、中央アメリカ、西アフリカ、南アフリカ、東アジア、西アジア、東南アジアに点在していたと報告されています。日本では、大規模の密造所は摘発されていませんが、精製の不十分な半製品が密輸入され、国内で精製するといった製造事件はまれにあります。

　詳細は UNODC のウェブサイトを参照してください。

▶▶覚せい剤の鑑定

(1) スクリーニング試験

　疑わしい薬物について、現場で実施できるスクリーニング試験についての問題点を挙げます。

　現場試験として現在使用できるのは、マルキス試薬とシモン試薬、スコット試薬、エールリッヒ試薬です【図表 14】。

　例えば、覚せい剤はマルキス試薬でレンガ色（茶色がかった橙色）になり、シモン試薬で濃い青色になります。マルキス試薬で紫色になりましたらヘロインの疑いが出てきます。コカイン用のスコット試薬は、コカインでなくとも類似の反応色を示すことが多く、信頼性が低いといわれています。

　捜査現場で覚せい剤が疑われる物質が出てきたときに使われる、簡易試験キットがあります【図表 15】。プラスチックチューブの中に、シモン試薬の 2 成分を個別に入れた 2 つのアンプルと、アルカリ性溶液をしみこませた紙片が入っています。

　チューブの中に覚せい剤でない砂糖等の粉末を入れるとピンク色又は呈色しませんが、覚せい剤であれば濃い青色になります。必ず、覚せい剤でないものを同時に検査し、キットに含まれている試薬の経時変化等で誤判定しないよう確認することが必要です。事件現場ではなめて検査するのかと、味について聞かれることがあります。明治時代の論文[7]に、覚せい剤のメタンフェタミンの塩酸塩は、「やや刺激性あり……」という記載があります。現在なめての試

【図表 14】薬物のスクリーニング試験用キットでの色調一覧[8]

	スコット試薬	マルキス試薬	シモン試薬	エールリッヒ試薬
コカイン	＋ （コバルトブルー）	−	−	−
ヘロイン	− （±）＊1	＋ （紫）	−	−
メタンフェタミン	−	＋ （レンガ色）	＋ （濃青色）	−
アンフェタミン	−	＋ （レンガ色）	−	−
MDMA	−	＋ （茶褐色がかった黒紫色）	＋ （濃青色）	−
MDA	−	＋ （茶褐色がかった黒紫色）	−	−
5-Meto-DIPT	＋ （コバルトブルー）	−	−	＋ （赤紫色）＊2

＊1　ヘロインが塩酸塩の場合は呈色しないが、塩酸をはずしたヘロインの場合にはコカインと類似の色調を示す。
＊2　脱法ドラッグの他に合成麻薬 (DET、エトリプタミン等) インドール骨格を有するものでも反応するため、区別は簡易試験では困難である。

【図表 15】覚せい剤結晶の現場での簡易試験キットの例（模式図）

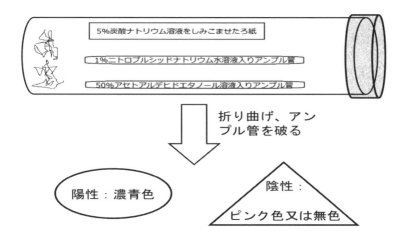

験は禁止されており、現場では、簡易試験キットにより確認がおこなわれています。

【図表 14】に記載の 4 試薬で、主要な薬物は一応判断できますが、海外の現

場では、数分で結果が得られる小型化された赤外線吸収スペクトル測定装置や質量分析計で確認しているところも多くなっています。近年、日本の主要な空港では分析装置を使って誤判定のないようにしているところもあります。

尿中薬物のスクリーニングキットとしては、救急医療現場等でよく用いられる尿中薬物簡易試験キットがあります。

8種類の薬物を一斉に検査できる体外診断用医薬品として販売されているトライエージ、覚せい剤に特化したアキュサインMET[9]や6種類の薬物を一斉に検査できるINSTANT-VIEW[10]等いろいろなキットが市販されています。捜査現場や鑑定分析で使用することもあります。

尿中薬物のスクリーニングキットは、アメリカで汎用されています。アメリカでは、薬物の使用は罰せられませんが、職場の規律を守り生産性を向上させるため、健康管理の一環として、抜き打ちで実施されています。

日本では、大麻以外の薬物使用に対しては、厳しい罰則があります。ある団体で薬物乱用対策として所属の人を対象に抜き打ち検査をするという報道がありました。それは単なる抑止のためだったのか、実際に実施されたのか定かではありませんが、簡易試験キットで陽性になったとき、大きな問題が起こるので、かなり慎重な対応が必要です。

唾液で尿同様に検査できるキットもあります。

キットによる簡易検査の限界と問題点は以下の通りです。

【キットによる簡易検査の限界と問題】
1. 市販のキットを使っての検査は、疑いがあったときのスクリーニング。
2. 類似の化学構造をもつ物質（風邪薬、向精神薬の一部、医薬品）に対して擬似陽性反応を示すことがある。
3. 一定の濃度での検出を設定している。陰性でも極微量の薬物存在の可能性あり。
4. 市販各種キットは、概観は類似しているが、判定の方法がキットごとに違い、ミスが起きやすいという問題もある。
5. 簡易試験で陽性又は擬陽性のときは、早急な本試験が必須。

市販のキットを使ってする検査は、疑いがあるときの確認には役立ちますが、むやみに使用するとまちがった結果が出る可能性がありますので注意が必

要です。

　市販の尿中薬物各種簡易検査キットは、線の出現の有無で判断しますが、あるキットでは線が表れたらプラス、また他のキットでは線が表れない場合にプラスと、判定の仕方が異なっているので、勘違いでミスが起きる可能性は皆無ではありません。ブランク尿（又は水道水）で同じ検査をして、結晶の簡易検査の場合同様に必須と考えます。簡易試験で陽性のときは、速やかに分析機器での確認試験が行われます。

　私が実際にある病院で尿中薬物キット使用で問題になった例を【図表16】に示します[11]。覚せい剤乱用から抜け出す治療のため2週間に1回外来で診察を受けていた患者が、覚せい剤を使用していないことを確認するために外来時に簡易試験を受けていました。覚せい剤を使用していないと思われるのに陽性になることがあり、疑問に思った医師が、他の医院で処方されていたくすりについて実際に調べたところ、2種類の消化器用薬の片方だけでは陰性ですが、2種類の薬を併用すると、必ず陽性になることがわかりました。この消化器用薬を飲んでいる人が、尿中覚せい剤の簡易検査を受けることは皆無ですが、この消化器用薬を処方された覚せい剤に関係した患者が、治療で簡易試験を受けると、このようなこともおこります。

【図表16】2種類の消化器用薬服用により、簡易尿中覚醒剤分析キットで偽陽性を起こした例

消化器用薬服用
したときの健常者尿

消化器用薬服用して
いないときの健常者尿

(AccuSign™ MET)

併用薬服用しての
来診時の患者尿

併用薬服用せずに来
診時の患者尿

(Fastect® - II)

(2) 鑑定分析試験

　薬物鑑定分析で、対象になる物件及び分析方針は、以下の通りです。

【薬物鑑定での主な対象物件】
1. 結晶性物質
2. 粉末
3. 錠剤
4. 水溶液
5. 樹脂状物資
6. 葉片
7. 薬物を摂取するために使用したと思われる器具類
8. 尿
9. 毛髪
10. 汗のしみこんだシャツ等

【鑑定分析の方針】
1. 対象物件に応じ、適切な方法で前処理し、分析対象試料を準備。
2. 各種分析法のなかから2つ以上の原理の異なる分析法を選択。
3. 必ず構造由来の情報が得られる分析法を1つ選択。
4. 選んだ分析法で、いずれも結果が陽性の時、鑑定結果は陽性。
5. 標準品が無い場合は、標準品の入手に努めるが、入手できない場合には、鑑定結果は推定となるので「陰性」。

　薬物分析の場合には、純品ばかりではないので、前処理が重要です。覚せい剤の鑑定の場合を例に記載しますが、グラム単位で押収された純度の高い覚せい剤結晶の場合の前処理は、数カ所から結晶を少量採取し試料とします。分析する押収品が錠剤やカプセルの場合は水に溶かし、ろ過した溶液を準備し、液性をアルカリ性にして有機溶媒で抽出します。下着等に付着している覚せい剤の検出では、弱酸性の溶液につけて洗液を取り、洗液の液性をアルカリ性にし、有機溶媒で抽出します。尿中覚せい剤も同様に前処理します。抽出操作は必須ですが、固相抽出法を利用する場合もあります。前処理して得た試料液について、適切な分析法を2つ以上選んで測定をおこない確認します。試料液の濃度については、定性分析法に合うように適宜濃縮や希釈をする場合もあります。鑑定書に前処理方法が書いていない事例もありますが、結果に疑問のある場合には、前処理法を聞くことも大切です。いずれの分析法を選んだ場合でも、標準品を同様に前処理し、並行して採用した分析法で測定することは必須です。

薬物鑑定の分析法を大きく分類すると、下記の3グループになります。

【薬物鑑定分析法の分類（by SWGDRUG）】

◎Aグループ（構造解析）：高純度の薬物に有効。人の指紋のような情報。
　　赤外線吸収スペクトル測定（IR）
　　マススペクトル測定（MS）
　　核磁気共鳴スペクトル測定（NMR）
　　ラマンスペクトル測定
◎Bグループ（分離分析）：混ざっているものを分けて整理する情報。
　　ガスクロマトグラフィー（GC）
　　液体クロマトグラフィー（LC）
　　薄層クロマトグラフィー（TLC）
　　マイクロクリスタルテスト
　　顕微鏡観察（大麻の場合のみ）
◎Cグループ：指紋ほどではないがある程度特徴的な情報
　　呈色試験
　　免疫学的測定法
　　融点測定（m.p.）
　　紫外線吸収スペクトル測定（UV）
　　蛍光スペクトル測定

検討グループ：Scientific Working Group for the Analysis of Seized Drugs (SWGDRUG)

　Aグループは、高純度の薬物に有用な、人の指紋のような情報で、薬物の構造に由来したスペクトル情報が得られます。
　Bグループは、混在しているものを、個々に分けて整理する情報です。目的の薬物に焦点をあて、他の夾雑物から目的の薬物のみ取り出して、それを標準品と比べる、分離分析法です。
　Cグループは、Aグループの情報より確実性は少し劣りますが、ある程度特徴的な情報です。免疫学的測定法というのは尿のスクリーニングキットに使用されている方法です。
　Aグループの赤外線吸収スペクトルは、覚せい剤結晶の事件で提出される鑑

定書に必ず記載されています。人の指紋のような薬物に固有のデータが得られます。純度が高い場合には非常に有効で標準品と一致することで、陽性と判断します。

　覚せい剤事件の鑑定書に必ず記載のある質量分析法は、Aグループです。化学物質の分子量又は化合物特有の質量スペクトルが得られます。標準品を同じ条件で測定して、比較し同じスペクトルが得られれば、陽性と判断します。

　Bグループの薄層クロマトグラフィーというのは、ガラスに塗ってある吸着剤に、対象の試料と標準品を同じ高さにスポットし、展開液の中に入れて、標準品と覚せい剤試料のスポットの上昇する速さを見比べて、同じか否かで判断します。覚せい剤が付着していると疑われる鑑定物件の場合、結晶や尿と違って、捜査段階では、傍証、わきの証拠であり、裁判には提出されないことが多いと思います。付着物の場合はある程度濃度が濃い場合が多いので、簡便で、装置の汚染で誤判定をする危険性がなく、一度に多数の試料を、一斉に短時間で分析できるメリットがある薄層クロマトグラフィーを汎用します。鑑定担当者は、鑑定に要求される目的を考慮し分析法を選びます。

　液体クロマトグラム（HPLC）は、薄層クロマトグラフィーを装置化して利用できるようにした分析装置です。吸着剤の入った筒にポンプで液体を送り、吸着剤に強く吸着する物質はゆっくり移動し、吸着の弱い物質は早く筒から出てくる順の差を利用します。目的薬物の標準品の出てくる時間と試料中の目的の薬物が一致するか否かで判断します。

　【図表17】は、Bグループの液体クロマトグラフィーで尿中覚せい剤の分析を行なったデータの例です[12]。

　パーキンソン病患者で、デプレニールという薬を服用している人の尿には、覚せい剤メタンフェタミンが代謝物として排泄されてきます。しかし、このメタンフェタミンは興奮作用のない左利きの覚せい剤（l-メタンフェタミン）です。

　パーキンソン病の薬を飲んでいるか否か不明の場合もあります。近年、d-メタンフェタミンとl-メタンフェタミンを無水トリフルオロ酢酸で誘導体化して、分離し確認できるガスクロマトグラフィー用カラムが市販されていますので、興奮作用のある覚せい剤を使用したことをガスクロマトグラフ／質量分析計で確認する鑑定例している鑑定書もあります。

　【図表18】は、覚せい剤事件の鑑定書で必ず記載のあるガスクロマトグラフィー（GC）で使う装置の概略図で、液体クロマトグラフィーでの液体の代わりに、気体（窒素又はヘリュウム）を流します。

【図表17】尿中覚せい剤の液体クロマトグラフィーでの分析例(Bグループ)

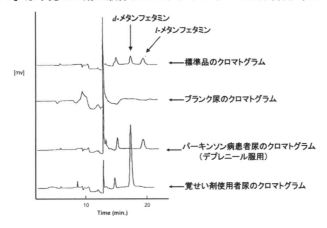

【図表18】ガスクロマトグラフィーの概略図(Bグループ)

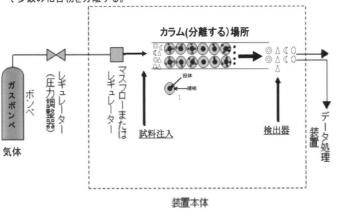

　ガスクロマトグラフィーを利用し、押収品の相同性について検討したクロマトグラムの例を【図表19】に示します。ある捜査現場で2資料S-1(◎印)とS-2(◆印)の覚せい剤結晶が押収されました。別の距離的に離れた2カ所(N所とK所)で覚せい剤結晶の小分けされたものが押収されました。捜査を進めていったところ、Sの2資料が小分けされN所とK所に流れたのではないかということが推測され、クロマトグラムのパターンから相同性を検討した例

です。

　不特定な多数の押収品についての相同性の検討は統計的な処理等を行い検討が行われることもありますが、限定された資料で、確実な捜査情報があった場合には、ガスクロマトグラフィーで検討することもできます。

【図表19】ガスクロマトグラフィーによる押収品の相同性検討例（Bグループ）

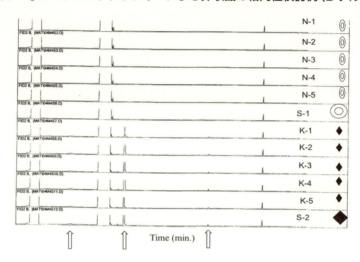

　各種薬物の鑑定書には、構造由来の情報が得られるAグループとBグループのデータが得られる分析計を接続した、ハイブリッド型装置で測定した結果の記載が多くなっています。

　【図表20】は、ガスクロマトグラフと質量分析計のハイブリット型である「ガスクロマトグラフ／質量分析計」GC/MSの概略図です。

　ガスクロマトグラフィー（GC）は構造由来の化学的情報を得ることはできませんが、多成分を分離できる長所を有しています。マススペクトロメトリー（MS）は混合成分の場合、定性情報が得られにくい欠点がありますが、単成分であれば分子レベルの構造情報をもとに定性分析できる長所があります。GC/MSは、GCとMSの長所を生かすため、両者をインターフェースで接続し、有機化合物の定性定量分析を行なうに適した装置で、薬物分析で汎用されてきました。近年は、液体クロマトグラフ（LC）と質量分析計（MS）を組み合わせたハイブリッド型LC/MSを用いた鑑定書も多くなっています。尿中覚せい剤の鑑定書では、薄層クロマトグラフィーに代わって、LC/MSによる分析が

【図表20】ガスクロマトグラフ／質量分析の概略図

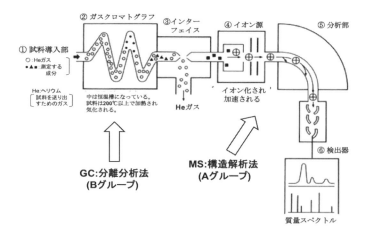

【図表21】GC/MSで分析したデータの一例（尿から抽出した覚せい剤）

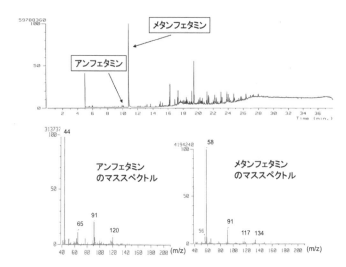

主流になっています。

　覚せい剤をガスクロマトグラフ／質量分析計で分析したデータの一例を

【図表21】に示します。上段の図はクロマトグラムで、分離の状況を示しています。下段は、多数の成分が分離され記録されているクロマトグラムで、アンフェタミン及びメタンアンフェタミンのピークであると考えられるところのマススペクトルをひきだし、図示したものです。

　私の在職中は、非常に純度の高い覚せい剤の押収が多く、前処理なしに、赤外線吸収スペクトル（IR）と融点測定のみで、鑑定書を書くことができました。押収品の数が多く、袋から出して、結晶の重量を測定するのに時間がかかったという経験はあります。しかし、最近は、純度の低い覚せい剤や精製途中の押収品もあり、ハイブリッド型装置がよく使われています。

(3) 鑑定書に記載のある分析法について

　覚せい剤結晶の分析を行った場合の、一般的な鑑定書に記載されている鑑定経過の部分を抜粋して下記に示します。

　例1及び例2の各試験経過の末尾にカッコ書きで分析法を記載しました。例示した鑑定書では、A、B、Cグループ分析法の選択が適切に行われています。但し、前処理については「資料を精製した……」で記載が省略されています。

　例2は、標準品が手元にない場合の鑑定書例です。ガスクロマトグラムと質量分析計を組み合わせたGC/MS及び液体クロマトグラムと質量分析を組み合わせたLC/MSの両ハイブリッド型装置を利用すると、ある「化合物X」ではないかという推定ができます。核磁気共鳴分析法（NMR）が使用されていますが、標準品がない場合に、推定した化学構造を決定できるNMRが使用されます。昨年までかなり多く押収された危険ドラッグの鑑定では、危険ドラッグすべての標準品が手元にあるわけではないので、NMRで構造を決め、標準品の入手に努力したと思います。硝酸銀水溶液（Cグループ）での試験は、結晶が塩酸塩であることを確認するための分析法です。

【鑑定書に記載のある鑑定分析法の抜粋例】

　Aグループ（構造解析）
　Bグループ（分離分析）
　Cグループ（その他）

◎例1
　■　鑑定経過

1. 資料は、チャック付きビニール袋入りの●●結晶である。
2. 結晶の重量は、●●グラムである。
3. 資料を精製したものについて、次の試験を行った。
   (1) マルキス試液により、茶色がかった橙色を示した。
   　　　　　　　　　　　　　　　　　　　　　　　　（**Cグループ**）
   (2) シモン試液により、濃青色を示した。　　　　　（**Cグループ**）
   (3) 薄層クロマトグラムを作成すると、対照のフェニルメチルアミノプロパン塩酸塩のスポットと同部位に、スポットが認められた。　　　　　　　　　　　　　　　　　　　　　　（**Bグループ**）
   (4) 塩化白金酸塩は、特異な形状を呈した。　　　　（**Bグループ**）
   (5) 塩化物試験は、陽性であった。　　　　　　　　（**Cグループ**）
   (6) 赤化吸収スペクトルは、フェニルメチルアミノプロパン塩酸塩と同じであった。　　　　　　　　　　　　　　（**Aグループ**）

◎例2
■　鑑定経過
1. 外観・形状：白色粉末
2. 数量：●●グラム
3. 定性分析
   鑑定資料について、以下の試験を行った。
   (1) ガスクロマトグラフ／質量分析法（EI化法）により、質量スペクトルが化合物Xのスペクトルと一致する成分を検出する。
   　　　　　　　　　　（**AとBグループを接続したハイブリッド分析法**）
   (2) 液体クロマトグラフ／質量分析法（ESI法）により、化合物Xのピークを検出し、これは化合物Xのプロトン付加イオンの質量と一致する。
   　　　　　　　　　　（**AとBグループを接続したハイブリッド分析法**）
   (3) 核磁気共鳴分光法による ^{1}H-NMRスペクトル（溶媒：クロロホルム−d）は、化合物Xの構造に対応するシグナルを示す。
   　　　　　　　　　　　　　　　　　　　　　　　　（**Aグループ**）
   (4) 水溶液は、硝酸銀水溶液により白色沈殿を生じる。
   　　　　　　　　　　　　　　　　　　　　　　　　（**Cグループ**）

私が在職中に、覚せい剤結晶に関する鑑定で書いていた鑑定書の記載例を下記に示します。

【覚せい剤結晶の鑑定書例】

鑑定書

●年●月●日

●●●●部
司法警察員●●●●殿

●●●●部
薬学博士●●●印

事件名　覚せい剤取締法違反被疑事件
　●年●月●日、●●●●をもって、●●●●部●●●●から鑑定嘱託された、鑑定嘱託書に記載の鑑定物件に係わる嘱託事項について、鑑定を行いましたので、下記の通り報告いたします。

鑑定主文

　資料の微量の白色結晶性物質は、フェニルメチルアミノプロパンの塩酸塩である。

鑑定経過

1. 資料は、別添鑑定嘱託書コピーに記載のある微細な白色結晶性物質である。
2. 資料の一部をとり、融点を測定するとき、標準品フェニルメチルアミノプロパンの塩酸塩と同一の172°Cであった。
3. 残りの資料を水に溶かし、薄層クロマトグラフィーで分析を行うとき、標準品フェニルメチルアミノプロパンと同一のRf値を有するスポットを認める。
　　条件
　　　プレート：シリカゲルプレート（●●社製）
　　　展開溶媒：メタノール：濃アンモニア水（100：1.5）
　　　呈色試薬：シモン試薬
4. 上記水溶液の残りの液の液性をpH10とし、n-ヘキサンで抽出し、ガスクロマトグラフ／質量分析計で測定を行うとき、フェニルメチルアミノプロパンの標準品と保持時間が一致するピークを認める。そのピークのマススペクトルは標

準品フェニルメチルアミノプロパンのスペクトルと一致していた。
　　条件
　　　装置：●●-MS（●●社製）／GC（●●社製）
　　　カラム：●●-Ultra-2 長さ25m、内径0.2mm、膜厚0.33μm
　　　昇温速度：40°Cで1分間保持した後250°Cまで10°C/minで昇温。
　　　イオン化法：電子衝撃法（positive mode）
　　　　　　　　　　　鑑定資料について
　　鑑定資料は極微量（1ミリグラム以下）であり、全部消費した。
　　　　　　　　　　　　　　　　　　　　　以上の通り鑑定する。
　　なお、鑑定嘱託書のコピーを、本鑑定書末尾に添付する。

　覚せい剤結晶の鑑定で融点を測る利点は、押収品の覚せい剤結晶が、塩酸塩の純粋な結晶だと判断しやすいからです。覚せい剤結晶の場合、融点降下がなく、170〜172°Cの温度で、瞬時に溶ければ、塩酸塩の純品であるということがわかります。純品であることがわかれば、押収資料数に応じて、薄層クロマトグラフィーや硝酸銀試験を省略してもよいといえます。資料の数によりGC/MS又はIRでのスペクトルの測定結果を加えれば、鑑定書を作成できます。
　外観から純度の低い覚せい剤結晶について疑問のあった鑑定書の例を以下に示します。
　法律上は、覚せい剤結晶が純品でなくても、鑑定主文に「……は覚せい剤である」と記載されていることに問題はありません。試験成績の記載に問題があった例です。
　定性分析が行われた鑑定書の鑑定主文と問題とされた試験成績記載箇所を下記に抜粋します。
　疑問がもたれたのは、試験成績のところに「鑑定物件について、少量を取り赤外線吸収スペクトル（IR）の測定を行ったところ、すべての鑑定物件から覚せい剤の標準品と一致するスペクトルが得られた」という記載事項です。
　明らかに不純物が多いと思われる覚せい剤結晶の場合、Aグループの分析法を前処理なしに使用した場合には、標準品と一致するスペクトルは得られません。後日、定量分析の鑑定嘱託がなされ、定量分析の結果から、覚せい剤以外の混入物がかなりあることが分かり、最初の鑑定書に虚偽記載があった例です。

【定性分析が行われた鑑定書の鑑定主文と問題とされた試験成績記載箇所（抜粋）】

鑑定書（抜粋）

鑑定主文（抜粋）

　鑑定物件は、すべて覚せい剤フェニルメチルアミノプロパンの塩酸塩である。
　　総計重量は●●グラムである。

(中略)

試験成績（抜粋）

○赤外線吸収スペクトル試験
　鑑定物件について、少量を取り赤外線吸収スペクトルの測定を行なったところ、すべての鑑定物件から覚せい剤フェニルメチルアミノプロパン塩酸塩のスペクトルに一致するスペクトルが得られた。
　　測定法：●●●●法

(4) 尿中覚せい剤の鑑定

　尿資料の場合は、必要に応じ、鑑定嘱託する前に、捜査担当者がキットで確認する場合もあります。鑑定担当者は、色調や臭いを観察し、液性をペーハーメータ等で確認します。鑑定担当者が、簡易試験キットで確認するのは、簡易試験の再確認と濃度の見当をつける目的があります。その後、抽出操作を行い、濃度に応じて適宜濃縮又は希釈し、各種分離分析を行い覚せい剤の有無を確認します。

【尿中覚せい剤の鑑定分析で行われている主要な検査手順（日本での例）】

1. 尿から尿中成分として含まれている可能性のある覚せい剤の抽出
2. ガスクロマトグラフィー（GC）で、試料中の成分が分離され、標準品メタンフェタミンと保持時間が同一の場合にのみ、試料中にメタンフェタミンに極めて類似した化合物の存在を推定。「ピーク不検出」の場合は、標準品メタンフェタミン添加試料の抽出液の測定を行ない、標準品の保持時間を確認し、試験を終了。
3. GCで覚せい剤ピーク検出の場合は、薄層クロマトグラフィー（TLC）又は液体クロマトグラフィー／質量分析（LC/MS）を行なう。

4. 試料液をトリフルオロ酢酸等のアシル化試薬で誘導体とし、ガスクロマトグラフィー／質量分析（GC/MS）を行なう。
5. GC、TLC（又はHPLC/MS）及びGC/MSの分析で陽性の結果が得られたとき、鑑定結果は陽性とする。
6. 冤罪を防ぐため、薬物そのもののときよりかなり慎重な検査が必要とされる（尿試料測定前にブランクテストが必須）。

　以前は、採尿に200ミリリットルの蓋付きコップ状容器が使用されていましたが、現在は、高感度のハイブリッド型GC/MSやLC/MS装置を使うので、多量の尿は必要なく、小さい容器が使用されています。10〜20ミリリットルの尿があれば、鑑定試験は普通に行なえます。1ミリリットルという少量の場合でも、尿中覚せい剤の濃度にもよりますが、分析は可能です。今後、TLCを行わず、LC/MSを使う尿中覚せい剤に関する鑑定書が多くなり、微量の場合にも陽性になる可能性は高くなってくると思います。覚せい剤濃度の薄い尿でも、陽性になる可能性が高くなる反面、ブランクテストで、「検出しない」ことを確かめながら分析していくため、鑑定担当者としては、かなりストレスがかかります。汚染の心配のない薄層クロマトグラフィーで分析するときより、鑑定に時間がかかるようになるかもしれません。

　下記鑑定書は、一般的な実際の尿中覚せい剤の鑑定書の例です。鑑定資料中の覚せい剤の濃度の見当をつけるため、尿中覚せい剤のスクリーニング試験が行われています。次に、抽出操作が行われているはずですが、記載がありません。抽出せずに、記載のGCでの検査を行って、さらにハイブリッドのGC/MS検査は行えないはずです。記載を、略したのかもしれません。

　鑑定結果のところに、フェニルメチルアミノプロパンの「含有が認められた」との記載がされていますが、含有というのは、相当、濃度が濃い表現ですから、一般的には「検出する」という記載が多いと思います。

　鑑定資料は「全量を鑑定に消費した」と記載されていますが、全量使わなくても分析はできます。しかし、結晶等の証拠品と違い、返却しても常温で保管中に分解する可能性もあり、更に衛生面での問題もあり、現在は全量消費としているところがほとんどです。

【尿中覚せい剤の鑑定書例】

鑑定書

　平成●年●月●日付け●●号で嘱託された事項については次のとおり鑑定を行った。

記

1. 事件名
　　覚せい剤取締法違反（●●）事件
2. 鑑定資料
　　尿（●●）約 10ml
3. 鑑定事項
   (1) 資料に覚せい剤取締法に規定する覚せい剤を含有しているか
   (2) 含有していればその名称
   (3) その他参考事項
4. 鑑定経過
   (1) 資料は、採尿用プラスチック製容器に入った淡黄色液体●●であり、「●●採尿日時平成●年●月●日午前●時●分」等と書かれた●●で封印されていた。
   (2) 資料に対し以下の検査を行った。
       a. 乱用薬物スクリーニング検査キット●●で検査を実施したところ、陽性であった。
       b. ガスクロマトグラフ検査を行ったところ、覚せい剤フェニルメチルアミノプロパンと同じ保持時間にピークが認められた。
       c. TFA 誘導体化後、ガスクロマトグラフ／質量分析計を用いて検査を行ったところ、覚せい剤フェニルメチルアミノプロパンの TFA 化体、及び覚せい剤代謝物フェニルアミノプロパンの TFA 化体と同じ保持時間にピークが認められ、それぞれ一致するマススペクトルが得られた。
5. 鑑定結果
　　資料に覚せい剤フェニルメチルアミノプロパンの含有が認められた。
6. 鑑定資料の措置
　　資料は全量を鑑定に消費した。

本鑑定は平成●年●月●日●●部において行った。

　　　　　　　　　　　　　　　　　　　　平成●年●月●日
　　　　　　　　　　　　　　　　　　　　●●部
　　　　　　　　　　　　　　　　　　　　●●●●印

　鑑定書「4(2)a」記載のGCによる検査では、メタンアンフェアミン、代謝物アンフェタミン、たばこを吸う人の場合にはニコチン由来の成分が検出されます。

　鑑定書「4(2)c」記載のGC/MSによる検査では、**【図表22】**のデータが得られます。

【図表22】尿中覚せい剤のGC/MS分析例
＊試料はトリフルオロ酢酸（TFA）誘導化体として分析。

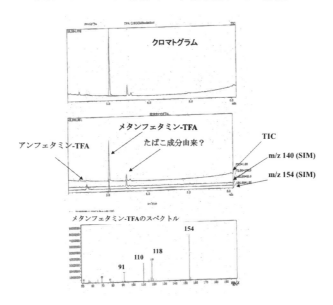

　【図表23】は、最近の尿中覚せい剤の鑑定で利用されている液体クロマトグラム／質量分析計（LC/MS）で得られるデータの例です。

　LC/MSでは、メタンフェタミン（分子量149）の分子量に1加えたm/z 150とその同位体m/z 151の特徴的なイオンでクロマトグラムを記録し

(SIM)、下段に示した質量スペクトルを確認します。GC、GC/MS、LC/MSのいずれを用いた分析においても、嘱託された尿から得られた試料測定の前後に、ブランク資料由来の試料液の測定と標準品を添加した抽出した試料液を、連続的に測定し、保持時間とスペクトルを確認することが必要です。

覚せい剤メタンフェタミンを摂取した人の尿には、体内で代謝され生成するアンフェタミンと未変化体メタンフェタミンが含まれています。メタンフェタミンとアンフェタミンは類似した構造なので、抽出操作で失われることなく、検出されます。私が鑑定に携わった初期のころは、被疑者が覚せい剤を持っていれば、尿の鑑定はほとんどなされませんでした。ある時期から、所持で逮捕された人でも、必ず尿中覚せい剤の鑑定嘱託がなされるようになりました。否認する被疑者が多くなったからだろうと思います。

被疑者が覚せい剤の使用日時について、はっきり言わない場合に、尿中覚せい剤の分析データから、尿中覚せい剤の濃度や摂取日時を推定してほしいという依頼があります。その判断に利用されるのが、ガスクロマトグラムです。

鑑定分析を行なう研究所内で、ほぼ同じ分析手法を採用しているという前提で、ガスクロマトグラムのメタンフェタミン（MA）のピークと大きな溶媒ピークを比べると、検出されているメタンフェタミンの尿中濃度が、濃かったのか、普通だったのか、薄かったのか判断できます。【図表24】に尿中覚せい剤のガスクロマトグラフィーによる分析例を示します。

尿中に排泄されてくるメタンフェタミンのピークの強さ（面積又は高さ）は、おおよそですが、覚せい剤摂取後1日以内の強さ（面積又は高さ）を100%とすると、おおよそですが、2日目で50%、3日目で25%、4日目で15%と減っていきます。同時に、代謝物アンフェタミンのピークの強度が徐々に増していくことが確認されます。覚せい剤摂取後何日後の尿かということは、アンフェタミン（AM）とメタンアンフェタミン（MA）のピークの強さ（高さ又は面積）の比をみると、ある程度推測できます。摂取後1日以内だとAM/MAの比は0.1前後ですが、摂取後日数が経過するほど、その比が大きくなり、1週間以上経過すると1に近くなります。

摂取の仕方や、個人の体調、酸性の尿を出す人、アルカリ性の尿を出す人で多少違ってきますが、5日から10日くらいまで検出されても妥当であると言われています。

鑑定分析した被疑者の尿は弱酸性を示す尿が多かったという経験はしていますが、まれに弱アルカリ性の尿もありました。アルカリ性の尿の人の場合は、腎臓からメタンフェタミンは再吸収される傾向がありますので、尿中への

【図表23】尿中覚せい剤の LC/MS での分析例

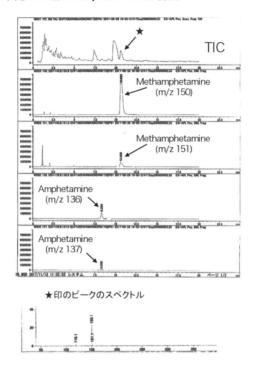

★印のピークのスペクトル

【図表24】尿中覚せい剤のガスクロマトグラム

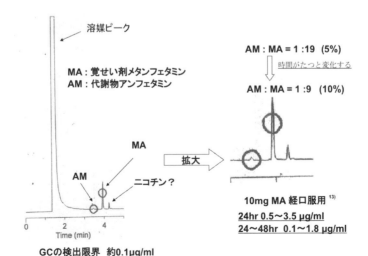

排泄量は少なくなります。最近の尿中覚せい剤の検出に関する鑑定書で、尿の液性（pH）の記載がない場合もありますが、測定しているはずですから記載してほしいと思います。

　摂取方法による違いを、代謝物から判断できないか聞かれることもありますが、現時点では、その推定は化学的な分析ではできません。

⑸　毛髪の鑑定

　毛髪中にある黒色の色素メラニンに、覚せい剤はよく吸着し、保持されます。髪の毛は覚せい剤を吸着した状況で、伸びていきますので、毛髪を切って、保持されていた覚せい剤を抽出し、感度の高いハイブリッド型の装置で分析できます。

　尿から覚せい剤が検出されても、「絶対に使用したことはない」と使用を強く否定する被疑者の場合、常習性を推測する捜査手法の一つとして毛髪分析は利用されています。尿と同時に、常に毛髪からの覚せい剤分析が鑑定嘱託されることはありません。

　地域により、不必要と思われるような毛髪中の覚せい剤検出を嘱託するところがあるように聞いていますが、使用頻度や髪の毛の状況により、使用している被疑者でも陰性の結果が出ることがありますので、注意が必要です。

　私は在職中に、厚生労働科学研究班で、毛髪中覚せい剤の検出法の検討を数多く行いました。その当時は、摂取量の多い乱用者が多く、毛髪からの検出は比較的容易でした。

　脱色した後に染色した毛髪では、髪の毛の色素が抜け、覚せい剤も処理された時点でメラニンとともに減少するため、常習性をみることができない場合があります。

　覚せい剤を使用した同一人の白髪と黒髪の毛髪の比較検討では、黒い部分に存在する覚せい剤は白髪部分より多い傾向にありました。

　薬物使用時期についての推定は、難しく、乱用者によりばらつきがありました。

　頭髪以外の体毛、腋毛やすね毛からも覚せい剤の検出は可能です。

⑹　鑑定の信用性の精査

　日本の薬物鑑定を行っている研究機関では、独自の薬物分析マニュアルを決めています。しかし、水道水、食品、飲料水等からの化学物質検出法のような公定書はありません。

誤った結果を出さないために行なわれている最低限のことは、尿中覚せい剤分析を例にすると、薬物を含まないことがはっきりしている尿、実際に嘱託された尿及び標準品を添加した尿を用意し、同じ条件で抽出操作をした試料液を用意し、各種装置等を使って、順に検出をすることです。

　ハイブリッド型のガスクロマトグラム／質量分析計（GC/MS）や液体クロマトグラム／質量分析計（LC/MS）は、大型の装置であるため、結晶用、尿用、毛髪用と多数の装置が鑑定をする施設に設置されているわけではありません。結晶の分析を終了した直後に、尿資料を急いで分析することもあります。

　毛髪中覚せい剤分析の鑑定書から抜粋した記載例を下記に示し、説明します。

【毛髪中覚せい剤分析の鑑定書（抜粋）】

鑑定主文

・鑑定嘱託第1号物件から、覚せい剤フェニルメチルアミノプロパンを検出する。
・鑑定試験のため、資料の毛髪は全量を使用した。

（中略）

4. 液体クロマトグラフィー／質量分析（LC/MS）
　　試料液（A）について、下記条件により液体クロマトグラフィー質量分析を実施した結果、覚せい剤フェニルメチルアミノプロパンと同一の保持時間を有するクロマトグラムのピーク及びこれに一致する質量スペクトルが得られた。
5. ガスクロマトグラフィー／質量分析（GC/MS）
　　試料液（B）について、下記条件によりガスクロマトグラフィー質量分析を実施した結果、覚せい剤フェニルメチルアミノプロパンのTFA誘導体と同一の保持時間を有するクロマトグラムのピーク及びこれに一致する質量スペクトルが得られた。
6. 対照毛髪について
　　覚せい剤未使用者の毛髪を比較対照コントロール検体として、嘱託毛髪と並行して液体クロマトグラフィー質量分析を実施したが、対照毛髪試料から覚せい剤は検出されなかった。

覚せい剤を使用していない人の毛髪から覚せい剤は検出されなかったと記載がありますが、どのような順で前処理していったかの経過が不明瞭です。

　毛髪中の覚せい剤鑑定にあたっては、①覚せい剤の検出されない分析環境の確認用に、覚せい剤を使用していない人の毛髪（対照毛髪資料）の抽出操作を最初に行ない、次に、②嘱託された毛髪を同じ環境で抽出処理をし、③標準品添加した毛髪の処理を行い、順に機器を使い分析することが大切です。この鑑定書の記載例では、覚せい剤摂取していない人の毛髪（対照毛髪試料）の分析の順は記載がないので不明で、標準品を添加した毛髪の分析を行なって、標準品と一致していたと記載したかどうかも不明です。データの開示を求めれば、データに測定時間が記録されていますので確認できます。更に、対照毛髪資料についてのガスクロマトグラム／質量分析計での測定について記載が省略されています。

　分析化学において化学物質の定性分析を行なう際の常識は、薬物鑑定の場合にも例外なくあてはまります。尿や毛髪中薬物鑑定試験で、信頼性のあるデータ取得に必要な分析化学の常識とは、尿鑑定を例に下記に列記します。

【尿及び毛髪中覚せい剤鑑定で、その精度を管理するために必要な分析化学の常識について】

1. 下記①、②及び③の尿を用意し、順に抽出操作を行う。
   ① 検出対象の薬物が含まれていない尿
   ② 分析対象の被疑者尿
   ③ 検出対象の標準品を添加した尿
2. 上記3つの抽出液をGC、TLC、LC/MS、GC/MS等装置を使い分析する。
   　各分析機器で分析する順は、①、②、③の順で行う。
3. 上記3試料の分析のほかに、下記④と⑤の分析も適宜実施することが必要である。
   ④ 市販の溶媒（GCやGC/MSの場合）又は水（HPLCやLC/MSの場合）でのブランク
   ⑤ 適切な濃度の検出対象薬物の標準品を含む試料液（尿添加ではない）

　　④及び⑤の資料については、定期的に分析機器のメンテナンスのた

> めに実施するもので、鑑定分析の際に常に実施が必要なわけではない。これらのデータによって、使用する装置が要求される精度を有していることを定期的に確認するためのものである。

　薬物鑑定では、陽性の結果を得る事のみが目的ではなく、陰性であることを確実に報告するのも重要な目的です。

　時間の制約や慣れで、上記③のデータ取得が省略されることがあるようです。裁判でのデータ開示で、わかってきたことですが、①の前処理は省略し、④の溶媒での測定で代用し、標準品は測定条件が同じであれば、同じ分析データが出ることが多いので、③の測定を省略し、例えば、1カ月前に行なった定期点検で測定した⑤の標準品の保持時間と比較し、鑑定書に「標準品と同じ保持時間にピークが認められた。」とすることもあるようです。

　③の測定を省略した場合は、標準品と同じピークがあったという推定で、断定はできないというのが分析化学の常識です。

　一定の濃度の一種類の薬物の分析のみ、ルーチン的に行なっている場合と異なり多種類の薬物分析を鑑定分析では行ないます。数週間又は数カ月前の標準品のデータを流用し、鑑定結果覚せい剤が含まれていたという場合は推定であり、断定ではありません。ただし、上述の③データ取得を省略したからといって、鑑定結果は変わらないと思いますので、手続きを大切にする司法の世界での分析ですから、分析化学の常識的な手順は、時間が大幅にかかるわけではないので、省略すべきではありません。

　鑑定結果の判断は、鑑定担当者が個人の責任において行うことになっていますので、これまでは、上記分析の省略が見過ごされていた傾向があったかもしれません。

　鑑定結果に疑問があった場合には、データ開示を請求することで、再鑑定に匹敵する検討を行えます。しかし、薬物事件の場合、被疑者の嘘は見抜いて、再犯防止優先で被疑者対応してほしいので、むやみにデータ開示を行なうべきではないと考えます。

　結晶の場合は、微量でない限り残量が返却され保管されているので、再鑑定は可能です。尿は現在日本では残さないか、残量があっても、全量消費と鑑定書に記載される場合がほとんどですので、再鑑定はできませんが、データの開示を求めることは可能です。尿鑑定の場合、「全量消費」という記載は正確で

はないので、「●ml使用し、残った尿は、廃棄した」と記載したほうが良いと思います。私が訪問した海外の幾つかのラボでは、スポーツ選手のドーピング検査の場合に準じて、冷蔵庫に尿を半分保管していました。

　開示を求める場合には、鑑定書の「標準品とスペクトルが一致していた」という記載の根拠となった記録が存在するかを尋ね、「無い」という回答の場合は鑑定の信頼性に疑問を持たざるを得ません。記録の閲覧又は開示を請求する場合、例えば、毛髪からの覚せい剤の鑑定の場合、覚せい剤を使用していない人の毛髪、被疑者の毛髪、最後に標準品の測定データに記載されている変更できない時間の記録を確認していくと、標準品のデータ取得の省略やブランク検体の記録がないということもあり、鑑定結果の信憑性についての指摘も可能になります。

　薄層クロマトグラフィー（TLC）や呈色試験以外の分析装置で記録したデータでは、測定した時間が改ざんできないようになっています。1984年に、キムチを大量に摂取した人の尿から覚せい剤反応が検出されたという事件がありました。ハイブリッド型ガスクロマトグラフ／質量分析計（GC/MS）の使用がはじまったばかりのころで、装置の感度が想定以上に高かったため、標準品による汚染で、誤鑑定になってしまったといわれています。

　各鑑定機関の担当者は、鑑定分析で結果を出すに至った各装置での分析データを裁判の過程で要求があった場合に提出できるよう、生データを全部保管しています。

　米国のいくつかのラボを訪問したときの経験ですが、鑑定書は極めて単純です。「これは大麻である」「何グラムである」それしか書いてありません。ところが、最後に1行、「必要があればデータを開示する」と書かれていました。データの保管状況を実際に見せてもらいましたところ、長年にわたって鑑定に利用されたデータがプリントされ、引き出しに年次別に保存されていました。

　ただ、見た目のきれいなチャンピオンデータというものを測定するのが、時間の制約で難しい時もあるので、データを出したくないという心理を分析者は持ち、データ開示を拒む場合もあるかもしれません。しかし、目的を説明すれば、開示は可能になるはずです。

　ドーピングの例ですが、必ず分析資料の半分を残すといわれています。日本の尿中薬物鑑定の場合は、保管用の設備やルールがありません。しかし、再鑑定はしなくとも、鑑定分析の経過をたどれる記録やデータを専門の人が見れば分かるので、疑問のある場合のみですが、データの開示を積極的に請求してほしいと考えます。

▶▶覚せい剤を炙った副流煙を吸ったとの弁解について

　副流煙を吸ったので、尿中から覚せい剤が検出されたと被疑者が弁解する裁判に出たことがありますが、副流煙によるというのはかなり無理な弁解だと思います。2008年に米国で行われた実験報告があります[14]。内容を要約し、コメントを加えたものを下記に示しますので、参考にしてください。

【副流煙について（2008年米国での実験レポートについて）】

◎100 mgのメタンフェタミン塩酸塩粉末をパイプに入れ加熱すると、空気中では37〜131 μg（0.037〜0.131 mg）が1㎥空間に飛散する。覚せい剤は、たばこの煙より重く飛散しにくい。

　◎50kgの体重の人が1回に0.5 l の空気を吸うとし、1分間に20回呼吸をすると考えると、20×0.5＝10で1分間当たり10 l の空気を吸ったりはいたりすることになる。

◎10分間では100 l になる。1㎥の空間は1000 l なので、10分間で0.0037〜0.0123 mg位の気化した覚せい剤を吸うことになる。

◎実際にはパイプで覚せい剤の煙を吸う人が煙状の覚せい剤をほとんど吸うので、副流煙の場合は半分以下になる。

◎パイプで乱用している本人がまったく吸わないとしても、1時間、覚せい剤の煙を出し続けていても、0.06 mgくらいしかそばにいる人は吸えない。壁や床等に煙中の覚せい剤の煙は、たばこの煙より重く飛散しにくく、空気中には留まらない。1時間煙を出し続けるのはかなり無理がある。

◎管理下の実験での文献では、10 mgのメタンフェタミン塩酸塩を経口投与で、24時間尿に1 mlあたり0.5〜3.5 μg（0.0005〜0.0035 mg／1 ml尿）排泄されるので、副流煙で0.06 mgの覚せい剤を体内に入れたとしても10 mgの167分の1で、24時間尿に1 ml当たり0.003〜0.02 μg程度しか排泄されない。

◎濃いとした場合でも20ng／1 ml尿位なので、1 μlの抽出液に0.02ng覚せい剤が入っている試料液をガスクロマトグラフィー装置に入れることになる。

◎一般的な現在のガスクロマトグラフィー装置では、1μlの抽出液に0.1ng覚せい剤が入っている場合に検出可能な限界とされているので、1μlの抽出液に0.02ng以下の覚せい剤が入っているものをガスクロマトグラフィー装置に入れてもほとんどピークにならず、検出できない。
◎従って、副流煙を吸ったという言いわけには、無理があるといえる。

▶まとめ

　鑑定結果に疑問のある場合に限りますが、データの開示を求めて、分析手順やその記録、データの日付順等の確認をすることが必要であると考えます。
　データの開示を求めることは、鑑定分析の質の向上につながります。消費者問題の場合と違い、多少脛に傷のある被疑者の場合、多少疑問があっても、鑑定結果に異議を唱えないことがあるようです。
　私は、薬物乱用者には一定の刑罰と適切な治療が再犯防止に非常に大事だと思っている一人です。薬物使用がはっきりしているけれども、様々な言い訳をする場合も多いと聞いています。薬物乱用者の治療は、病気同様で、初期に治療を開始すれば、早く治療効果が出ると薬物使用者の治療の専門医から聞いています。弁護活動の方針は方針として、乱用が明らかな場合には、弁護士サイドから治療することを勧めて再犯をしないよう指導することが大切ではないかと思います。

▶質疑応答

Q1　再鑑定のために尿を取っておかないのは、費用とか保管場所の問題なんでしょうか。信頼性というところに一回疑問が生じている以上、データを見るだけではなく、もう一回検査しないと、駄目なのではないでしょうか。
　A　日本では尿を保管する場所や保管に関するルールがありません。データを開示することを前提に再鑑定用の尿を取っていないと思いますが、データの保管管理は行われています。再鑑定に代わるデータの開示請求を習慣化すれば、徐々にデータは開示され、分析の質の向上がはかられ、誤判定はなくなると思います。
　本来は、ドーピング検査のように、採尿に立ち会った捜査官が、被疑者の前で、尿を半量分けて2つの容器にとり、一つは保管し、もう一方を鑑定に出す

べきだと思います。現在は、保管の設備もルールもありません。相当数の冷凍庫が必要になり、インフラも必要になります。今のところ、データの開示で化学的知識のある人の協力を得ればカバーできると思います。

　私の経験ですが、信頼性という意味では、別の問題もありました。私の所属していた関東信越厚生局麻薬取締部の場合、私も身分上は取締官でした。法的には、捜査官の身分にある人が鑑定をやるということに問題はないとのことですが、客観性が必要な鑑定業務において疑問のある状況ではないかと思っていました。小規模の麻取部に行くと、捜査の後方部隊員として被疑者に接する環境にあって、尿を鑑定するということも過去にはあったかもしれません。

Q2　尿鑑定にかけるときというのは、資料がまず尿であるのか、もしくはお茶の混ざっているものなのかというのを鑑定してから、行うのでしょうか。それから、資料について、鑑定をしたときに、例えば尿から覚せい剤が出た場合と、お茶に覚せい剤が含まれていた場合とでは、結果が違って出てくるようなものでしょうか。尿臭以外に尿かどうかを予め検査する方法というのはありますか。

A　私が在職中は、液性（pH）と尿臭を必ず確認し、尿臭のする溶液であったことを記録していました。尿にお茶が入っていたらどうなるかというと、その場合でも尿臭はします。お茶だけのような尿臭のしない液体の場合もありました。多分、尿じゃなかったと思います。そういう場合に、「尿臭がしない液体」と書き、分析をします。経験談ですが、9割ほど色と臭いはありました。

　クレアチンとか尿の成分を簡易試験で確認する人もいましたが、一般的ではなかったと記憶しています。

Q3　尿から覚せい剤反応が出た場合と、例えば普通の水に覚せい剤を溶かした場合というのは、検査結果は全然違うものになってくるんでしょうか。

　また、代謝を経た場合に、同じ覚せい剤であっても、性質が変わったりするといったことはあるんでしょうか。

A　尿の場合、そこに含まれる覚せい剤成分はかなり微量で、前処理を行い、検出します。尿の量にもよりますが、水に覚せい剤を加えたという場合、濃度的に相当濃い溶液になると思います。一般的な尿中覚せい剤の濃度になるように水溶液を予め用意するのはかなり難しいと思います。代謝物について分析することで、水に覚せい剤を加えたのか否かはわかります。

　メタンフェタミンは体内で代謝されて一部覚せい剤であるアンフェタミン

になり、尿に排泄されますが、アンフェタミンが尿中に排泄されてくるには少し時間がかかります。ただ、尿の液性（pH）にもよります。摂取直後だとアンフェタミンはほとんど検出されません。摂取後、半日又は1日経つと、アンフェタミンが検出されます。ガスクロマトグラフィー（GC）での測定データで、アンフェタミンとメタンフェタミンのピークの強さ（高さ又は面積）を比べることで摂取後1日以内なのか、ある程度推測できます。摂取後日数が経過するほど、アンフェタミンのメタンフェタミンに対する割合が大きくなります。

　ガスクロマトグラム（GC）におけるアンフェタミンとメタンフェタミンのピーク強度の比は、各鑑定機関も検事からの要求で、データ開示をしています。実際に鑑定書に書いてあるかどうかは別として、必ず記録が提出されます。但し、尿中覚せい剤の場合、覚せい剤の量の定量は嘱託されませんので、一般的には尿鑑定で定量することはありません。覚せい剤摂取した人の個人差があるということで、摂取後何日以内かという推定をすることを拒否する鑑定担当者もいます。

Q4　総論的な話として、検査官は単独で分析を行うのでしょうか。助手を使ったり、誰かと一緒に共同で検査するんですか。また、その検査に関わった人は全部鑑定書に記名されるのか、それとも主たる責任者だけが記名されるのでしょうか。

A　麻薬取締部の場合は、私の在職中のことですが、鑑定官付という助手1人はいました。組織上は複数の鑑定官が存在していることになっていましたが、実際に鑑定している鑑定官は私一人でした。鑑定分析をやる人とそれをチェックしながら補佐する人がいて、ダブルチェックをしながら本来はやるべきだと思います。しかし、そのような体制にはありませんでした。器具の洗浄から、抽出、装置での分析全て一人でやっている時期もありました。麻取部での現況は定かではありませんが、一人鑑定官の地区もあると思います。2名体制で、ダブルチェックしながら、分析操作が行われていればという苦い経験をしたことはあります。

Q5　科捜研の鑑識の検査能力は、各都道府県で均等でしょうか。疑問のある県があることはないのでしょうか。

A　私の苦い経験を先に話しましたが、現在は、専門性の高い化学的知識のある人が鑑定官として業務を行っていることと思います。各県警の科捜研の鑑定担当者には、柏にある科警研で、研修が行われており、全国ほぼ同じ精度の装

置が設置されていると聞いています。昔は設置されている装置も一定でなかったので、差はあったと思いますが、現在は、ほとんど性能の同じ装置が全国に設置されていますので、差はないと思います。

Q6 各論的な話ですが、先程、キムチの話が出たときに、分析装置が綺麗になっていなくて、前の資料が残留して検出されたんじゃないかということでした。検査毎に綺麗に機器は洗浄して、次の検査に備えるんだろうと思うんですが、前の分析資料が残っているなんていうことがあるのでしょうか。
A 装置がハイブリッドで高感度になるほど、あり得ます。そこで、鑑定について、疑いがない場合はむやみにやってほしくはないんですが、疑いのある場合にはデータの処理の順をチェックすることが重要です。ブランク尿で前処理を行った試料をはじめに分析し、検出されないことを確認し、被疑者の尿を同様に分析し、最後に標準品添加尿の分析を行っているか、データに記録されている分析時間をチェックし、確認することが重要です。最初に濃い標準品をやって、次に検体をやったら、これはもう、明らかにコンタミ（コンタミネイション。汚染の意）し、覚せい剤の無い尿でも陽性になる可能性があります。

　装置の稼働状況にもよりますが、私は純度の高い多量に押収された覚せい剤結晶の分析にはハイブリッド装置を使ってほしくないと思います。融点と赤外線吸収スペクトル（IR）測定で、十分だと思います。ハイブリッドの高感度な装置は、尿とか毛髪とか、微量の物の分析に使うべきだと思います。前の日に覚せい剤結晶の分析にハイブリッド装置を使って、翌日に微量の毛髪中の覚せい剤分析をやったら、反応が出る可能性は高くなります。私は、この標準品の履歴（コンタミ）が消えるまで、装置をコンデショニングするのに、苦労した経験を数多くしています。キムチ事件は、高感度のハイブリッドの装置が、日本に入ってきたばかりで高感度の装置での分析に慣れていない時で、そんなにコンタミするなんて誰も思っていない時代でしたので、失敗したと思います。今は、ブランク試料を先に、標準品添加尿からの試料を最後にという分析の順番を守り、チェックしていけば、防げます。

Q7 尿鑑定の期間というのは、どれくらいかかるものでしょうか。
A 尿の分析の場合、先ほども言いましたように、高感度のハイブリッドの装置を使いますので、装置や使用器具等による実験環境由来のコンタミ（汚染）にすごく時間がかかります。様々な分析を同じ装置で行いますから、コンタミのおそれがないという条件がすべてクリアされる状況下に設定するのに苦労

します。尿の抽出時に、前日の結晶の鑑定がまだ片づいていない状況で行う場合もありますので、器具や実験台及び分析用装置のクリーニングに、時間がかかった経験はあります。麻取部は、捜査官も少ないので、多くても一度に3検体くらいしかありませんが、大きな鑑定分析所では、出勤すると数多くの尿試料が待っているということがあるのではないかと想像します。多くの資料があった場合、捜査機関からの要請により、優先順位をつけて分析する場合もあると思います。実際に何時間でできるかというと、これから尿を持って行きますと分かった時点でブランク試験を始めていた場合は、半日くらいでブランク試験をやっておいて、そこに尿が来たら抽出をして、1時間半か2時間かけて前処理操作をし、ハイブリッド装置にかけ分析すると総合で、1日くらいかかるのではないでしょうか。

＊本稿は、2017年9月19日に期成会で行った講演録に加筆したものです。

【参考資料】

1 和田清：平成17年度厚生労働科学研究費補助金 医薬品・医療機器等レギュラトリーサイエンス総合研究事業の分担研究報告書。
2 Jos ten Berge : J. Psychoactive Drugs, (34) 249-262 (2002).
3 平井愼二『条件反射制御法』（遠見書房、2015年）。
4 長井長義：藥學雜誌 (139) 901-933 (1893).
5 Makino Y. et al. : J. Health Sci., 49 129-137 (2003).
6 Lei Weng Tong et al.: ForensicAsia, (6) 30-33 (2014).
7 緒方章：藥學雜誌 (445) 193-216 (1919).
8 UNITED NATIONS "RAPID TESTING METHODS OF DRUGS OF ABUSE" ST/NAR/13 (1988).
9 仲村佳彦ほか：中毒研究(25) 247-252 (2012).
10 森永睦子ほか：医学検査(65) 282-289 (2016).
11 寺本量子ほか：臨床検査(58) 1547-1549 (2012).
12 Makino Y. et al. : J. Chromatogr B Biomed Sci Appl. (729) 97-101 (1999).
13 Jonathan M. et al. : Clinical Chemistry (48) 1703-1714 (2002).
14 John W. Martyny et al. : J.Chemical Health and Safety, (15) 25-31 (2008).

覚せい剤Q&A

森 啓
元・帝京大学医学部法医学教室講師

Q1
覚せい剤を舐めてみるとどのような味がするのか。それは他の食物と明らかに違いがわかるものか。

A
法律で禁止されており実際に舐めてみたことがないので、実感としてではないが、メタンフェタミンは塩酸塩になっているので苦く感じるだけで、他の塩酸塩になっている化合物と変わりないだろう。

Q2
覚せい剤の鑑定において、検査に必要な尿、毛髪及び血液の量は、それぞれどれくらいか。

A
どのくらい微量分析するかによるが、一般的には尿１〜20 ml、毛髪10〜100 mg程度。毛髪については毛根部に近い方がいい。又、血液は5 ml位を遠心分離し上澄みが半分位採取できるから、そこから1 mlを試料としている。

Q3
尿中の覚せい剤の有無を鑑定した科学捜査研究所のすべての鑑定書が、「全量消費した」と記載しているが、全量消費しないと鑑定ができないのか、残してあってもそう記載するのか、残すことに支障があるのか。また、再鑑定ができない不利益を被告人側が負う状態を改善する方法はないか。

A
私達の研究室で鑑定する場合、どんなに資料が少量でも再鑑定する場合を想定して半分は残しておく。どの裁判化学の教科書を見ても、そのように教育している。従って1回の検査で全量使ってしまうことはまずない。しかし、科学捜査研究所の「鑑定書」に「全量消費した」と記載されているのなら、資料全てを使ったのだろう。これは推測だが、全量使っていなくても使ったことにして処分してしまっているのかも知れない。実際、当事者でないので分からない。このような疑問が生じない為に、トイレで採取した尿は何ml、そこから何mlを分取して試験した、と記載してほしい。

そして、再鑑定用に半分を残すよう取り決めなければいけない。

そうすると資料を冷凍保存する施設が必要になり、莫大な維持費がかかることになる。しかし、再鑑定できないというのでは人権は守られないのであるか

ら、是非、改善してほしい。

Q4 同様の問題は、鑑定対象が毛髪や血液のときにも起こっているのか。そしてその改善策としてはどのようなことが考えられるか。

A 毛髪は尿や血液に比べれば保存は容易。しかし、血液となるとこれは結構手間がかかる。薬物分析用には、まず血液を遠心分離して、上澄み部分を凍結して保存しないといけない。実際には、司法解剖された場合は血液を採取するが、生きている被疑者から血液を採取することはまずない。

Q5 覚せい剤反応は、最終使用からどれくらいまでの間であれば検出できるのか。裁判では尿検査で覚せい剤が検出される期間を 10日から 2週間程度と想定しているようだが、その根拠は何か。血液・尿・毛髪など、採取する部位によって異なるか。また、それには個人差があるのか。

A 服用した覚せい剤の量によるが、服用後48時間で尿中に 90〜95% が排泄されるので、おおよその目安は尿については 1週間程度である。血液については服用後 30分〜 1時間で最高血中濃度になり、その後、服用が無ければ片対数グラフ的に減少してくる。従って、血液で検査することは急性覚せい剤中毒で、どの程度血中濃度が上がっていたかを見る場合は必要だが、服用後 10日も 20日もしてからの血液を分析しても検出できる可能性は低い。

採取する部位に影響されるのは毛髪である。毛根部から覚せい剤は取り込まれるので、毛髪の先端部に比べれば毛根部の方が多量含まれている。

Q6 覚せい剤の摂取方法、試料の部位、鑑定方法別に、薬物作用が生じる最低限の使用量、鑑定で検出されうる最低限の使用量を教えてほしい。

A 覚せい剤の摂取は静脈注射、経口投与、皮膚・粘膜からの吸収に分けられる。吸収の一番早いのは静脈注射で、次が経口投与による胃粘膜からの吸収、そして皮膚・粘膜からの吸収である。一度体内に入れば、後は代

謝されるだけなので同じである。

　薬効が期待できる量は初回は数mgである。しかし、段々と量が多くなっていき、慢性中毒者になると１回１ｇ程度の経口投与も考えられた事例もあった。そのようなわけで覚せい剤において致死量は不明と言われている。１回50 mgの投与で死亡する場合もあれば、１ｇで死亡する場合もあるからである。

　鑑定で検出される下限値は 10 〜 0.1μg である（薄層クロマトグラフィーでシモン暴露法を用いて呈色反応した場合）。

Q7　１回しか覚せい剤を使用していなくても、毛髪から覚せい剤反応は出るのか。

A　１回限りの使用でも毛髪を洗わないで分析すれば、汗からの付着として検出することができる。しかし、１回限りの使用で、使用からあまり日が経っていないと、覚せい剤は毛根から取り込まれてもまだ採取できる毛髪部位にまで至っておらず、検出できない。従って、１回限りの使用では毛髪を洗ってしまうと検出できない。

Q8　１回の薬物使用で毛髪からの検出は可能か。又、毛髪のどの部位にどの程度蓄積されるか等、薬物の移行機構はどの程度解明されているのか。

A　覚せい剤と似た挙動を示す三環系抗欝剤を服用している患者から、同意を得て毛髪を切り取り、毛髪からの検出を試みた。その結果では洗浄した毛髪の場合、１回服用後約２週間しないと、切り取った毛髪から検出されなかった。

　つまり、毛根から採取できる毛髪部位までは距離があり、そこまで移行するには時間がかかるということである。毛髪は一般的に１cm 伸びるのに１カ月かかると言われている。従って、１回限りの薬物使用で洗浄した毛髪からは検出されないと考えていい。洗浄していない毛髪なら汗が付着しており、検出される。

Q9 薬物鑑定では、尿が最適であり、毛髪などは第二あるいは補助手段と言われているが、それはどういうことか。

A 体内に入った薬物は肝臓で代謝され、水に溶ける形に変化して尿中に排泄される。従って、尿中から覚せい剤が検出されたということは、覚せい剤を服用したということと同じである(厳密に言えば少し違うのではあるが)。また、尿は採取しやすいという利点がある。トイレで採尿カップに取ればよいだけなので、比較的抵抗感はない。

他方で、毛髪も重要な資料であるが、この場合、鋏で切るという抵抗感があると思う。強引に毛髪を抜去したら人権問題になるだろう。分析法も前処理が厄介で時間もかかる。そのような訳で、尿が一般的に用いられている。

Q10 毛髪から覚せい剤反応が出ると常習者（慢性中毒）という判断をしていいのか。

A 毛髪を洗浄前と洗浄後とに分けて分析することによって、急性か慢性かを考えている。即ち、毛髪から検出される覚せい剤の中には、頭皮の汗腺から排泄され毛髪に付着したものと、毛根から毛髪に取り込まれたものがある。洗浄によって汗から付着したものを除去してもなお、毛髪の先端部にまで覚せい剤が検出されるということは、慢性であると言えるのである。

Q11 ブドウ糖の点滴をすると、尿検査において覚せい剤反応が出なくなる可能性があるのか。

A 点滴をして血中濃度を下げるということだと思うが、尿から出なくなるということはない。

Q12 覚せい剤の定性試験（検査）と定量試験（検査）の違い、及びそれぞれの意義を説明してほしい。

A 定性試験は覚せい剤であるのかないのかだけを判定することで、量的なことは分からない。薄層クロマトグラフィーで分離して呈色反応で確認することが、定性反応である。また、質量分析で質量スペクトルをとることも定性反応と言っていいだろう。他方、量的な関係を知ること、つまり尿中にどれだけの覚せい剤があったのか計算するのが定量試験である。どの位の覚せい剤が尿若しくは毛髪（洗浄したものと洗浄しないもの）から検出したのか、その結果と被疑者の供述が矛盾しないか検証することが大切である。

Q13 薄層クロマトグラフィーによる検査とは、どのような原理に基づくものか。この方法で使用量の多少や常習性が分かるものか。

A 改めて簡単に説明すると、ガラスの板の上に薄く非常に細かなシリカゲルを塗布する。そこに尿から抽出した試料をスポットして展開溶媒に浸ける。すると、展開溶媒は次第に上昇して行くから、試料は固定相のシリカゲルと移動相の展開溶媒との間の吸着力の差によって移動し分離される。同じ物質なら移動する距離は同じということで同定できるが、確度はあまり良くない。

　覚せい剤を多量に使用していれば呈色反応は濃く出るが、多い少ないは目で分かる程度で、どの程度か量的な関係は分からない。一般的に呈色反応の下限は $10\mu g$ と言われてる。まして、常習性などは薄層クロマトグラフィーでは分からない。

Q14 マルキス試液やシモン試液で染色する検査とは、どのような原理に基づくものか。この方法で使用量の多少や常習性が分かるものか。

A マルキス試液は含窒素化合物があると赤橙色に呈色する。また、シモン試液は青紫色に呈色する。

　比色法で常習性を判断することはできない。

Q15
ガスクロマトグラフィー（GC）による検査とは、どのような原理に基づくものか。この方法で使用量の多少や常習性が分かるものか。

A 薄層クロマトグラフィーは固定相がガラス板に塗布されたシリカゲル、移動相が展開溶媒だったが、ガスクロマトグラフィーは固定相がガラス管中の多孔性物質に湿らせた液体、移動相がヘリウムあるいは窒素のガスということである。いずれも「クロマトグラフィー」とは、物質を分離するという意味である。

常習性を判断する材料は毛髪で、分析機器ではない。

毛髪を洗浄しないで分析すると、汗が付着した状態の毛髪を分析することになり、発汗作用（急性の所見）と見なすことが出来る。次に、毛髪を洗浄すると汗の付着は無くなり、毛髪の内部に存在する（慢性中毒）覚せい剤を検出することになり、常習性がわかる。

Q16
ガスクロマトグラフィー質量分析計（GCMS）による検査とは、どのような原理に基づくものか。この方法で使用量の多少や常習性が分かるものか。

A 試料をガスクロマトグラフィーで分離した後、質量分析計に試料を導入する。質量分析にはいくつかの方法があるが、一般的に用いられているのは電子をぶつけて開裂のパターンを比べる方法である。

覚せい剤の使用量の多少は定量分析すれば分かるが、常習性は毛髪を分析することによってしか分からない。

Q17
覚せい剤の鑑定では、フェニルメチルアミノプロパンとフェニルアミノプロパンの両方について鑑定する必要があると聞いたことがあるが、それはなぜか。また、鑑定書に「フェニルメチルアミノプロパンが検出された」という記述しかない場合、どのような方法で争うのが正当か。

A フェニルメチルアミノプロパン（メタンフェタミン）を服用した場合、未変化体のメタンフェタミンと代謝物であるアンフェタミン（フェニ

ルアミノプロパン）が尿中から検出される。従って、覚せい剤が体内に入って、肝臓で代謝された物質も検出されれば、確実に服用したことが証明できる。

　代謝物であるアンフェタミンは未変化体のメタンフェタミンに比べると１～２割程度しか検出されない。従って、極微量のメタンフェタミンしか検出されないような場合、アンフェタミンは定量下限以下になってしまい、検出されない場合がある。これは分析する機械の感度と関係がある。

　フェニルメチルアミノプロパンのみ検出された場合は極微量だったのだなと思う。もう１つ考えられるのは、司法解剖した場合など腐敗した資料でよく経験するのだが、アミノ酸の一つであるフェニルアラニンが微生物の影響で脱炭酸すると、フェニルエチルアミンになって、アンフェタミンとほぼ同じ位置にガスクロマトグラム上検出される場合がある。このように妨害する物質があると同定できないことがある。しかし、質量分析すれば分離は可能となる。

Q18
被疑者・被告人が「自分は絶対にやってない。尿をすり替えられたのかもしれない」という弁解をしているときに、鑑定を問題とする弁護活動としては、どのような切り込み方が可能か（例えば、鑑定に用いられた尿が本人のものであるかどうかを、DNA鑑定によって確認する必要がある、など）。

A
任意で提出した尿が本当に自分の尿か確認できるシステムが必要であろう。尿中には不純物として脱落した細胞が少量あるので、これをDNA鑑定すれば本人か否かは分かるはずである。しかし、ここまで確認した例は知らない。

　尿を採取し容器に入れた後に封印をするが、分析を開始する前に、この封印がはずされていないか、写真を撮っておく方法があると思う。厳密には容器を２つ用意して尿を二分し、各々に封印して１つは警察へ１つは弁護士等の第三者で保管し、問題があったら後者を分析するという方法もあると思う。

Q19
科学捜査研究所が行っている鑑定手法が陳腐化しているということだが、覚せい剤が検出された以上、その結論は争えないと思う。弁護人としては、本来、何を問題とすべきなのか。

A　ガスクロマトグラフィー質量分析法を用いて覚せい剤が尿中に検出された場合、結論を否定することは困難である。まず尿中に覚せい剤が検出される薬剤（塩酸セレギリン等）の処方がないか確認することが重要。次に、被疑者の訴えが嘘だということに早く気づくべきである。今までに相談された事例では、初めは使用していないと言っておきながら、最後に「やっていました」という言葉を聞くことがほとんどだ。しかし、実刑を終えても、それでも執拗に「使用していない」という場合もあった。このような場合は本当に考えさせられる。1つは本人の知らないうちに飲まされた可能性、2つめは体内である種の化合物が腸内細菌の作用により化合物変換された可能性が考えられる。現時点では後者の場合、合成される覚せい剤はμgのオーダーなので、薄層クロマトグラフィーでは検出されない。

Q20　日本薬学会規定「薬毒物化学試験法」とはどんなものか。これに準じて尿中覚せい剤の定性試験を行ったとだけ記載され、いかなる手順により鑑定が行われたか不明の鑑定書に出会ったが、如何なものだろうか。

A　日本薬学会編『薬毒物化学試験法と注解』（東京化学同人）という書籍のことだと思う。この本には多くの薬毒物に関する記載があり、その中に覚せい剤の項もある。とても参考になる書籍なので、ご覧になられると良いと思う。

　その中に、覚せい剤の分析法の一般的な方法が記載されている。鑑定も原則的にはその中に記載されている方法に従って分析したのであろうが、試料の前処理法とか細かなところは記載されていないので、鑑定書にはやはり試料の分取から細かく記載すべきと考える。

物質使用性障害と
中毒性精神病の治療

梅野 充
精神保健指定医、精神科専門医/指導医、
精神保健判定医
医療法人社団アパリ・アパリクリニック
医療法人社団學風会・さいとうクリニック

▶▶物質使用性障害をめぐる近年の動向

　物質使用性障害（薬物依存症）をめぐる状況は、近年大きく変化している。
　ひとつには、危険ドラッグの流行にみられるような薬物乱用の一層のカジュアル化や、すそ野のひろがりである。もうひとつは、アルコール健康障害対策基本法や拠点治療機関事業などの法的および行政的な整備である。さらに、刑の一部執行猶予によって社会内処遇の重要性が増していることである。

▶▶薬物使用による精神科的問題
　　──中毒性精神病と物質使用性障害（薬物依存症）

　覚せい剤のような乱用薬物を使用することによって引き起こされる精神科関連の問題としては、大きく二つが挙げられる。ひとつは、薬物を使った後遺症として幻覚や妄想のような精神病症状が起こる「中毒性精神病」の問題、もうひとつは、薬物使用をやめようと思ってもまた使ってしまう「物質使用性障害（依存症）」の問題である。

▶▶乱用薬物とは

　まず乱用される薬物（物質）とはどういうものか、整理しておきたい（表1）。乱用薬物とは、中枢神経すなわち脳を抑制したり刺激したりする作用を示す物質である。中枢神経抑制作用をもつ物質の代表的なものがヘロインやアルコール、中枢神経刺激作用をもつ物質の代表的なものが覚せい剤やコカインである。
　お酒を飲んだときのように、タガがはずれたように気持ちが楽に感じる（多幸感）のが、中枢神経抑制作用である。他方、コカインや覚せい剤は、強くなったような戦闘的な気分を引き起こすが、これが中枢神経刺激作用である。そのほかに、LSDのように知覚や感覚を変化させて幻覚や錯視錯聴を引き起こす薬物もある。
　また「危険ドラッグ」とは大麻や覚せい剤に似た合成物質を植物片に吸着させたり、液体として小瓶に詰めたりしたものを指す。これまでは規制されてこなかったが、平成26年ごろに多くが薬事法上の指定薬物に指定された。
　その他にも乱用薬物の多くは所持や使用などを法で規制されている。覚せい剤は「覚せい剤取締法」、大麻が「大麻取締法」、麻薬などは「麻薬及び向精神

薬取締法」で取り締まられている。

表1　乱用される薬物（物質）

中枢神経抑制薬（ダウナー） 　アルコール／ヘロイン／大麻／抗不安薬、睡眠薬
中枢神経興奮薬（アッパー） 　コカイン／覚せい剤／メチルフェニデート（リタリン）
幻覚薬（ハルシノゲン） 　LSD　／マジックマッシュルーム／ペヨーテ（サボテン）
その他 　鎮咳剤／危険ドラッグ（合成カンナビノイド、合成カチノン）

▶▶乱用と依存症との関係

では、以上のような薬物の「乱用」と「依存症」はどのような関係にあるのだろうか（図1）。

図1　依存症の進行過程

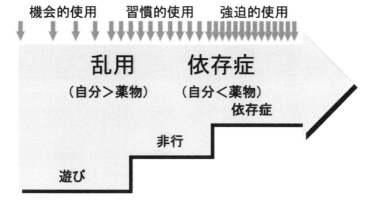

薬物を使用するようになった初期の段階は、機会的使用とよぶべき段階である。チャンスがあれば使うという意味である。お酒に例えれば「もう大学生なんだから飲めよ」と先輩に誘われて、「こんなものおいしいのかな？」と疑いながらも飲む。その後すぐには晩酌するようになるようなことはないけれども、送別会や忘年会などの機会があれば飲むようになる。これが機会的使用の

段階である。

　それがだんだん晩酌のような毎日規則的な飲酒になり、習慣化してくる。それが習慣的使用の段階である。例えば、仕事がある平日には薬物は使用しないけれども、休日には入手して自宅やホテルに閉じこもって使うという人がいる。それが毎週のように継続して習慣化し、まるで晩酌をするように、薬物使用が規則的になっていく段階がある。

　次が強迫的使用の段階である。「強迫」とは精神医学用語で、自分でも無意味な行動と理解しているものの、それを繰り返すことをさす。「本当はやめたいのにも関わらずやめられない」という状態で、自らその状態に対して何とかしたいと感じているのにできない。たとえば、すっかり清潔になっていてそれ以上きれいにすることは必要ない、と感じながらそれでも手や指が汚れているような気がして、手洗いをやめることができない、という極端な潔癖症を「洗手強迫（せんしゅきょうはく）」という。依存症の場合でも、薬物を使うことのリスクを理解しており、やめたいけれども、やめられないという段階を「強迫的使用」という。

　おおむね以上のような過程のうちの前半を「乱用」、後半を「依存症」という。自分の意志力のほうが薬物の作用を上回っている状態、やめようと思えばやめられる状態が「乱用」である。そして自分の意志力よりも薬物への欲求がうわまわっているのを「依存症」と言う。依存症の状態ではもはや自分の意志ではコントロールできず、このコントロール喪失を疾患として捉えて治療の対象としている。新たな米国精神医学会の診断基準であるDSM5（Diagnostic and Statistical Manual of Mental Disorders）ではこの依存症の悪化のプロセスをレベル０から６の連続として捉え、従来の依存症はレベル５から６にあたるとしている。

　つまり、薬物事犯がまた薬物を使う、つまり再犯を重ねるのは、これまで述べてきた依存症という疾患の結果である場合も、かなり多いということが言えるだろう。

　また、先ほど申し上げたように、覚せい剤は中枢神経を刺激して元気が出たような、自分のパワーが非常に強くなったような錯覚を作り出す。それを自分でコントロールできないと認めることは、「俺は男として一人前でないのでは？　人間として意志が足りないんじゃないか」と認めることになるので、自分自身が依存であることに気づき認めることは困難なのである。

　精神医学界では国際的に、依存症は疾患として理解されている。つまり薬物事犯が依存症の患者であるとすれば、薬物を使うのは病気の結果であって本人

の責任だけではないという話になる。依存症という病気があるから、そのせいで薬物に手が出てしまうのだという、発想の転換が必要であり、このことを法律家の先生方や、矯正、更生保護に携わる方がたに理解していただくことが、ご本人のほんとうの意味での更生に役立つと考える。

▶▶依存症の進行過程

依存症に至るまでの過程については、次のような3段階で捉える考え方もある（図1）。

一番初めの段階は「遊び」。先輩から「おい、面白いものがあるぞ」と言われてシンナーを使ったり、ガスパン遊びといって、ライターのガスなどを吸ったりする。

それから、「非行」の段階。この段階になっていくと、だんだんと1人でやることが増えてくる。友人たちも「こいつは、ちょっとヤバいかもしれない」という感じになってきて、友人から「おまえ、やめとけよ」と止められたりする。それでもやめられなくなっていく。そのために、お金が足りないとか、学校に行きづらくなったりして次第に孤独になってしまう。

その次の段階が「依存症」である。つまり、やめたいけれども、やめられないことがはっきりしてくる。これは、見極めるのがなかなか難しい場合が多い。本人が素直になってくれないので、「本当にやめたいと思っても、使ったことがあるだろう」と言っても、なかなか「うん」と教えてくれる方は少ない。「先生、俺、やめられます。まだまだ大丈夫」と言う。その見極めをどうつけるのか大切な点だと思われる。

例えば「自分には収入がある。だから、月に1万円分だけ薬物に使おう。それは趣味の範囲だから大丈夫だろう。ギャンブルなどの、好ましくないとされている趣味を持っている人もいることであるし」と考えたとする。このように、1万円だけと心に決めても、それが守れない状況があれば、それは依存症という病気である。本人は、なかなかそうは言わないけれども、薬物に対するコントロール喪失が認められれば、依存症と診断される。

▶▶依存症の症状

それでは、依存症とはどのような状態なのか。話をしても普通に話すことができる。幻覚や妄想は出ていない。そして自分では薬物をやめたいと思ってい

るけれども、使い続けている場合がある。これが依存症である。

　普通に話ができるし、本人は「やめる」と言っているわけだから、こちらは、この人は当然やめるのだろうと思う。それでも繰り返してしまう。それは、ご本人としてもどうしようもないことなのである。「やめる」と言っているときに、この人はうそをついているのかというと、そうではない。そのときは本当にやめようと思っている。裁判官の前で、「もう二度といたしません。人生を入れ替えます。心を入れ替えました」と言っているときの気持ちは、うそではない。それでも、出所して、また友達と会って、「いいものがあるよ」と言われたら、また使ってしまう。これが依存症である。

　このように薬物に依存する生活がずっと続いていく中で、性格が変化してしまうことがある。さまざまな個性、いろいろな性格であった人が、同じような性格や生き方に変わっていく。これを「依存症的な生き方」といった言葉で表現することがある。

▶▶「中毒」という言葉

　ところで、よく見聞きする「中毒」という言葉がある。覚せい剤依存症を指して「覚せい剤中毒」というような言い方を聞くこともある。

　この言葉が本来最も問題になるのは、救急医療の現場である。たとえば、サリンという毒物を地下鉄にまいて、心ならずもそれを吸った方がいて、その結果、吸った人の身体的不調がサリンによる中毒症状ということになる。体の調節機能に異常が生じ、重篤な場合には呼吸不全を起こして、救急受診が必要になる。このような場合を指して「中毒」という言葉を使う。

　「中」を漢文で読むと「あたる」。つまり中毒とは「毒にあたる」こと。何らかの物質が体に入って、その結果、何らかの身体的・精神的問題が引き起こされている状態を「中毒」という。

　何らかの物質が体に入って起こるのが中毒であるなら、確かに覚せい剤という物質が体に入って起きている依存症は、覚せい剤の中毒の一種ではある。しかし、心ならずも体に取り入れてしまって起きる中毒の症状と、自分で求めて使いながら、だんだんやめられなくなってきて、そのうちにどうしようもなくなっていく状態をも同じく「中毒」という言葉で表現するのは、少し不正確だと言える。たとえば産業衛生の領域で、工場のような職場で作業しているうちに、体が接触したり吸い込んだりする物質の場合には「中毒」という言葉で表現するべきであるが、自ら求めるようになっている状態を中毒という同じ言

葉で表現するべきではないだろう。つまり「中毒」という言葉は、依存症の状態を指すのには不十分であると言うことができる。そこで依存症医療の立場からは、「依存症」という言葉と「中毒」という言葉は区別して用いている。

▶▶依存症者がたどる経過

　先ほども述べたように、薬物依存症も病気である。したがって、依存症者がたどる経過は、実は良く似ている。百人百様というわけではない。
　たとえば、風邪という病気の時には、みんな同じような症状がでる。鼻水が出て、関節痛があり、くしゃみやせきをして、熱が出る。そこで風邪薬を飲むと、ぼんやりとした感じになり、それから熱が引いてきて、せきが治って、鼻水が治る。同じように悪くなって、同じようによくなる。病気とはそのように、ある程度どの人も同様に共通して経過するものである。そういう意味で、薬物依存症も病気なのであるから共通した症状を示す。
　もちろんみんなそれぞれ個性があって、自分の生き方や人生を考えているわけであるが、だんだん薬物が生活の中心になってきて、依存症の段階になると、みんな同じような状態になってくる。使ったときはみんな同じような顔つきになり、同じように怒ったり、意味不明のことを長い時間繰り返して話したりする。薬物が止まり、精神的に回復してくると、心がすっと静かになる。そして、本人の生き方を取り戻し、本来の本人の表情が戻ってくる。
　このような過程を知るには、薬物をやめた人の体験談を聞いていただくのが一番である。やめた人に話を聞くと、ある時点で、薬物をやめたい気持ちにふと気づくのだという。こうなるには、他人がいくらがんばってもだめだ。他人に「やめろ、やめろ」と言われると余計に反発して、「それだったらやってやろうじゃないか」みたいな気持ちになるのだという。「俺だけは、捕まりもしないで、親にばれもしないで、親戚との間で問題も起こさないで、借金もしないで、上手に使い続けてやろう」と考える時期がある。しかしそのまま行くと、どうしようもない状態に追い込まれる。そのあとで、やめたい気持ちがどこかで生まれるのだという。
　あるアルコール依存症の方の体験談を聞いたことがある。この方は、お酒の問題を抱え、ずっと飲み続けていた。お正月にこたつに入っていて、足をやけどした。歩けなくなり、それでもそのままお酒をずっと飲み続けているから、トイレにも行けなくなる。こたつの周りが、おしっこまみれになる。はいずって便所に行ったりしようとするけれども、できない。それでも飲まずにいられ

ない。そこでどうしたかというと、電話して本人のもとを去った奥さんを呼んだ。そうしたら、奥さんがおにぎりを持ってきてくれた。本人がこたつに座り込んで飲んでいるところを見たら、そのままおにぎりを棚に置いて、「飲んでいるときのあなたには、関われません。さようなら」と出ていった。そのときに、「俺は、逃げたかみさんをここまで悲しませなければいけないのか」と深く自覚し、病院に行くことを決意したという。

正月が明けて病院に行こうとしたがきちんと歩けず、腹ばいになって這いずっているので、通勤する人の靴が自分の顔の横をずっと通っていく。そういう壮絶な話である。

依存症者には「あの時が自分にとって底だった。どん底を突いたような気分になった。あの経験が自分が回復に向かって変化したポイントだった」というようなターニングポイントを経験し、やめたい気持ちが必ず出て来る。それが起こるのをどのように促進するのかというのが、医者の立場・役割だと思っている。

▶▶中毒性精神病とは

先に述べたように、薬物に関するもうひとつの大きな問題が、中毒性精神病である。中毒性精神病というのは、体に覚せい剤などの薬物が入ることによって起きる精神病のことなので、この場合には「中毒」という言葉を使用する。

精神病とは何か。ここで言う精神病症状とは、幻覚や妄想のことである。幻覚とは本来見えないものが見え、聞こえないものが聞こえ、妄想とは現実とは異なった事柄を信じて訂正ができないことをいう。

薬物事件で服役していた人が、出所したとたんに精神病の症状が現れることがある。これは一つには、刑務所という場所では基本的には行動の全てが管理されており、このために規制に合わせた生活ができれば、それ以上の精神科的な症状が現れづらい。また、刑務所の中で治療薬を与えられている人もある。

このような人の中には、出所して短期間のうちに、症状が悪化してくる人もある。薬をやめたことや、自由を与えられたことからである。自分がやりたいと思えば、飲酒をしても、何をしてもいい。何でもできるような状況に入り、さまざまな外界の刺激にさらされるので、いきなり症状が強く燃えさかるわけである。

このようにさまざまなことをきっかけに精神症状が発現する場合がある。これは治療薬をきちんと飲めば治すことができる。矯正施設で治療薬を飲んでい

た人は、出所した後にも一定の期間、治療薬を継続していく必要がある。そのために出所後なるべく早い段階で精神科の医療機関を受診することが望ましい。

▶▶中毒性精神病の治療

　中毒性精神病の治療とは、精神科医療機関の外来や入院で行われる。
　まず幻覚や妄想のような精神病症状をどのように評価するかというと、まずは本人の立場に立って考えてみて、なるほどと理解できるかどうかということである。
　例えば「自分が仕事をしようとすると、『仕事をするな』とどうしても邪魔するやつがいる。自分がコンビニに行って求人雑誌を見ようとすると、必ず求人雑誌が売り切れていて、ない。それは目の前にいたお客さんが全部買い占めていくのだ。実は、その目の前にいるお客さんは、昔、自分が仕事で一緒になった者とぐるである。それから、近隣住民もぐるであって、俺の生活をずっと監視している。自分が行く場所がわかっていて、手を出して俺を働かせないようにしているのだ」。「それがどうしてわかるのですか」。「いや、それは証拠があるのですよ、先生。そのコンビニでぱっと見たら、そこに雑誌が立て掛けてある。その雑誌の表面に『ABC』と書いてある。ABCというのは、昔、俺が入社試験を受けて落とされた会社の頭文字だ。俺の目に付くように、そこに同じ頭文字を持ってきている。これが証拠でしょう」。
　こちらは「いくら何でも、それは考え過ぎじゃないですか」と言いたくなる。それでも本人にとってみたら、それは真実なのだ。このようなことを考えるのは、覚せい剤で脳の状態が変化しているからなのである。
　もっと詳しく説明すると、覚せい剤は脳にすごく刺激を与える薬なので、脳がいつも、いわば、警戒状態になる。それが普通の状態になっていて、いつもけんかしているような、「寄らば切るぞ」といった気持ちになっているわけである。そうすると、目の前の人が友好的に話かけても「俺をだます気じゃないか」と思ってしまう。これを「勘ぐり」と言うが、そのような気持ちに常になっている人がある。それがもっと嵩じてくると、そのようなありもしないことを思い込むようになってくる。こういう状態である。
　これは、立場を交換したと仮定してもとても理解できない。誰かに見張られているかもしれない、という不安な心情は理解できても、「みんながぐるになっている」という話には感覚的に納得できない。これが幻覚や妄想であることの

一つの手がかりになる。

　そういう状態の治療には薬が必要である。「抗精神病薬」と分類される精神病症状を改善する作用のある薬を服用することによって、幻覚や妄想を改善することができる。外来でよくなる場合もあれば、入院が必要になる場合もある。

　急激に症状が燃えさかるような場合に、家族が「助けてください」と夜中に電話を掛けてくるような状態であれば、精神科救急というシステムがある。東京都では、夜間・休日の精神科救急システムを運用している。この場合の、精神科救急の窓口は、実質的には警察である。まず警察に連絡するのは、家族には抵抗のある場合もある。しかし、精神病症状が燃えさかっている状態で、事件・事故につながりかねないという判断があれば、警察はすぐに逮捕をしたりせず、保護して精神科の診察を受ける手続きに入る。薬物を使っていないことをきちんと確認することも必要だが、使っていないことがわかれば、そのまま病院で治療を行う。

▶▶医者に課せられる２つの義務

　違法薬物を使った人が目の前に現れた場合、医者としてどのような態度をとるべきか。法律的には、２つの義務の衝突ということが起こっている。

　まず、もし私の目の前の人が「違法薬物を使っています」と言ったとすれば、それを捜査機関に通報する義務がある。なぜなら公務員には、誰かが犯罪をしていることがわかったときには、刑事訴訟法の規定によりそれを通報する義務があるからである。

　他方で、医者には患者さんの秘密を漏らしてはいけないという義務がある。守秘義務と言う。これは刑法に基づくものである。

　精神保健指定医はみなし公務員でもあり、医師でもあるので、この２つの義務が衝突しているわけである。

　たとえば、目の前の人に「先生、昨日、僕は薬物を使いました」と言われたときに、そのまま警察に連れていけば、尿検査で薬物が検出される。そのときに、われわれには本当は、それを通報する義務と、それを言ってはいけない義務の２つの義務が両方あるのである。だから、時と場合でどのような対応をするか、考える必要がある。

　公務員やみなし公務員たる精神保健指定医には通報義務があるので、ご家族の中には「保健所のような公立の施設に相談なんて、とんでもない。だって、捕まるじゃないですか。うちの子がまた捕まったら困ります。今度は実刑です」

と、ものすごく心配される場合がある。しかし医師には他方で守秘義務があり、なにより本人の利益を考えるので、少なくとも専門的に依存症の相談を受けているような保健や医療関係者は、その事実を知ってすぐさま警察通報ということはなく、まずは本人や家族とお会いして相談することがほとんどだろうと思う。

▶▶依存症の治療

　では次に、依存症の治療とはどのようなものか述べたい。中毒性精神病が良くなった状態では、依存症者は基本的に、全く通常の会話ができる。そして薬物をやめられるかどうか尋ねると、たいていは「やめられるよ」と言う。しかし陰で使っていたりすることがある。幻覚や妄想などの精神症状はなく、強いていうなれば「また使いたい。使うことを考えたら苦しい。でも、使ってしまいそうだ」という感覚、これが症状である。したがって、依存症者の入院とは、この感覚、薬物への欲求を治療するためのものである。薬を飲んで精神症状をよくするという中毒性精神病の入院とは考え方が異なっている。

　多くの場合、身体を拘束されたり、刑務所に入所したりしていた期間で、薬物が体から抜ける段階は終わっていることが多く、精神的・身体的にはもう社会復帰できるようになっているかに見える場合が多い。しかし、その人がこれまでも繰り返し薬物を使用したというような経過があって、本当に依存症であれば、そこで依存症の治療を勧めなくてはならない。依存症の場合にはいくら反省を述べさせたり、泣いてかき口説いたりしても、また使用することがある。世話になった警察の人とか、学校の先生とか、いろいろな人に協力していただいて、依存症のことを理解していただいて、治療をいかに上手に勧められるかということが非常に重要だと、われわれは感じている。

　依存症というのは、薬物を使用していない時の本人には特に問題はない。しかし、また使うかもしれないという恐怖感が、本人にはある。また使ったら、生活や人生がめちゃくちゃなことになるだろうという予感がある。治療とは、これを何とかするためのものである。使わない生活をしてやろうという気に、ちょっとでもなってもらうためのものである。いわば、薬物なしの生き方を身につける、習い事のようなものである。

　例えばテニスを習うことを考えると、いろいろな球が飛んできたときに、自然に体が動くようにならないといけない。薬物を使うチャンスというのは、テニスのボールのようなものだ。ふいに思いがけないところからぱっと出てく

る。昔の友達と街中でふいに出会って、「よお」と言ってきたとする。「こいつは薬物を使っていないやつだったから大丈夫だ」なんて思って一緒に食事をとったりしていたら、そのまた友達がやってきて「実は面白いものがあるぞ」と言い始める。このような場合に、この友人の友人が本当に安全な人なのかどうかということを反射的にサッと心配できるようになってもらわないといけない。自らが薬物をやめ続けるために、リスクを察知してそれを避けることが自然にできるようになる必要がある。つまり、テニスのボールに反応して体が自然に動くように、自分が薬物を使わないためにはどう行動するのか、反射的に考えられるようになる必要がある。

▶▶入院治療

　では、依存症治療を目的とする入院とはどのようなものか。正直な話、「刑務所よりひどい」と言った方があった。基本的には規則正しい生活をしていただいて、依存症とはどういうものかということをさまざまな切り口で勉強していただくことになる。

　治療の中心となるのは、「ミーティング」という集団カウンセリングである。ミーティングはまず、自分の今の状態を素直に語ることから始まる。会議室のようなところで、みんなで輪を作って座る。テーブルはない場合が多い。そして、「今の気持ちをしゃべってみて」と言う。心理学の用語では「エンカウンター・グループ」と言うが、そういうことを日に1回から3回ずつぐらい、繰り返していく。そこでは例えば、「薬物を使っているとき、やめたとき」などというテーマを設定する。「使っているときは、こうで、やめたときは、こうです」というようなことをそれぞれがしゃべる。自分のしゃべる番が終わったら、隣の人がしゃべる。それをただやる。そのようにして、人の気持ちを受け止め、自分の気持ちを語るということを毎日やる。治療とはこれだけである。

　ミーティング中は「言いっぱなし、聞きっぱなし」で、ほかの人が悩みを言っても、それについて自分がどう思うかということは言わない。ただ受け止めるということをする。それから、秘密を守る。記録もしない。ミーティングはそのようなやり方で行う。

▶▶生き方を考え直す──自助グループ

　薬物・アルコールが生活の中心になると、孤独になってくる。劣等感と優越

感が交錯してくる。使っているときは偽りの優越感を感じる。自分は大丈夫だと安心する。しかし薬物が抜けてくると、「もう僕はだめだ」と、ものすごく落ち込む。自分は大丈夫だと思えることがものすごく少ないので、これで自分は大丈夫という状況、「僕は生きていていいんだ」というような、自分は自分だというしっかりしたアンデンティティと自分は大丈夫だという感覚、自己肯定感、これを「セルフエスティーム」と言ったりするが、このような感覚が持てない方が多い。

　であるから、依存症者はものすごく強がっているようでも、一つ間違うと、ものすごくもろい。そして、目の前の人が敵か味方かというような言い方をする。こちらがどれだけ本人のために心配しているのか、わからない人が多い。

　そのような生き方を考え直すのには、自助グループが必要である。NA（ナルコティクス・アノニマス：Narcotics Anonymous）という自助グループがある。「アノニマス」と言うのは、「匿名」という意味であり、この運動では匿名性を大事にしている。これは米国カリフォルニアで1950年ごろできたとされる。もともとはキリスト教の運動と関連しているが、今は教会から独立していて公的に「宗教ではない」と宣言している。薬物をやめたい人の集まりである。

　米国では「20歳のころにやめて、今は70歳ですが、やめ続けています」などと長期間断薬を続けている人もいる。日本でも歴史があるので、NAに参加するようになって長期間が経過している人がいる。このような人々がセミナーなどで体験を話す機会があるが、それを聴くと、先ほど述べたような、ターニングポイントを経てどのような経過でどうやってやめていくのかということがよく分かるようになる。

　ほかにもダルク（DARC：Drug Addiction Rehabilitation Center）という施設が、全国に多数ある。これはわが国で最も代表的な薬物依存症リハビリテーション施設であると言える。ここでは回復途上にある方が通所したり入所したりして治療プログラムに取り組んでいる。ここの特徴は、非管理的ということである。病院や刑務所などの考え方と異なった面をもち、行動を管理して治療しようというのではなく、自分の自律性や自らの回復したい気持ちを大切にする。

　ダルクのスタッフ自身も、自分が回復途上で、さまざまな過程を経て薬物をやめ続けてきている人たちなので、実際に使ってきた人が目の前にいることは、すごく困る。自分自身が無事にいるために、目の前の人にどう対処すればよいのかは、実は、自ら薬物乱用の経験のない人が目の前の人たちに薬物をや

めてもらおうという感覚よりも、ずっと切羽詰まったものがある。そのときに、彼らは自分たちも使ってきた経過があるから、「やめろ」と言うことが必ずしも効果がないことがわかっている。だから、正面切って「やめろ」とは言わずに、自分の体験を分かち合い、その中で生き方や考え方が変化するのを待つという立場に立っている。まるで薬物を使っている人を野放しにしているみたいに思われている場合もあるのだが、それは治療についての発想が違うためであるということを理解していただきたい。

例えば、ダルクに住み込んでいるメンバーがバイトから帰ってくると、いつもスタッフの部屋に来てソファーに座って休んでいく。ある日、その人がスタッフルームに寄らずに、さーっと裏のほうに入っていった。ここで「あれ？ちょっと怪しいな」とスタッフは思う。もしかすると薬物を使うかもしれないと、ピンと来る。スタッフは実際に薬物を使ったことがある人たちなので、顔や態度を見たらたいていわかるという。そんなふうに経過を見ていく。そのプロセスのなかで、やめ続けるための支援を行っていく。

▶▶依存症カウンセリング

しかし、自助的活動には参加しようとしない人もある。そこで必要となるのは、依存症カウンセリングである。依存症カウンセリングとは依存症にまつわる問題解決に向けてのカウンセリングで、特に継続的な治療に向けての動機づけが大切な要素である。このときに用いられるカウンセリング技法は、私見では大きく分けて3種類に分類される。

1つ目は「直面化」。やめなさいということを正面切って伝えていく方法である。

2つ目は「回復志向的」と言えようが、やめ続けることで健康的な生活を取り戻すという、われわれが病院でやっているようなやり方である。

3つ目は、ちょっと新しい考え方で、「解決志向的」。本人が抱えている問題をどのようにして解決するかという立場から考えていくやり方である。

これら3つは、それぞれ独立して行うのではなく、組み合わせて使う技法である。

直面化アプローチはどのようなことをするのか。たとえば「インターベンション」という方法がある。

職場に、お酒の問題があっても、酒をやめようとしない人がいるとする。健康診断でも、肝臓が悪いと言われているし、二日酔いが悪くて月曜の朝は時々

休んだりしている。そのように、お酒を飲み続けていて問題があることはわかっているけれども、本人は認めないし、だれが何と言ってもどうしてもわかってくれない。そういう人の場合には、お酒をやめるための入院を予約しておいて、そのうえで本人に迫る。

どのように迫るかというと、家族、子ども、上司、同僚、いろいろな人が集まって、メッセージを用意しておく。メッセージでは2つのことを言う。「酒をやめてもらいたい」ということと、「やめていれば、あなたはいい」ということである。本人を愛している。酒をやめてくれれば、今までの生活ができる。やめてほしいということを直接伝えるのである。手紙を書いておいて、それを読み上げて、そのまま病院に行ってもらうというやりかただ。

また生活保護を受けている人の場合には、福祉事務所から「薬物使用の欲求が高まったり、生活の乱れがあるような場合には、入院なりの提案に従うように」、あるいは「再犯予防のためにも、健康を守るためにも、きちんと通院をするように」などの生活指導が行われることがある。これらも「直面化アプローチ」の発想にもとづくものと言える。

次に回復志向的アプローチというのは、先ほど紹介したNAのような会に出ていただくことを勧めるやり方である。NAのようなグループに出席を続けて、単に「反省したので薬物はやめました」などと言うのではなく、薬物が必要であった生き方や、薬物乱用の結果変化した生き方について考え続けて、それを変えていくという取り組みをする。このような取り組みが根本的な人間的な変化、回復になり得るので、その方向に何とかして持っていくという発想である。「理屈はない。とにかくミーティングに入りなさい」などと説得する場合もある。

さらに解決志向的アプローチは、もっと優しいやり方である。カウンセリングの基礎を作ったのは米国のカール・ランサム・ロジャーズ（Carl Ransom Rogers）という人であるが、そのカウンセリングは、目の前の人の気持ちを受け止めるという「共感的理解」が中心となる。要は、本人の心に寄り添う感じである。本人に逆らうようなことは言わない。指導したりしないで、ただ気持ちの流れに従うように聞き、受け止めてあげるわけである。解決志向的アプローチとは、ロジャーズのやり方と、今まで申し上げたような「こうしなさい」と強く指導するやり方とを折衷した考え方である。

解決志向的アプローチは、たとえばやめる気がないのに「薬物ならいつでもやめられるから、先生、俺のことは放っておいてくれ」というような方に対して行う。「でも、こうやって相談に来ているからには、問題があるはずでしょ

う?」と持ち掛けるわけである。そこで何か問題や困りごとが出てきたら、それを手がかりにして治療にどう結び付けるかという発想でやっていく。

近年普及してきた方法には「認知行動療法」があるが、それとおなじような発想である。本人にとって何が問題かと言うことを問題にするのである。

「とにかく、よくないものだからやめなさい」というのは、最初の直面化アプローチに当てはまる。「薬物をやるのは犯罪行為だし、家族や友人との人間関係も悪くするし、問題があるからこそ世界中で規制されている。だから、やめなさい」。これが直面化である。

「ある程度薬物が必要だったからには、それだけの心の変化があったと思う。さみしさなのか、つらさなのか、生きづらさみたいなものなのか、何らかがある。それを考えていこうじゃないか」。これが回復志向である。

それから、本人が「薬物を使ったことによる問題はありません。お金のことは少し困っているけど」と言った時に、「じゃ、どうするの? 今は週に1回使っているのを月に1回に減らせないかい? それによってお金も節約できるし、これはいいんじゃない?」ともちかける。このようにとりあえず本人にとっての困りごとを捉えて、倫理や法律などはいったん棚あげにしておいて、本人が取り組みやすいことから提案するのが解決志向である。「俺が薬物を使うのには問題ないもん。ただ、ちょっと借金があることが問題なんだ」、「じゃ、借金を減らしていこう。今まで薬物に10万使っていたのを3万まで減らせないかい」ということをあえてやるのが解決志向の発想である。

▶▶回復のための資源——家族、地域ネットワーク

以上、薬物乱用者と医師の関係を中心に述べてきたが、依存症の治療や回復支援は医師や医療だけで完結するわけではない。ご家族の役割や地域ネットワークも重要性が高い。

家族は治療の対象であって治療のリソースつまり治療に役立つ資源でもある。本人の薬物問題を逮捕や起訴の過程で初めて知るようなご家族も数多い。たいへんにショックを受け、「受け入れられない」と拒否的になったり、「誰にも言えない」と事実が漏れないようにすることに汲々としたりする場合も多い。とうぜん身体を拘束されている期間には仕事ができないために、経済的な不安をもたれるようなこともあるだろう。薬物の影響での精神的な変調を示す本人との生活のなかで疲弊しているような場合もある。家族はこうしたさまざまな側面からのストレスにさらされている。

まずはねぎらうことが必要だと思われる。その上で落ち着くことができる場所で、薬物とはどのようなものであり、どのような治療や回復支援があるのか、あるいは裁判やその前後の処遇がどのようなものであり、家族にどのようなことができるのかについて説明する必要も高い。

治療や回復支援において、家族の役割は大きい。依存症について知り、適切に対応して本人の療養を支えるということが本人の回復や更生を促進することが多い。また本人から一定の距離をもって見守るというスタンスが必要である場合も多い。

それから、医療保健福祉の関係者ネットワークも重要である。先述したように、生活が成り立たない人の場合は福祉の活用が重要である。また、地域には保健所や保健福祉センターがあり、必ず地域担当の保健師がいる。そのほかにも婦人相談や児童相談など、さまざまな社会資源があるので、それらとの連携を図っていただきたい。

以上、薬物乱用と依存症の概念と、依存症・中毒性精神病の治療について述べた。対象者への関わりに少しでも役立てていただければ幸いである。

　＊本稿は、2007年12月17日に墨田区保護司会自主研修会で行った講演録に加筆したものである。

事例集

1 訴因

[1] 覚せい剤所持の事案で、覚せい剤をホテルの客室の窓から外に投げるまでの間覚せい剤を同室内等において所持していたことと、公訴事実（ホテルの駐車場において覚せい剤を所持していたこと）との間には公訴事実の同一性があると認められた事例

最高裁判所第三小法廷平成13年11月12日判決、判例時報1769号156頁

▶▶判旨

　覚せい剤取締法14条、41条の2第1項にいう「所持」とは、人が物を保管する実力支配関係を内容とする行為をいい、この関係は、必ずしも覚せい剤を物理的に把持することまでは必要でなく、その存在を認識してこれを管理し得る状態にあれば足りると解される（最大判昭30・12・21刑集9・14・294〔昭和30年（あ）第2311号〕、最二判昭31・5・25刑集10・5・751〔昭和31年（あ）第300号〕参照）。

　しかしながら、これを本件についてみると、本件覚せい剤が落ちていた場所は、同ホテル敷地内の北側駐車場の通路上であって、被告人がいた4階の客室の北側窓から直線距離で約12メートル、水平距離で約4メートル離れていること、同ホテルはいわゆるラブホテルであって、夜間相当数の客が出入りし、その客の車両が上記通路上を通りかかるものであって、第三者が本件バッグを発見することも困難であったとはいえないこと、被告人が本件バッグを同室の窓から投げてから、本件バッグが第三者によって発見されるまでに、少なくとも6時間以上が経過していたこと、この間、被告人は本件バッグを取戻しに行くこともなく、翌朝午前7時ころまでこれを放置していたことが認められ、被告人は、本件バッグの落ちていた場所を確認しておらず、一時本件バッグを同室の窓から投げたこと自体の記憶も不確かになっていたことがうかがわれる。以上の事実関係に照らすと、本件バッグが第三者によって発見されるまでの間、被告人が同場所において他の者が容易に発見できないような形態で本件覚せい剤を保管、隠匿していたとはいえず、これに対する実力支配関係があったとはいえないから、本件覚せい剤を所持していたとは認め難いといわざるを

得ない。

　したがって、被告人に上記の時点及び場所における覚せい剤所持罪の成立を認めた原判決は、覚せい剤取締法41条の2第1項の解釈適用を誤ったものといわなければならない。しかしながら、原判決及びその是認する第1審判決の認定によれば、被告人は、平成10年12月1日午後9時ころ同ホテルに赴いた後、同日午後9時21分ころ同ホテル405号室にチェックインし、本件覚せい剤を同室の窓から外に投げるまでの間、本件覚せい剤を同室内等において所持していたことが明らかであり、本件公訴事実とそのころにおける同室内等での所持の事実との間には公訴事実の同一性があると認められるから、後者の事実に訴因を変更すれば、被告人に覚せい剤所持罪の成立を認めることができるというべきである。しかも、被告人は、第1審以来、本件覚せい剤を同室の窓から外に投げたことも、これを同ホテルにおいて所持したこともないとして、覚せい剤所持罪の成立を争っており、前記の同室内等における本件覚せい剤所持の事実についても、攻撃防御は十分尽くされていると考えられる。そうすると、前記の法令の解釈適用の誤りをもって原判決を破棄しなければ著しく正義に反するものとは認められない。

▶▶事案の概要

　覚せい剤所持罪で有罪を言渡された被告人が、上告した事案で、原判決及びその是認する第1審判決の認定によれば、被告人はホテルに赴いた後、同ホテルにチェックインし、本件覚せい剤を同室の窓から外に投げるまでの間、本件覚せい剤を同室内等において所持していたことが明らかであり、本件公訴事実とそのころにおける同室内等での所持の事実との間には公訴事実の同一性があると認められるから、後者の事実に訴因を変更すれば、被告人に覚せい剤所持罪の成立を認めることができるというべきであるとして、上告を棄却した事例。

▶▶本件の争点

　覚せい剤「所持」の公訴事実の同一性。

▶▶コメント

　判旨は、まず、覚せい剤取締法14条、41条の2第1項にいう「所持」について、人が物を保管する実力支配関係を内容とする行為をいい、この関係は、必ずしも覚せい剤を物理的に把持することまでは必要でなく、その存在を認識して

これを管理し得る状態にあれば足りることを確認し、本件公訴事実記載の所持（ホテル敷地内の駐車場の通路上の覚せい剤の所持）は認められないとした。次に、本件公訴事実とホテルの客室の窓から外に投げるまでの間のホテル客室内での所持は、公訴事実の同一性が認められるとして、被告人に覚せい剤所持罪が成立するとしたものである。

［2］　いわゆる麻薬特例法違反被告事件の上告審において、多数回にわたり、氏名不詳の多数人に薬物を譲り渡した旨の概括的な記載のある公訴事実について、訴因の特定として欠けるところはないとされた事例

最高裁判所第一小法廷平成17年10月12日決定、裁判所時報1397号9頁、判例タイムズ1197号145頁、判例時報1914号160頁

▶▶判旨

　国際的な協力の下に規制薬物に係る不正行為を助長する行為等の防止を図るための麻薬及び向精神薬取締法等の特例等に関する法律5条違反の罪（以下「本罪」という。）は、規制薬物を譲り渡すなどの行為をすることを業とし、又はこれらの行為と薬物犯罪を犯す意思をもって薬物その他の物品を規制薬物として譲り渡すなどの行為を併せてすることを業とすることをその構成要件とするものであり、専ら不正な利益の獲得を目的として反復継続して行われるこの種の薬物犯罪の特質にかんがみ、一定期間内に業として行われた一連の行為を総体として重く処罰することにより、薬物犯罪を広く禁圧することを目的としたものと解される。このような本罪の罪質等に照らせば、4回の覚せい剤譲渡につき、譲渡年月日、譲渡場所、譲渡相手、譲渡量、譲渡代金を記載した別表を添付した上、「被告人は、平成14年6月ころから平成16年3月4日までの間、営利の目的で、みだりに、別表記載のとおり、4回にわたり、大阪市阿倍野区●●●先路上に停車中の軽自動車内ほか4か所において、Aほか2名に対し、覚せい剤である塩酸フエニルメチルアミノプロパンの結晶合計約0.5 gを代金合計5万円で譲り渡すとともに、薬物犯罪を犯す意思をもって、多数回にわたり、同市内において、上記Aほか氏名不詳の多数人に対し、覚せい剤様の結晶を覚せい剤として有償で譲り渡し、もって、覚せい剤を譲り渡す行為と薬物その他の物品を規制薬物として譲り渡す行為を併せてするこ

とを業としたものである。」旨を記載した本件公訴事実は、本罪の訴因の特定として欠けるところはないというべきである。

▶▶事案の概要
　業として覚せい剤等の密売を行ったとしていわゆる麻薬特例法違反及び覚せい剤取締法違反被告事件において、公訴事実の記載が、4回の覚せい剤譲渡行為が特定されているものの、その他に「多数回にわたり」「上記Aほか氏名不詳の多数人に対し、覚せい剤様の結晶を覚せい剤として有償で譲り渡し」などと概括的な記載がなされていたという事例。

▶▶本件の争点
　概括的な記載を含む公訴事実の記載が、「訴因を明示するには、できる限り日時、場所及び方法を以て罪となるべき事実を特定してこれをしなければならない」として、訴因の特定性を要請する刑訴法256条3項に反しないか。

▶▶コメント
　本判決は、本件で問題となっている麻薬特例法5条違反の罪（本罪）について「不正な利益の獲得を目的として反復継続して行われるという特質にかんがみ、一定期間内に業として行われた一連の行為を総体として重く処罰することにより、薬物犯罪を広く禁圧することを目的としたもの」と解釈したうえで、このような本罪の罪質等に照らして訴因の特定の有無を判断している点に特徴がある。

2 違法薬物の認識

[3] 運転手として関与した被告人が共謀して営利目的で覚せい剤輸入をした事案において、捜査段階の自白について供述過程や供述内容に変遷があり、その変遷に不合理な部分があり、他方、捜査段階で供述しなかったことを含め、犯意を否認する公判供述には、決して不自然な点がなく、一応信用できるとされた事例

鳥取地方裁判所米子支部平成12年12月14日判決、無罪事例集7集65頁

▶▶判旨

　まず、被告人が勾留6日目の取調べ以降、覚せい剤等の認識があったことについて一貫して認めており、取調べにおいても捜査官から威迫等を受けた事実や供述はないこと、経緯についての供述の中には被告人の供述がなければ捜査官側が知り得なかった情報があることから、任意性に問題はないとした。

　しかし、供述全体を通して、①「覚せい剤」あるいは「密輸」の表象の内容について齟齬があり、けん銃が先に頭にあった旨述べていたり、他方で、覚せい剤とわかった旨述べていたりするなどしていることから、その表象内容を確定することができないこと、②「密輸」と気付いた時期についても齟齬があること、③覚せい剤であると「わかった」時期が必ずしも明確でないこと、④被告人の犯行動機は、「根性がない」と言われたくなかったというもので、浅薄すぎるかあるいは理解しがたいものであること、⑤被告人は船体を見て恐怖心を感じたと供述するが、他方で被告人は何らの躊躇もなく積み荷作業に従事しているのであり、その心理状態と行動とが必ずしも整合性がないこと、⑤被告人は、当初否認した理由として、本当のことを話すと、暴力団から自分や自分の家族等が報復を受けるおそれがあったことを挙げるが、誰からも覚せい剤の密輸であると聞かされたことはなく、捜査官に話すことによって暴力団から報復されると危惧しなければならないような事実を特に認識していたわけではないことなどの問題点がある。そのため、覚せい剤密輸の犯意を記載した自白調書は信用できないと判断した。

　そして、公判供述の信用性を認め、被告人を無罪とした。

▶▶**事案の概要**

被告人は、Bらと共謀の上、営利の目的で覚せい剤を麻袋に隠匿するなどして輸入しようとしたが、税関支署職員らに発見されたため、その目的を遂げなかったなどとして起訴された。被告人は、本件に関し、冷凍車の運転手として、船からのシジミ入りの麻袋をおろし、これを運び、冷凍車へ積み荷する作業を行った。被告人は捜査段階では、覚せい剤ないしけん銃が入っていると知りながら陸揚げ場所まで行き、覚せい剤入りシジミを運ぼうとしたなどと供述していたが、公判では、営利目的、共謀の事実を否認するとともに、麻袋内に覚せい剤が入っていたこと及び鞄（覚せい剤入りのもの）が車内に持ち込まれたこと自体を知らないと否認した。

▶▶**本件の争点**

覚せい剤の認識、自白調書の信用性。

▶▶**コメント**

本件では、覚せい剤の認識の有無が争点となった。

勾留6日目以降、被告人は一貫して覚せい剤の認識について認めていたが、公判段階で否認するに至った。

公判前までに作成された自白調書は、判決文から推察すると約20通あるようである。これらについて、裁判所が、自白調書の内容を引用しながら比較検討している点で、裁判所が具体的にどのような文言に着目して、供述の変遷や齟齬を捉えているか、参考になるであろう。

[4] 覚せい剤の輸入について、運搬役の被告人には運搬物の中に規制薬物が隠匿されている蓋然性を基礎づける事実の認識があったと認めることには疑問があるとして、未必の故意も認められず、被告人を無罪とした事例

千葉地方裁判所平成27年7月19日判決、判例タイムズ1206号280頁

▶▶**判旨**

被告人は、本件各スーツケース内には「サフラン」が隠匿されていると思っ

ており、サフラン以外の物が隠匿されている疑いは抱いていたものの、本件各スーツケース内に規制薬物が隠匿されている蓋然性を基礎づける具体的な事実を認識していたと認めることには合理的な疑いが残り、未必的にせよ故意があったと認めることはできない。

▶▶事案の概要

　被告人は共犯者から、カナダから日本に「サフラン」とコーヒー豆を運搬して輸出する仕事を手伝ってほしいと言われ、これを引き受けた。共犯者からは「サフラン」は日本では高価な香辛料であり、高い関税を免れるために、隠して日本に持ち込むと非常にいいビジネスになると説明されたため、運搬役の女性3名を紹介し、共犯者と共にその3名に同行してカナダから航空機で覚せい剤2万5863.02グラムの隠匿されたスーツケース3個を日本国内に持ち込ませて輸入しようとしたが、税関職員に発見され、その目的を遂げなかったというもの。なお被告人自身のスーツケースからはコーヒー袋に入れられた本物のコーヒー豆が発見された。

▶▶本件の争点

　違法薬物の認識。

▶▶コメント

　判例上、被告人が輸入する対象となった薬物の名称を特定して認識していなくても、その対象物が違法な規制薬物であるという概括的な認識を有していれば、当該規制薬物の輸入、所持等の故意が認められる（最判平2・2・9判タ722・234）。

　本件においても、検察官は被告人には規制薬物が隠匿されていることについての概括的かつ未必的な故意があったと主張した。

　ところが、本判決は、①報酬が異常に高額であること、②前回運搬時のサフラン運搬以外の説明が虚偽であったことから、今回の「サフラン」運搬という説明も虚偽であると疑ってしかるべきであったこと、③共犯者にサフランを見せるよう要求したにもかかわらず、少量のサフランしか見せられず、当日は要求を断られていること等から、スーツケース内にサフラン以外の物が隠されている疑いを抱いていたものと認められる、としながら、「そもそも故意責任を追及するには、法益侵害の可能性があることを認識していただけでは不十分であり、少なくとも反対動機を作出することのできる基礎となるべき事実の認

識、すなわち法益侵害の発生する蓋然性があることを基礎づける具体的な事実の認識が必要である」として、被告人がサフラン以外の物が隠匿されているとの疑いを抱いていたのは共犯者の言動が不自然であったという以上に具体的な事実に基づくものではなく、反対動機を作出することのできる具体的な根拠となり得る事実の認識、すなわち、本件各スーツケース内に規制薬物が隠匿されている蓋然性を基礎づける事実の認識があったと認めることには疑問があるとして、未必の故意も否定した。

規制薬物の輸入罪および所持罪の事案における故意の有無を検討する際に参考になると思われる。

[５] 覚せい剤を密輸入しようとしたとして起訴された事案について、本邦に持ち込んだスーツケースに覚せい剤が隠匿されていたことを知らなかった旨の被告人の弁解を裏付ける事実を詳細に精査・認定して、未必的にせよ故意があったとするには合理的疑いが残るとして無罪を言い渡した事例

千葉地方裁判所平成19年８月22日判決、判例タイムズ1269号343頁

▶▶判旨

被告人が、甲（「事案の概要」参照。以下、乙丙についても同じ）のような状況で、本件覚せい剤が隠匿された本件スーツケースを本邦に持ち込んだものである上、乙のとおり、本件スーツケースに違法薬物を含む何らかの違法物品が隠匿されているのではないかとの疑いを抱かせるに足りる事情は存するものの、その一方で、丙のとおり、本件スーツケースに覚せい剤が隠匿されていることを知らなかったという被告人の弁解を裏付ける事情も複数認められるのであって、この点も含めて考慮すれば、前記甲及び乙の事情は、未だ違法薬物を隠匿所持していることの認識を未必的にも有していたと推認するのに十分な事情とはいえないのであって、結局、被告人の上記弁解を排斥することはできないというべきである。

そうすると、被告人には、未必的にせよ、覚せい剤取締法違反及び関税法違反の故意があったと認定するには合理的な疑いが残り、本件公訴事実は犯罪の証明がないことに帰するから、刑事訴訟法336条により被告人に対して無罪

の言い渡しをする。

▶▶事案の概要

〈1〉判旨の甲の事情

　被告人は、マレーシア所在のクアラルンプール国際空港において、本件スーツケースを機内預託手荷物として運送委託して同空港を出発し、翌日、成田国際空港に到着した。

　成田国際空港内税関において、被告人は、税関の職員に対し、本件スーツケースは新品である、本件スーツケース及びその中身は全て自分のものであると述べた。エックス線検査の結果、本件スーツケースの底部に4つの四角い異影が認められたため、職員が被告人を検査室に同行したところ、被告人は、申告しょうよう板を見ながら、その写真に写っているものは持っていない旨述べた上、質問票に記入したが、同票の「ほかの人に頼まれて持ってきたものはありますか」という質問項目について「はい」を意味する「JA」にチェックした。職員が、預かってきた荷物はどれか尋ねたところ、被告人は、本件スーツケースはほかの人に頼まれて持ってきたわけではないが、マレーシアで友人にもらったものであると答えた。また、職員が、本件スーツケースのエックス線検査の写真を見せながら異影について質問したところ、被告人は、「分からない」、「ドラッグは持っていない」と答え、何でドラッグだと思うのかと尋ねられると、「先ほどドラッグの写真を見せられたからだ」と答えた。

　職員が本件スーツケースの解体検査を実施し、その布製内張をはがしたところ、プラスチック製内張が現れ、そこにねじがガムテープで留められている状態であり、プラスチック製内張をはがすと、透明ビニール袋に入れられた覚せい剤4袋が発見された。

　被告人は、検査室に同行を求められた際、同室に向かう途中、申告慫慂板を見せられながら質問された際及び質問票に記載する際はいずれも平然とした様子だったが、エックス線検査の写真を見せられた時には、早口になり、身振りや手振りが多くなるなど落ち着かない様子を見せ、本件スーツケースの解体を求められたときも、落ち着きがなく、そわそわして、解体中には様子をのぞき込んだり、体を揺すり、顔を紅潮させるなどしていた。

　本件覚せい剤4袋の重量は風袋込みで2347.8グラムに上り、本件スーツケース自体の重量は6.9キログラムであった。

〈2〉判旨の乙の事情

　被告人が共犯者Tから引き受けた仕事は、日本に赴き、Tの仕事のパート

ナーが本件スーツケースに取り付けてくれる金や宝石をクアラルンプールに持ち帰り、パートナーがその準備をする間はただ観光等をしていればよいというものであったにもかかわらず、かかる仕事の報酬は約2000米ドルと、仕事内容に比して高額であった。のみならず、Tは被告人のために洋服を購入し、スーツケースを用意した上、航空券及び日本で滞在するホテルのほか渡航前日に宿泊するホテルまで手配していた。

　また、被告人がTから雇用証明書を受け取っていない上、Tが行っているという事業に関する店舗や扱っている商品等も見たことがなく、結局、仕事内容が金や宝石の運搬に関するものであることを客観的に裏付けるような資料や情報を何ら提供されていない。

　さらに、Tが、わざわざ新品の本件スーツケースを用意して被告人に使わせることとした上、違法行為の心配をする被告人に対し、ことさらに本件スーツケースをチェックするよう述べている事実、Tが被告人に対し、荷物を本件スーツケースの下蓋部分にのみ詰めるよう指示し、被告人が不要であると言ったにもかかわらず購入した白色バスローブをすき間に詰め込んだ事実、税関職員が本件スーツケースを開披検査すると、本件スーツケースは新品であったにもかかわらず、下蓋部分の下側両角部分の布製内張がところどころはがれているのが確認された事実がある。

　また、被告人は、税関検査の際、Tから依頼された仕事のために入国したのに、来日目的が観光であると述べ、本件スーツケースは実際にはトムから借りたものであるのに、友人からもらったもので、自分のものであると答えている。

　加えて、本件スーツケースに隠匿されていた本件覚せい剤4袋は約2キログラム余りに上り、被告人自身クアラルンプール国際空港において計量台に本件スーツケースを載せた際に予想より重いと感じたことを自認している。

〈3〉判旨の丙の事情

　被告人は、Tから仕事を持ち掛けられた際に、金の密輸等をもっぱら疑い、インターネットで調査するなどした上、日本で金や宝石とともに金の価値・重量の証明書及び海外運送のライセンスを受け取ったら、それらの書類を日本で大使館や警察等に持ち込んでその有効性を確認してからマレーシアに戻る予定であった。

　また、被告人は、Tから、出発前に雇用証明書を、日本において金の価値、重量の証明書及び海外運送のライセンスをそれぞれ渡されると言葉巧みに言われていたのであって、Tから引き受けた仕事について、結局のところ、これを裏付ける客観的資料が何ら存在しなかったとはいえ、それらを入手する予定

ではあった。

さらに、被告人は、仕事を引受けた後、知人らに対し、「大金を稼ぐ仕事をします。ひっひっひ」、「とっても幸せ！」、「私はここでバイトを見付けたの。最高なのよ、それで月曜には日本へ行くの、ヒュー！」、「すごく楽しみ！」、「自分の人生の中で、またこんなラッキーなことがあるなんて、本当にもうどうしちゃったのかしらと思いたくなるわ」などとEメールを送り、仕事のために日本に赴くこと、その仕事によって高い報酬を得られることを盛んに吹聴していた。

その上、被告人が従前薬物犯罪に関与していたとは認められないところ、被告人は友人Lに対して仕事を紹介できるかもしれないなどと持ち掛けている。

加えて、被告人は、検査室に同行を求められた際、同室に向かう途中、申告懲遍板を見せながら質問された際や、質問票に記載する際、いずれも平然とした様子であり、エックス線写真の異影を見せられて初めて落ち着かない素振りを見せるようになった。

▶▶本件の争点
スーツケースに覚せい剤が隠匿されていることの認識の有無。

▶▶コメント
本件では、被告人が、共犯者から持ち掛けられた仕事が、覚せい剤ではなく金や宝石の輸入だと信じ、スーツケースに覚せい剤が隠匿されていることを知らなかったといえる合理的な事情があり、未必的にせよ、覚せい剤取締法違反及び関税法違反の故意があったと認定するには合理的な疑いが残るとして、覚せい剤輸入の故意を否定したことは妥当である。

[６］　覚せい剤密輸の事案において、刑訴法382条の事実誤認とは、第１審判決の事実認定が論理則、経験則等に照らして不合理であることをいうから、控訴審が第１審判決に事実誤認があるというためには、第１審判決の事実認定が論理則、経験則等に照らして不合理であることを具体的に示すことが必要であると判示したうえ、被告人を無罪とした第１審判決を破棄した原判決を破棄し、控訴棄却の自判をした事例

最高裁判所第一小法廷平成24年２月13日判決、裁判所時報1549号25頁、判例タイムズ1368号69頁、判例時報2145号９頁

▶▶判旨

〈１〉刑訴法は控訴審の性格を原則として事後審としており、控訴審は、第１審と同じ立場で事件そのものを審理するのではなく、当事者の訴訟活動を基礎として形成された第１審判決を対象とし、これに事後的な審査を加えるべきものである。第１審において、直接主義・口頭主義の原則が採られ、争点に関する証人を直接調べ、その際の証言態度等も踏まえて供述の信用性が判断され、それらを総合して事実認定が行われることが予定されていることに鑑みると、控訴審における事実誤認の審査は、第１審判決が行った証拠の信用性評価や証拠の総合判断が論理則、経験則等に照らして不合理といえるかという観点から行うべきものであって、刑訴法382条の事実誤認とは、第１審判決の事実認定が論理則、経験則等に照らして不合理であることをいうものと解するのが相当である。したがって、控訴審が第１審判決に事実誤認があるというためには、第１審判決の事実認定が論理則、経験則等に照らして不合理であることを具体的に示すことが必要であるというべきである。このことは、裁判員制度の導入を契機として、第１審において直接主義・口頭主義が徹底された状況においては、より強く妥当する。

〈２〉上記のとおり、第１審判決は、検察官主張の間接事実〔１〕ないし〔４〕は被告人に違法薬物の認識があったと推認するに足りず、また、間接事実〔５〕はその認識をうかがわせるものではあるが、違法薬物の認識を否定する被告人の弁解にはそれを裏付ける事情が存在し、その信用性を否定することができないとして、被告人を無罪としたものである。

第1審判決は、これらの間接事実を個別に検討するのみで、間接事実を総合することによって被告人の違法薬物の認識が認められるかどうかについて明示していないが、各間接事実が被告人の違法薬物の認識を証明する力が弱いことを示していることに照らすと、これらを総合してもなお違法薬物の認識があったと推認するに足りないと判断したものと解される。
　したがって、本件においては、上記のような判断を示して被告人を無罪とした第1審判決に論理則、経験則等に照らして不合理な点があることを具体的に示さなければ、事実誤認があるということはできない。

▶▶事案の概要

　本件公訴事実は、被告人が、氏名不詳者らと共謀の上、営利の目的で、マレーシアの空港において、覚せい剤をビニール袋に小分けしたうえ、缶3個にそれぞれ収納し、これらをボストンバッグに隠して、機内預託手荷物として預けて航空機に積み込ませ、日本の空港において、前記バッグを航空機から機外に搬出させて覚せい剤を輸入したというものである。
　本件については、裁判員裁判の第1審では無罪が言い渡されたが、控訴審は第1審には事実誤認があるとしてこれを破棄し、有罪を言い渡した。
　本判決は、前記判旨記載のとおり判示したうえ、原判決は、間接事実が被告人の違法薬物の認識を推認するに足りず、被告人の弁解が排斥できないとして被告人を無罪とした第1審判決について、論理則、経験則等に照らして不合理な点があることを十分に示したものとは評価することができないとし、第1審判決に事実誤認があるとした原判断には刑訴法382条の解釈適用を誤った違法があるとして、原判決を破棄し、検察官の控訴を棄却する旨の自判をした。

▶▶争点

　缶の中に覚せい剤が入っていることを被告人が認識していたか否か。

▶▶コメント

　本判決は、いわゆるチョコレート缶事件の最高裁判決である。
　第1審（千葉地判平22・6・22刑集66・4・549）は、裁判員裁判で初の無罪判決が出された事例である。控訴審（東京高判平23・3・30刑集66・4・559）で逆転有罪判決が出されたものの、本判決は、控訴審判決を破棄して検察官の控訴を棄却する判決を言い渡した。
　第1審判決は、間接事実〔1〕チョコレート缶は蓋の部分がビニールテープで密封されており、被告人が自分でチョコレート缶をバッグの中に入れたこと

から、直ちに、違法薬物が隠されていたことを当然分かっていたはずであるとはいえない、間接事実〔2〕委託者は、被告人に対して成功報酬を約束して、偽造旅券等を日本国内の第三者に渡すように依頼していたのであるから、あえてチョコレート缶の内容物を被告人に告げなくても、偽造旅券等とともに土産として言付けたチョコレート缶内の覚せい剤を、確実に回収することが可能であったと考えられる、間接事実〔3〕チョコレート缶を持っただけで、重量感のみからチョコレート以外のものが隠されていると気づくはずであるとはいえない、間接事実〔4〕①税関検査の際、当初、他人からの預かり物はないと嘘をついたのは、偽造旅券を所持していたためその発見を免れるために嘘をついたとも考えられる、間接事実〔4〕②チョコレート缶内から発見された白色結晶について、被告人が「見た目から覚せい剤じゃねえの」と言ったとしても、白色結晶を見せられたうえで発言したものであるし、それ以前に、税関職員から、覚せい剤のカラー写真を見せられていたのだから、被告人のこのような発言自体から覚せい剤の存在を知っていたとまではいえない、間接事実〔5〕被告人は、Aを介して多額の報酬を約束され、渡航費用を負担してもらうなどしており、Aが覚せい剤を日本に密輸したという別の事件で裁判中であることを知っていたのだから、Aが違法薬物との関わりを持っているかもしれないという被告人の疑念は消えていなかったというべきであるが、被告人の言い分は、チョコレート缶を受け取った際に一抹の不安を覚えたものの、改めて異常がないか確認したところ、封を剥がすなどした痕跡がなかったことからそのような一抹の不安は払拭された、というものであり、このような被告人の言い分を信用できないとはいえない、などと説示して、無罪を言い渡した。

控訴審判決は、被告人の供述を信用できないとし、各間接事実を総合的に評価して、被告人の覚せい剤の認識を認めるのが相当であるとしたが、上告審判決は、「第1審判決のような見方も否定できないというべきである」、「被告人を無罪とした第1審判決について、論理則、経験則等に照らして不合理な点があることを十分に示したものとは評価することができない」として、控訴審判決を破棄した。

第1審判決が裁判員裁判である場合の控訴審のあり方として、白木勇補足意見は、「これまで、刑事控訴審の実務は、控訴審が事後審であることを意識しながらも、記録に基づき、事実認定について、あるいは量刑についても、まず自らの心証を形成し、それと第1審判決の認定、量刑を比較し、そこに差異があれば自らの心証に従って第1審判決の認定、量刑を変更する場合が多かったように思われる」、「裁判員裁判の施行後は、そのような判断手法は改める必

要がある。例えば、裁判員の加わった裁判体が行う量刑について、許容範囲の幅を認めない判断を求めることはそもそも無理を強いることになるであろう。事実認定についても同様であり、裁判員の様々な視点や感覚を反映させた判断となることが予定されている。そこで、裁判員裁判においては、ある程度の幅を持った認定、量刑が許容されるべきことになり、そのことの了解なしには裁判員制度は成り立たないのではなかろうか」としている。このように、白木勇補足意見は、量刑のみならず、事実認定にも判断に幅が生じることを肯定している。控訴審は、自らの心証を先に形成すべきではなく、第1審のような見方もあり得るといえるのであれば、第1審の判断を許容範囲のものとして生かしていくべきであること(できる限り第1審の判断を尊重する姿勢をもつべきであること)を指摘しているものと思われる。

　本判決は、刑訴法382条の事実誤認の解釈を示したものであり、控訴審の事実誤認に関する審理のあり方を示す重要な判例である。

　また、本判決は、原判決を破棄して検察官の控訴を棄却する旨の自判をしているところ、本判決の被告人の覚せい剤の認識に関する間接事実の評価は、同種事案を検討するうえで参考になるものと思われる。

　なお、本判決については、下記に紹介するほか、多数の論文等がある。

〔2012年〕
・正木祐史・法学セミナー687号162頁
・土本武司・捜査研究61巻4号127頁
・前田雅英・警察学論集65巻6号153頁
・浦崎寛泰・季刊刑事弁護71号123頁
・中川孝博・季刊刑事弁護71号129頁
・上岡哲生・ジュリスト1444号104頁
・原田國男・刑事法ジャーナル33号37頁
・宮城啓子・刑事法ジャーナル33号44頁
・中川孝博・刑事法ジャーナル33号50頁

〔2013年〕
・徳永光・法律時報85巻1号124頁
・後藤昭・ジュリスト臨時増刊1453号187頁
・白取祐司・季刊刑事弁護74号15頁
・土本武司・判例時報2181号199頁
・樋上慎二・刑事法ジャーナル36号82頁
・門野博・法学教室390号別冊付録42頁

〔2015年〕
・上岡哲生・法曹時報67巻2号292頁
・上岡哲生・最高裁判所判例解説刑事篇平成24年度115頁

[7] 覚せい剤密輸（業務委託型）の事案において、覚せい剤が貨物に入っていたことに対する被告人の認識やその輸入に対する氏名不詳者らとの共謀がなかったとすれば合理的に説明することができない事実関係も、説明が困難である事実関係も認められないとして無罪を言い渡した事例

東京地方裁判所平成24年3月12日判決、LEX/DB文献番号25483486

▶▶判旨

　本件においては、検察官が援用する情況証拠によって認められる間接事実の中に、被告人につき本件貨物内に覚せい剤が入っていたことの認識や氏名不詳者らとの間で覚せい剤を日本に輸入することの共謀がなかったとすれば合理的に説明することができない、あるいは少なくとも説明が困難である事実関係は含まれていない上、合理的な疑いの有無につき検討する以前の問題として、上記のような被告人の認識や共謀を認めるに足りる証拠は存在しない。
　その余の事実につき判断するまでもなく、被告人は無罪とされるべきである。

▶▶事案の概要

　本件公訴事実は、被告人が、氏名不詳者らと共謀の上、覚せい剤を隠し入れた貨物を航空貨物として南アフリカから日本国内の被告人宛に発送して密輸しようとしたというものである。
　本件の争点は、被告人が、貨物内に覚せい剤が隠匿されていることを認識し、覚せい剤を日本に輸入することに関し氏名不詳者らとの間で共謀を遂げていたと認められるかどうかである。
　裁判所は、被告人を有罪とするには、検察官が、覚せい剤が本件貨物に入っていたことに対する被告人の認識やその輸入に関する被告人と氏名不詳者らとの共謀を基礎付けるものとして提出し、援用した情況証拠によって認められる間接事実の中に、被告人につき前記覚せい剤の認識や共謀がなかったとすれ

ば合理的に説明することができない、あるいは少なくとも説明が困難である事実関係が含まれていることを要することになるとしたうえ、前記間接事実を検討し、本件においては、前記覚せい剤の認識や共謀がなかったとすれば合理的に説明することができない事実関係も、説明が困難である事実関係も認められないとして、被告人に無罪を言い渡した。

▶本件の争点

　被告人が、貨物内に覚せい剤が隠匿されていることを認識し、覚せい剤を日本に輸入することに関し氏名不詳者らとの間で共謀を遂げていたと認められるかどうか。

▶コメント

　本件は、業務委託型の覚せい剤密輸の事案において、覚せい剤の認識（故意）及び共謀を否定して無罪が言い渡された事案である。
　覚せい剤密輸の事案においては、覚せい剤が隠匿されていることを被告人が認識していたかどうかが争点となることが多いところ、本件は、上記争点に関する裁判員裁判における裁判所の判断方法を知るうえで非常に有益な裁判例である。
　なお、本件については、季刊刑事弁護73号（2013年）74頁に主任弁護人による寄稿が掲載されており、同種事案における弁護活動の参考になるものと思われる。

---

[8]　覚せい剤自己使用の故意が争点となった事案において、被告人の尿中から覚せい剤成分が検出された場合、特段の事情がない限り、その検出が可能な期間内に、被告人が覚せい剤をそれと認識して身体に摂取した事実を推認することができるとしつつ、上記推認を妨げる特段の事情があるとして無罪を言い渡した事例

東京地方裁判所平成24年4月26日判決、判例タイムズ1386号376頁

▶判旨

　覚せい剤が厳しく取り締まられている禁制品であって、通常の社会生活の過

程で体内に摂取されることはあり得ないことからすると、被告人の尿中から覚せい剤成分が検出された場合、特段の事情がない限り、その検出が可能な期間内に、被告人が覚せい剤をそれと認識して身体に摂取した事実を推認することができる。そこで、本件において、推認を妨げる特段の事情、すなわち、推認により故意を認めることに合理的疑いを挟む程度の事情があるかという点が問題になる。

花子証言の信用性は、相当程度高く、少なくとも、その証言内容が、被告人も8日夜花子の飲み残しのものを飲んだことがある旨供述していることと併せ、本件故意の推認に対する合理的疑いとなることは明らかといえる。

▶▶事案の概要

本件は、覚せい剤自己使用の事案であり、被告人の尿から覚せい剤が検出されたことについては争いがない。

本件の争点は、被告人がその覚せい剤を故意に身体に摂取したか否かである。

本件において、被告人の妻（花子）が、自分が覚せい剤を飲んで使用した残りを更に飲むつもりで、被告人に気付かれないように、自分の缶酎ハイに入れて、その後眠ってしまった間に、被告人がそれを知らずに花子の飲み残しのものを飲んだことがある旨証言しており、その信用性が争われた。

裁判所は、花子の証言が自身の覚せい剤使用事件の捜査段階から一貫していること、花子は自身が逮捕された翌日に接見に来た弁護士に対して上記の旨を打ち明けていること、被告人の尿鑑定を行った警視庁科学捜査研究所薬物研究員が花子が証言する経緯と被告人の尿から検出された覚せい剤の濃さとの間に矛盾はないと証言していることなどを指摘したうえ、花子証言の信用性を認め、本件においては、被告人が覚せい剤をそれと認識して身体に摂取したとの推認を妨げる特段の事情があるとして、被告人に無罪を言い渡した。

▶▶本件の争点

被告人が覚せい剤を故意に身体に摂取したか否か。

▶▶コメント

本件は、被告人の尿から覚せい剤が検出されたものの、被告人がその覚せい剤を故意に身体に摂取したとは認められないとして無罪が言い渡された事例である。

被告人の身体から覚せい剤が検出された場合、本判決が判示するように、特段の事情がない限り、その検出が可能な期間内に、被告人が覚せい剤をそれと認識して身体に摂取した事実を推認することができると考えられている。このような事案においては、特段の事情が認められるか否かが争点の中心となるところ、本判決は、どのような場合に特段の事情が認められるかを検討するうえで参考になるものと思われる。

［9］ 被告人が覚せい剤在中のスーツケースを日本に持ち込んだ事案において、密売組織に一方的に運び役として利用された可能性があるとして、被告人に対し、無罪を言い渡した事例

大阪地方裁判所平成25年5月29日判決、LEX/DB文献番号25445704

▶▶判旨

「運び役の特性等によっては、密売組織が、運び役に事情を一切伝えることなく、覚せい剤を隠した荷物を運ばせて密輸入を企てる場合もあり得る。」としたうえ、被告人が、覚せい剤がスーツケースの中に入っていることを知らなかったと述べていることから、被告人供述の信用性を検討した。

そして、同棲していたAから誘われてAの母国であるウガンダに旅行に行き、ホテルでAから突然帰国する旨を告げられて急かされながら荷物を乱雑に詰め、Aの実家でAが荷物を詰め直したこと、その後Aと国際空港に向かっていた途中でAの父親が亡くなったとの連絡が入り、急遽、一人で帰国することになったこと等についての被告人の供述は、「急きょ、一人で帰国することになったとの電話連絡を受けた父Bの証言内容とあっているし、逮捕から2日後に行われた検察官による弁解録取の際の発言内容とも主要な部分が一致しており、一貫している。また、実際に体験した者でなければ語ることができないような具体性や現実味があり、作り話であるとは思われない。」、「特に、エンデベ空港で、Aに対し、被告人の荷物以外のものが入っていないか尋ねると、『コーヒーが少し入っている』とAが答えたという部分は、本件争点を判断する上で、重要なポイントになっている。旅行に出かける前に、父親から他人の物を持ってはいけないと注意されていたことや、もし、Aの靴などが入っていたらAが困ると思って、確認の質問をしたというのは合理的である。そして、

このことは、Aの実家でAが荷物を詰め直すところを見ていなかったからこその会話であるといえる。次に、被告人が、税関検査を受けた際、確認票の余白部分に『コーヒー豆』と記載したこととも符合する。すなわち、この記載は、コーヒーが少し入っているということを聞いていただけで、実際には目で確認していなかったため、コーヒーが本当に入っているのかどうか、何袋入っているのか正確なことが分からず気になっており、『１．これらはすべてあなたの荷物ですか？』という問いに対して、どのように記載すべきか迷っていたため、税関職員に相談した上で、『コーヒー豆』と記載したという被告人の供述内容に符合するものである。」として、「このように被告人の供述内容は、その前後の流れをみても自然な経過であり整合性を有している。」ため、「被告人の供述内容は基本的に信用することができるといえる」から、被告人の供述どおりの事実を認定できるとした。

そのうえで、「被告人は、密売組織に一方的に運び役として利用された可能性があり、被告人において、スーツケースの中に覚せい剤などの違法薬物が隠されているかもしれないと思いながら、あえて持ち込んだこと、すなわち、覚せい剤密輸の故意があったと認めるには、常識に照らして、疑いが残る」とした。

▶▶事案の概要

被告人が、旅行先のウガンダから帰国する際、共犯者らと共謀の上、営利の目的で約7.9キログラムの覚せい剤をスーツケースの中に隠し入れて、飛行機で日本国内に持ち込んだが、税関職員に発見されたため輸入するに至らなかったという覚せい剤取締法違反、関税法違反の事案につき、被告人の供述内容や税関検査時の言動等に照らすと、被告人がスーツケースの中に覚せい剤を含む違法薬物が隠されているかもしれないと思いながら、あえてこれを持ち込んだと認めることについては、常識に照らし、疑いが残ると判断し、無罪を言い渡した事案。

▶▶本件の争点

覚せい剤の認識。

▶▶コメント

本判決は、「判旨」記載のとおり、被告人の供述内容について、他者の供述と符合していること、逮捕直後の供述内容と一貫していること、具体的である

こと、自然な経過であり整合性を有していることを指摘し、被告人供述の信用性を認めた。
　また、本判決は、Aの実家でAが荷造りをし直す様子を見ていないことや、空港でAからコーヒーが少し入っていると告げられながらスーツケースの中身を確認していないことは、経過に鑑みれば不自然ではなく、渡航目的に関する被告人供述も不自然であるとまではいえず、渡航費用の見返りに違法行為に加担させられるとか、ましてや違法薬物の「密輸」に関与するかもしれないとの認識があったと直ちに結びつけることはできないとした。
　更に、本判決は、被告人の税関検査の際の言動は、スーツケースの中に覚せい剤などの違法薬物が隠されているかもしれないと思っている者の行動とは通常考え難いとした。
　そのうえで、本判決は、被告人に覚せい剤密輸の故意があったと認めるには、常識に照らして、疑いが残るとした。
　本判決は、運び役とされた被告人供述の信用性を仔細に検討し、覚せい剤密輸の故意を否定した一事例として参考になる。

---

[10]　覚せい剤の密輸の事案において、被告人Aが、本件コーヒー袋の中に覚せい剤を含む違法薬物が入っているかもしれないとの認識、被告人Bが、募集メールに応じた者が覚せい剤を含む違法薬物を持ち込むかもしれないとの認識を有していたと認めるには足りないとして、それぞれに無罪を言い渡した事例（裁判員裁判）

大阪地方裁判所平成25年9月27日判決、LEX/DB文献番号25502126

▶▶判旨

　被告人Aにおいて、ウガンダ出国時までに本件コーヒー袋の中に覚せい剤を含む違法薬物が入っているかもしれないとの認識を有していたと認めるに足りない。
　被告人Bにおいて、ウガンダから我が国に覚せい剤を含む違法薬物を持ち込むかもしれないとの認識を有していたと認めるに足りない。

▶▶事案の概要

　被告人両名が、覚せい剤約1851.33グラム在中のスーツケースを、航空機で搬送させ、カタール国から本邦に持ち込んだとされる密輸の事案である。

　被告人Bは、青年海外協力隊員としてウガンダに派遣されていた友人が送信した、ケニアで通訳をする者を探している旨のフェイスブックの書き込みを見たことをきっかけとして、2回にわたりウガンダに渡航し、そこで知り合ったP3及びP4から、8月にウガンダに渡航できる日本人を紹介して欲しいとの依頼を受け、友人を介して、8月にウガンダへ渡航できる者を募集する旨のメールをメーリングリストで送信するなどした。

　被告人Aは、上記募集メールを見て、被告人Bに対し、募集に応じる意思を伝え、日本を出国して、ウガンダに到着し、その後、ウガンダを出国し、帰国したが、機内手荷物として預けていた本件スーツケース内に入っていたコーヒー袋5袋の中から覚せい剤が発見された。

　検察官は、被告人Aについては、①本件用務の内容が不自然であること、②ウガンダに渡航するまでの被告人Bとのやりとりから、本件用務の内容が不自然であることが明らかになったこと、③ウガンダでの関係者の言動、本件コーヒー袋の持ち帰りの経緯が不自然であること、④覚せい剤が発見されるまでの被告人Aの言動が不自然であることなどを主張したが、裁判所は、いずれも検察官の主張する認識を有していたことを認める根拠としては不十分であると判断した。

　また、検察官は、被告人Bについては、①過去のウガンダへの渡航時における用務の内容が不自然であること、②被告人Aが渡航するまでの被告人Bの言動に不自然な点があることなどを主張したが、こちらの主張も、検察官の主張する認識を被告人Bが有していたと認める根拠としては不十分であると判断し、被告人両名について、無罪判決を言い渡した。

▶▶本件の争点

　被告人Aにおいて、ウガンダ出国時までに本件コーヒー袋の中に覚せい剤を含む違法薬物が入っているかもしれないとの認識を有していたと認められるか。

　被告人Bにおいて、ウガンダから我が国に覚せい剤を含む違法薬物を持ち込むかもしれないとの認識を有していたと認められるか。

▶▶コメント

　情況証拠による薬物の認識の認定については、薬物を取り扱った事実だけから行為者が薬物であることの認識を有していたと認定することは許されず、①禁制品の認識（不自然な隠匿態様、密行性の高い取引形態、高額な報酬など）、②薬物に関する知識・経験等（渡航歴・職歴・薬物教育受講の経験等、当該薬物に関するニュースの報道等）、③薬物に関する認識（対象物の形状・感触等、注射器等との一括所持、関係者の説明、使用時等における体感、被告人の言動・態度、被告人の弁解の不自然さ）などの事情が考慮される（小林充ほか編『刑事事実認定－裁判例の総合的研究（下）』〔判例タイムズ社、1992年〕361頁以下）。

　本件では、被告人Aについては、被告人Bがメーリングリストに送信した用務の内容の合理性、被告人らと関係者との信頼関係等、被告人間のやり取り、ウガンダ出国時の経緯、税関検査前後の言動、被告人Bについては、渡航の事情、被告人Aが渡航するまでの言動、被告人A帰国後の被告人Bの行動などについて詳細な検討が加えられた結果、判旨のとおりの結論が導き出されている。

　裁判員裁判であり、検察官控訴はされず確定した事案である。

[11] 覚せい剤の密輸の事案において、被告人の知情性を否定して無罪を言い渡した第1審（裁判員裁判）について事実誤認があるとして有罪とした原審に法令解釈適用の誤りはないとした事例

最高裁判所第一小法廷平成25年10月21日決定、裁判所時報1590号2頁、判例時報2210号125頁、最高裁判所刑事判例集67巻7号755頁、判例タイムズ1397号98頁

▶▶判旨

　原判決は、第1審判決の事実認定が経験則等に照らして不合理であることを具体的に示して事実誤認があると判断したものといえ、刑訴法382条の解釈適用の誤りはないし、事実誤認もない。

▶▶事案の概要

　被告人が、覚せい剤2481.9グラムを隠し入れたスーツケースを航空機に積み込ませ、ベナン共和国から本邦に輸入させたという密輸の事案である。

　第1審（千葉地判平成23・6・17刑集67・7・853。裁判員裁判）は、「被告人が本件スーツケースに覚せい剤を含む違法な薬物が収納されていることを認識していたことが、常識に従って間違いないとは言えず、なお疑いの余地が残る」として、被告人に無罪を言い渡した。

　これに対し、控訴審（東京高判平成24・4・4刑集67・7・858）は、被告人が携帯していた本件スーツケースの中に大量の覚せい剤が隠匿されていた事実と、この種の犯罪において、運搬者が、誰からも何らの委託も受けていないとか、受託物の回収方法について何らの指示も依頼も受けていないということは、現実にはあり得ないという経験則から、被告人が、本件スーツケースの回収に関し何らかの指示又は依頼を受けていたことは明らかであると認定した。そして、この場合において、被告人の渡航費用等の経費は本件スーツケースを被告人に委託した者（覚せい剤密輸組織）において負担したものと考えるのが合理的であり、そのような費用を掛け、かつ、発覚の危険を冒してまで秘密裏に本邦に持ち込もうとする物、しかも本件スーツケースに隠匿し得る物としてまず想定されるのは、覚せい剤等の違法薬物であるから、特段の事情のない限り、被告人においても、少なくとも、本邦に持ち込むことを指示又は依頼された本件スーツケースの中に覚せい剤等の違法薬物が隠匿されているかもしれないことを認識していたものと推認されると判断し、本件において特段の事情はうかがわれないとして、第1審判決を破棄、被告人に対し有罪判決の自判をした。

　本件上告審において、裁判所は、「原判決が、この種事案に適用されるべき経験則等について『この種の犯罪において、運搬者が、誰からも何らの委託も受けていないとか、受託物の回収方法について何らの指示も依頼も受けていないということは、現実にはあり得ない』などと説示している点は、例外を認める余地がないという趣旨であるとすれば、経験則等の理解として適切なものとはいえないが、密輸組織が関与した犯行であることや、被告人が本件スーツケースを携帯して来日したことなどから、被告人は本件スーツケースを日本に運ぶよう指示又は依頼を受けて来日したと認定した原判断は、上記したところに照らし正当である。」として、原審の判断を支持した。

▶▶**本件の争点**

　被告人が、本件スーツケースの中に覚せい剤を含む違法な薬物が収納されていることを認識していたと認められるか。

▶▶**コメント**

　本件では、控訴審において、覚せい剤の密輸事案において「運搬者が、誰からも何らの委託も受けていないとか、受託物の回収方法について何らの指示も依頼も受けていないということは、現実にはあり得ない」という経験則があるとの判示がされている。そして、このような依頼を受けている以上、渡航費用は依頼者が負担したと考えるのが合理的であり、そのような費用を掛けてまで本邦に持ち込もうとする物として先ず想定されるのは覚せい剤等の違法薬物であるから、特段の事情がない限り、被告人においても違法薬物が隠匿されているかもしれないことを認識していたと推認されると判断した。

　上告審においても、控訴審の判断を概ね支持した。

　本決定については、情況証拠からの推認について、従来からの一般原則を示したものに過ぎないとの評価も見受けられるが、スーツケースに覚せい剤を隠匿して密輸するケースは非常に多いことから、今後の知情性判断に大きな影響を与えうる裁判例といえる。

[12] 覚せい剤の密輸の事案において、被告人に本件スーツケース内に覚せい剤を含む違法薬物が隠匿されていたことの認識があったと認めることには合理的な疑いが残るとして、無罪を言い渡した事例（裁判員裁判）

千葉地方裁判所平成26年3月17日判決、LEX/DB文献番号25504375

▶▶**判旨**

　検察官が主張するいずれの点からも、被告人に本件スーツケース内に覚せい剤を含む違法薬物が隠匿されていたことの認識があったと認めることには合理的な疑いが残る。また、それぞれの事情を総合することによって、この疑いが解消されるともいえない。

▶▶事案の概要

　被告人が、営利の目的で、覚せい剤3727.9グラムを型枠内に隠し入れたスーツケースを、インドから本邦内に持ち込んだとされる密輸の事案である。
　被告人が、覚せい剤が隠匿されたスーツケースを我が国に持ち込んだことに争いはないが、被告人は、本件スーツケース内に覚せい剤を含む違法薬物が隠匿されているとの認識は全くなかったと主張した。
　検察官は、①被告人が密輸組織から覚せい剤の密輸の依頼を受けていたと考えるのが自然である、②本件スーツケースの型枠部分に不自然な盛り上がりがあり、本件スーツケースの内側を念入りに触ったという被告人が気付かなかったはずはない、③被告人が税関検査時に嘘をついたのは、本件スーツケースに違法薬物が隠されていると分かっていたからだ、④被告人の説明が変遷しており不自然である、などと主張したが、裁判所は、いずれの主張についても、被告人に違法薬物の認識があったと認めることには合理的な疑いが残るとして、判旨のとおりの判断を行った。

▶▶本件の争点

　被告人にスーツケース内に覚せい剤を含む違法薬物が隠匿されていることの認識があったか否か。

▶▶コメント

　覚せい剤の隠匿形態、被告人の言動・態度、被告人の弁解の不自然さなどが考慮された事例である。
　裁判員裁判であり、確定しているが、検察官の立証不足の感は否めない。

[13] 覚せい剤の密輸事案において、被告人に覚せい剤が隠されていることを知らなかったという合理的疑いがあるというべきであるとして無罪を言い渡した事例（裁判員裁判）

千葉地方裁判所平成26年6月11日判決、LEX/DB文献番号25504185

▶▶判旨

　被告人は、覚せい剤が隠されたスーツケースを持って日本に来たものの、そ

の目的が中古自動車の買い付けであったとして何ら不自然ではないし、密輸組織側の観点からしても、被告人に気付かれることなく覚せい剤を携帯させ、日本において確実にこれを回収することが可能であったといえる上、被告人の税関検査時の言動や捜査段階での供述は、いずれも、被告人の違法薬物に関する認識を推測させるようなものとはいい難いから、すべての証拠を検討してみても、被告人において、本件スーツケース内に覚せい剤が隠されていることを知らなかったという合理的疑いがあるというべきである。

▶▶事案の概要

本件は、被告人がタンザニアから我が国に飛行機で来た際、機内預託手荷物としてスーツケースを持ってきたが、その中に覚せい剤が隠されていたことについて、被告人において本件スーツケース内に覚せい剤が隠されていることを知らなかったという合理的疑いがあるとして無罪が言い渡された事例である。

裁判所は、①中古自動車を買い付けるという被告人の来日目的に、経済的な合理性がないとはいえないこと、②密輸組織関係者と思われる人物が被告人の親戚であって、被告人のスーツケースの借用等に関与することができ、かつ、遅れて日本に来日し、長期間にわたって一緒に宿泊するなどの行動を共にすることが予定されているような場合には、密輸組織において、被告人の知らないうちに、覚せい剤を被告人の機内預託手荷物に入れるとともに、その密輸に成功した段階で、日本国内で確実にこれを回収することができるのであるから、密輸組織が、被告人に対し、日本国内で組織が指定する者に本件スーツケースを渡すよう依頼したはずであるということにはならないというべきであること、③被告人の捜査段階における供述が特に不自然とはいえないことなどを理由に、判旨のとおり、被告人において、本件スーツケース内に覚せい剤が隠されていることを知らなかったという合理的疑いがあるというべきであると判断し、被告人に無罪を言い渡した。

▶▶本件の争点

被告人において、スーツケース内に覚せい剤のような違法薬物が隠されていることを認識した上でその密輸に関与したのか、それとも、その認識がないまま密輸組織に利用されて覚せい剤を運ばされたという合理的疑いがあるか。

▶▶コメント

本件では、被告人が本邦に持ち込んだスーツケースの中に覚せい剤が隠匿さ

れていた事実に争いはなく、その覚せい剤の量（966.2グラム）などから見ても密輸組織における犯行であることは明らかであるとされ、被告人に違法薬物の認識があったか否かが争点となった。

　裁判所は、被告人が主張する中古自動車購入という来日目的が不合理とは言えないこと、被告人が知らないうちにスーツケースの中に覚せい剤を隠し、回収することが可能であったこと、被告人の捜査段階の供述が不自然とはいえないことなどの事情を考慮し、被告人に覚せい剤の認識がなかったという合理的疑いがあると判断した。

　スーツケースに覚せい剤を隠匿するという態様は明らかに不自然であるが、被告人の言動・態度、弁解内容が不合理・不自然とはいえないことなどの事情が考慮され、無罪となった事例である（なお、スーツケースに覚せい剤が隠匿されていた事案として、前掲［11］最決平25・10・21参照）。

[14]　覚せい剤密輸入事犯（航空機、スーツケース隠匿）で被告人の弁解が一概に排斥することができないから故意があったと常識的に考えて間違いないと判断するには躊躇せざるを得ないとして無罪とした事例

千葉地方裁判所平成26年8月6日判決、LEX/DB文献番号25504804

▶▶判旨

　判決は、

　①被告人は、C（出会い系サイトで知り合った人物）に対し何度も「実際に運ぶドレス等の商品の写真」を送るよう要求したが、覚せい剤が隠匿されていたスーツケース自体の写真を要求したことはなく、Cがこれに応じないことから、被告人の疑念の対象が荷物の中身自体に集中していっている様子を見て取ることができること、

　②Cからのメール等に照らすと、被告人は、運搬を依頼される荷物は、Cにおいて、被告人が持ち逃げをすることをおそれる物であるとの認識を有していたことがうかがえること、

　③被告人が、本件依頼について姉と相談しているところ、姉からは「ちゃんと理に適ってるなら、このような物を運ぶ需要があるってことだ」等といった本件依頼が合法なものである可能性があることを前提に、そのような場合に

はこれを引受けることを後押しするかのようなものがあったこと、
　④被告人は、一見して明らかに疑わしいＣからの本件依頼をすぐに断ることなく、3週間以上にわたって、本件依頼を引き受けるかを検討し続けており、自らの力を信用して本件依頼が違法なものか否か見抜くことができると考えていたことがうかがわれること、
　⑤被告人は、本件スーツケースを確認した後、徹夜で日本行きの航空券の予約手続を行い、そのまま急いで香港空港に向かったと供述し、被告人が荷物の確認を行って以後、本件依頼の合法性についてじっくりと考え直す十分な時間的余裕があったとは言えないこと、
　⑥荷物を確認した後のＣと被告人とのメールのやりとりに、本件依頼に不安を抱いていることをうかがわせるようなメールはないこと、
　⑦本件スーツケース自体には、一見したところ密輸品を隠匿するための細工が施されたと疑わせるような不自然な部分はないこと、
　⑧本件覚せい剤の重量は1.5キログラム余りであり、本件ドレス等を内部に詰めると本件スーツケースの重量は約18キログラムもあったことからすると、被告人が本件スーツケースを運搬する際に、その重量から本件スーツケースの中に何かが入れられていることが容易に分かったはずとは認め難いこと、
を根拠として挙げて「違法薬物が隠匿されているかもしれないとの疑いが払拭されたという被告人の公判供述もあながち排斥し難い と言わざるを得ない」とした。

▶▶事案の概要

　香港国際空港から航空機に搭乗し成田空港において本邦に入国した被告人が覚せい剤1519.1グラムを隠匿したスーツケースを携帯していたところ、同人は、いわゆる出会い系サイトで知り合った人物からウエディングドレスを運搬する仕事の依頼を受け、当初ウエディングドレスに違法薬物等が隠されているかもれないと疑っていたが、預かったスーツケースに入っているウエディングドレス等を確認したことにより違法薬物が隠匿されているかもしれないという被告人の疑念が払拭されたと弁解し、かかる供述もあながち排斥し難いと判示して覚せい剤密輸入の故意を否定し無罪を言い渡された。

▶▶本件の争点

　故意の有無。

▶▶コメント

　判決は「客観的外形的な事実関係からすれば、被告人に覚せい剤輸入の故意があったとの疑いは相当に濃いといえるが、故意がなかった旨の被告人の弁解も一概に排斥することはできず、なお被告人に故意があったと常識的に考えて間違いないと判断するには躊躇せざるを得ない」と述べているところから、判断が難しい事案であったと思われる。

　この点、本件はスーツケースに覚せい剤が隠匿されていた事案であるが、被告人は、スーツケースに隠匿物があるかもしれないと疑っていたわけではなく、その在中物であったウエディングドレス等について疑念の目を向けており、しかも、当初は違法薬物の隠匿を疑っていたものの、時を経るにつれ貴金属類が隠匿されるのではないかとの疑念を有するようになったことが丁寧に認定判断されている。

　被告人の故意の内容としては、少なくとも違法薬物が隠匿されているかもしれないとの認識が必要であるし、本件のようにどこに何が隠匿されているかといった点も問題となることもあるから、弁護は事案をよく分析し、判断者に対して適切な問題意識を抱かせるような弁護活動が必要であることが分かる事例である。

[15]　ジャンパー内から覚せい剤が発見された覚せい剤所持事犯において、被告人のジャンパーは知人から譲り受けた物であるが覚せい剤のことは知らなかったという弁解につき排斥することはできないとして無罪とした事例

福岡地方裁判所小倉支部平成26年12月9日判決、LEX/DB文献番号25505410

▶▶判旨

　被告人は、覚せい剤の所持について「(平成26年) 1月に出所したが、冬物の衣類が不足していたので、友人や知人が上着類を助けてくれた。そのときに本件ジャンパーも貰った。その知人の名前は言いたくないし、言えない。迷惑をかけたくない。フードはビニールに入り、本件ジャンパーはそのままだった。……本件ジャンパーは……1、2度しか着なかった。……今年の3月末頃、本件ジャンパーを本件段ボールに入れて収納した。そして、本件段ボー

ルを、使っていなかったロフトに、他の使っていなかったものと一緒に置いておいた。……着用したり、収納したりした際に、本件ポケットの中に何か入っているとは分からなかった」と弁解している旨判示した上で、「本件覚せい剤があることを知らなかったという被告人の弁解は、その行動等に裏付けられており、基本的に信用できる。又は、少なくともそれを信用できないとして排斥することは困難である」とした。

その理由として、

①被告人は、捜査員に告げられてすぐに帰宅し、捜索にも落ち着いた様子で対応し、自らロフトに（覚せい剤が入っていたジャンパーが所在する）荷物があることを告げて確認を促していたこと、

②捜査員から追及された際に、嘘やろなどと告げて驚いた様子を見せていたこと、そして、被告人が前刑出所後に貰ったという本件ジャンパーのポケットに覚せい剤が初めから入っていた可能性、及び被告人が本件ジャンパーを着用し段ボールに収納した際にも本件覚せい剤が入っていることに気付かずそのまま保管していた可能性があること、

を根拠として、覚せい剤が被告人とは関係なく、ジャンパーのポケットに入れられて、捜索により発見された可能性も否定できないとした。

▶▶事案の概要

被告人は、自宅の捜索差押えを受けた結果、ジャンパー内から覚せい剤が発見されたところ、覚せい剤につき知らない、自分の物ではない等と弁解した。裁判所が被告人の弁解は基本的に信用でき、信用できないとして排斥することは困難として無罪とした。

▶▶本件の争点

故意の有無。

▶▶コメント

他人から譲り受けたジャンパー内に覚せい剤が入っていたという通常想定し難いような事件であるが、被告人の捜索差押え段階の対応状況やジャンパーの入手経緯から収納状態等を認定した上で被告人の弁解を信用できるとした。弁護人としては、弁解を踏まえて客観的事実を明らかにする努力が大事であることが分かる。

なお、本件は、被告人の自宅につき捜索差押え許可状が発付され、これに基

づく捜索の際にジャンパー内から覚せい剤が発見された事案であるが、どのような経緯で令状が発付されたか不明である。

[16] 覚せい剤使用事犯において、被告人の合法ドラッグを注文して受け取りそれが覚せい剤であるとは知らなかった旨の弁解につき、信用できないものと排斥することはできないとして原判決を破棄し無罪とした事例

高松高等裁判所平成27年2月12日判決、LEX/DB文献番号25506139

▶▶判旨

　判決は、原判決が被告人の弁解を信用できないとした根拠を、①毛髪鑑定の結果からある程度継続して覚せい剤を体内に摂取していたことが認められること、②被告人が覚せい剤使用の経験が豊富であったこと、及び③被告人に薬物を譲渡した甲が被告人に覚せい剤を譲渡した旨供述していることとし、②は弁解の信用性を排斥するものではなく、③は甲の供述が信用できないと判示した。そして、①についてはその通りであるとしても被告人が覚せい剤であることを認識して使用したことまでの推認は必ずしも働かない旨判示した。
　そして、判決は、色々検討した上で被告人の弁解につき信用できないものとして排斥することはできないとした上で、尿中から覚せい剤成分が検出されている点について次のように判示した。「この点、原判決は、覚せい剤は厳しく取り締まられている禁制品であって、日常生活において誤って体内に摂取されるようなことが通常あり得ないことからすると、被告人の尿に覚せい剤が含有されていたことのみから、特段の事情がない限り、尿中から覚せい剤を検出できる期間内に、被告人が覚せい剤をそれと認識しつつ使用したと推認することができる、としている。一般論としてはそのようにいえるものの、そのような推認は、知らないうちに飲食物等に混ぜられて覚せい剤を体内に取り込んだのではないか、などといった類の弁解についてはよく妥当するものであるが、被告人の弁解のように、薬物を摂取したこと自体は認めており、その薬物が覚せい剤と同様に自ら積極的に入手しようとしない限り、通常では一般人が入手するのに困難であるいわゆる合法ドラッグであると思って使用したという弁解についてまで必ずしも妥当するものではないと考えられ」るとして、尿中から覚せい剤成分が検出されているとしても本件ではかかる推認は妥当しない

とした。

▶▶事案の概要
　被告人は、覚せい剤使用事犯で起訴されていたところ、使用を裏付ける証拠は主として尿検査の結果であり、被告人の弁解を排斥する証拠としては、主として被告人に覚せい剤を譲渡した人物（甲）の供述及び毛髪鑑定の結果であった。被告人は、合法ドラッグを使用したとの認識であるから薬物使用の故意がなかったとして争ったものの、原審は被告人の弁解を排斥し覚せい剤使用の故意を認めて有罪とした。これに対して原判決を破棄し無罪の自判をしたのが本件である。

▶▶本件の争点
　故意の有無。

▶▶コメント
　人間の身体内では覚せい剤成分が生成されないため、尿中より覚せい剤成分が検出された場合、覚せい剤を体外より摂取したことになる。そして、覚せい剤は日常生活上誤って摂取するような物ではないから、通常、摂取にあたっては自らの意思に基づいてされたものと考えられる。そうすると、尿中より覚せい剤成分が検出された場合、特段の事情のない限り、その意思に基づいて覚せい剤を摂取したと考えられ、使用の故意が認められる。多くの裁判例はこのような論理で覚せい剤使用の故意を推認し、故意が争点となる場合は特段の事情を審理する傾向にある。
　本件は、かかる推認は、知らない間に飲み物に混ぜられた場合等に妥当する推認であり、本件の弁解では妥当しないと述べており注目に値する。判決では妥当しないという結論のみを示すに過ぎないものの、弁護人としては参考になる判断だと思われる。

[17] 覚せい剤密輸の事案において、原判決が、犯行に対する故意を認めることができると認定したことについては、その証拠の評価、推認過程に種々の論理則、経験則等に適わない不合理な点があり、是認することができないとし、原判決を破棄し、無罪を言い渡した事例

東京高等裁判所平成27年12月22日判決、LEX/DB文献番号25541937

▶▶判旨

　原判決が、被告人が、P4の依頼を真正なものと信じていた合理的な疑いがあるとはいえないとした上、遅くとも本件コーヒー豆袋を受領した時点では、その中に違法薬物が入っている可能性を認識していたものと推認でき、本件犯行に対する故意を認めることができると認定したことについては、上記のとおり、その証拠の評価、推認過程に種々の論理則、経験則等に適わない不合理な点があり、是認することができない。

　そのほか、本件全証拠によっても、被告人に本件犯行の故意を認めるには合理的な疑いが残り、これがあったとする原判決は事実を誤認したものといわざるを得ず、この誤りが判決に影響を及ぼすことは明らかであり、その余の論旨を検討するまでもなく、本件控訴は理由がある。

▶▶事案の概要

　被告人が、氏名不詳者らと共謀の上、営利の目的で、覚せい剤の本邦への輸入を行うとともに、覚せい剤を携帯しているにもかかわらず、その事実を申告しないまま検査場を通過して輸入しようとしたが、税関職員に発見されたため、これを遂げることができなかった事案。

▶▶本件の争点

　違法薬物の認識の事実認定。

▶▶コメント

　本件は、原判決が、ウガンダの防衛省上級理事の依頼を真正なものと信じていた合理的な疑いがあるとはいえないとした上、遅くともコーヒー豆袋を受領した時点では、その中に違法薬物が入っている可能性を認識していたものと推

認でき、犯行に対する故意を認めることができると認定したことについては、その証拠の評価、推認過程に種々の論理則、経験則等に適わない不合理な点があり、是認することができないとして原判決を破棄し、無罪を言い渡した。

違法薬物の認識の事実認定が争われる事例は多数あるところ、本件は、各証拠を丁寧に認定したうえで、一つ一つについて具体的評価をしており、参考になる。

[18] 覚せい剤密輸の事案において、原審の公判前整理手続及び原判決の判断の在り方が、証拠に基づき事実を認定するものとなっていないとし、これを是認することはできないとしたうえで、スーツケース内に覚せい剤を含む違法薬物が隠匿されている可能性があると被告人が認識していたとは認められないとして、原判決を破棄し、被告人に対し無罪を言い渡した事例

東京高等裁判所平成28年1月13日判決、判例タイムズ1425号233頁

▶▶判旨

原審記録をみると、前記（被告人が氏名不詳者から本件スーツケースの運搬を依頼され来日し、高額の報酬を受け取る約束になっていたこと）の各要素は、原審の公判前整理手続で当事者間に争いがないと整理された内容と一致している。このことからすると、実際のところは、原審裁判官は、公判前整理手続において、当事者の主張する事実の中から被告人の犯意を推認させると考えた要素を抽出し、これらの事実には当事者間に争いがないと整理した上、原判決において、その争いがないと整理した要素を、証拠調べの結果に基づいて認定することなく、所与の前提事実であるかのようにして、被告人の犯意を推認したものと思われる。……

以上に加え、前記2（証拠によれば、〔1〕被告人が氏名不詳者から本件スーツケースの運搬を依頼されて来日したこと、〔2〕その際、被告人が高額の報酬を受け取る約束になっていたこと、〔3〕渡航に必要な航空券やホテルは全て依頼者側が手配し、費用も負担する約束になっていたことが認められる。そうすると、本件スーツケース内には、何らかの密輸品が隠されていると被告人が認識していると推認することができ、そのような物の一つとして、覚せい剤

を含む違法薬物が当然思い浮かぶはずである。したがって、被告人には特段の事情のない限り、本件スーツケース内の隠匿物は覚せい剤等かもしれないとの認識があったものと推認することができる)の原判決の推論は、摘示した要素から「特段の事情がない限り」被告人の犯意が推認されるとすることによって、犯意がないことの立証責任を被告人側に負わせる構造に陥っている疑いもある。

▶▶事案の概要

　被告人は、氏名不詳者らと共謀の上、営利の目的で、銀色紙等で包んで小分けしてプラスチックケース6箱に収納された覚せい剤2996.7グラムを隠し入れたスーツケースを機内預託手荷物として預けて同航空機に積み込ませ、(中略)、成田国際空港内の駐機場に到着させた上、同空港関係作業員に、同スーツケースを同空港に到着した同航空機から機外に搬出させ、もって覚せい剤取締法が禁止する覚せい剤の本邦への輸入を行うとともに、同空港内の東京税関成田税関支署第1旅客ターミナルビル南棟旅具検査場において、同支署税関職員の検査を受けた際、関税法が輸入してはならない貨物とする前記覚せい剤を携帯しているにもかかわらず、その事実を申告しないまま同検査場を通過して輸入しようとしたが、同職員に前記覚せい剤を発見されたため、これを遂げることができなかったものである。

▶▶本件の争点

　公判前整理手続で当事者間に争いがないとされた事実を、公判で取り調べた証拠により認定することなく、判決の前提として判断したことが、証拠裁判主義に反するか。

▶▶コメント

　本件は、公判前整理手続で当事者間に争いがないとされた事実を、公判で取り調べた証拠により認定することなく、判決の前提として判断したことが、証拠に基づき事実を認定するものとなっておらず、これに基づく結論も是認することができないとして、原判決が破棄されたうえ、自判して被告人が無罪とされた。
　証拠裁判主義の下、証拠による推認の範囲について具体的に示しており、参考になるものと思われる。

[19] 覚せい剤密輸の事案において、被告人両名が本件浄水器等に覚せい剤を含む違法薬物が隠匿されていた認識があったと認めることには合理的な疑いが残るとして、被告人両名に対し無罪を言い渡した事例（裁判員裁判）

千葉地方裁判所平成28年5月19日判決、判例タイムズ1430号240頁

▶▶判旨

　違法薬物の隠匿を通常は疑うべき状況にあったとは認められるものの、検察官が主張するいずれの点を踏まえて考えてみても、それ以上に被告人両名が本件浄水器等に覚せい剤を含む違法薬物が隠匿されていたことを現に疑っていたことを示す言動があったと認めることはできない上、被告人両名の弁解によれば、そのような疑いを持つことができなかった特段の事情がないとはいえないから、被告人両名に違法薬物についての認識があったと認めることには合理的な疑いが残る。

　したがって、本件公訴事実について犯罪の証明がなく、刑事訴訟法336条により被告人両名に対し無罪の言渡しをする。

▶▶事案の概要

　被告人両名は、知人であるCと称する女性から、被告人両名が、浄水器等の何らかの商品見本を、団体ツアーに参加する際に持ち込む方法によりタイから日本へ運搬すれば、報酬5万バーツを支払う、その際に発生する団体ツアーの旅行代金を含む渡航費用や日本における滞在費も全て負担する旨の依頼をされたため、これを引き受けることとした。その後、被告人両名は、タイのスワンナプーム国際空港発の航空機に搭乗するまでに、依頼者側の人物から本件浄水器等を渡され、これらを機内預託手荷物として同空港に預け、同空港から航空機で出発し、本邦へ入国した。

▶▶本件の争点

　被告人両名が、タイから日本に持ち込んだ浄水器用フィルター3個及びスーツケースに収納されたコーヒーメーカー5個内に、覚せい剤を含む違法薬物が隠匿されているとの認識を有していたか否か。

▶▶コメント

　本件でも、同種事案と同様に、認識について次のとおり推認されている。

　「このような依頼は、商品見本の中身が具体的に明らかになっていないのに、それをそのまま日本へ持ち込むことを引き受けさえすれば、自己資金を一切出さずに日本へ旅行することができ、しかも、帰国後には高額の報酬が得られるという余りにも怪しげでうまい話なのであるから、このような内容の依頼をされた者としては、その時点で、依頼者が述べるとおりの商品見本の運搬が真の目的ではなく、依頼者が述べる商品見本の中には、多額の渡航費用等をかけてまで人の手で直接外国まで運搬することに見合う価値のある物品が隠匿されており、その隠匿物の運搬をさせられるのではないかとの疑いを通常は抱くはずである。そして、被告人両名は、そのような依頼を引受けた後に、本件依頼の依頼者等から本件浄水器等を受け取ったことになるのであるから、上記のような物が本件浄水器等内にそれぞれ隠匿されているかも知れないことに通常であれば気付くはずであるし、それらの内部に隠匿して運搬可能な物の一つとして、覚せい剤を含む違法薬物があり得ることも、容易に思い付くはずである。したがって、被告人両名は、特段の事情がない限り、タイで本件浄水器等の中に覚せい剤を含む違法薬物が隠匿されているかも知れないとの認識を有していたものと推認することができる」。

　しかし、被告人両名が、Cから本件依頼を受けてから日本へ渡航するまでの間、違法薬物の運搬ではないかと疑ったことは一度もなかったとの旨の供述の信用性を肯定した。

　そのポイントは、被告人両名の供述の少なくとも客観的な事実関係に関する部分は、相互に整合しており、その信用性を支え合っている上、供述も一貫しており、被告人AとCとの間におけるフェイスブックのメッセージの連絡状況とも整合することであった。

　また、①被告人両名とCとの関係性につき、極めて親密な関係にあり、依頼を経済合理性に基づく純粋なビジネスとは考えていなかった可能性が高いから、本件依頼の仕事内容と報酬や経費等が釣り合っていないからといって、直ちに被告人両名が、本件依頼について、違法薬物の運搬ではないかとの疑問を持っていたとまで結論付けることはできないこと、②浄水器を商品見本として日本へ運搬することで、どの程度の利益が生まれるかは具体的には分かっておらず、本件依頼内容と報酬・経費等との経済的な不均衡がどの程度であるのかについて、終始十分に検討できなかった可能性が高いこと、③被告人両名が本件依頼を引き受けるに至った動機についても、被告人両名は、裕福であっ

たとはいえないものの、本件犯行時頃に、それぞれ相応の収入又はその具体的な当てを有しており、大金を必要とするような事情もなく、被告人両名とも、運び屋としてのリスクを覚悟した上で、2、3カ月分の月収額程度の報酬を目当てに本件依頼を引き受けなければならない強い動機があったとは、証拠上窺えないこと、④依頼に関する連絡状況について、被告人両名とC等との関係性に照らせば、仮に被告人両名のいずれか一方が、本件依頼について、違法薬物の運搬ではないかとの疑いを持っていたのであれば、そのことを他方の被告人に伝えたり、あるいはC等に確認したりするのが通常であるはずなのに、そのようなやり取りがなされたことは証拠上窺えないこと、⑤入国時の被告人両名の様子につき、税関検査を受ける際、外観から一見するだけで浄水器が在中していると判別することができ、ツアー旅行客の所持品として不自然な箱をむき出しの状態で持参するなど、本件浄水器を隠そうとした様子は証拠上一切窺えないことなどが重要なポイントとなっているものである。

[20] 覚せい剤密輸の事案において、本件スーツケース内に覚せい剤を含む違法薬物が隠匿されているとの認識がないとの被告人の弁解がメール等の客観証拠により強く裏付けられ、PTSDの影響により通常人よりも大局的な判断能力が低下しているとして、所持品内に違法薬物が隠匿されているとの認識があったと認めるには合理的な疑いが残るとして、無罪を言い渡した事例（裁判員裁判）

千葉地方裁判所平成28年6月24日判決、LEX/DB文献番号25543436

▶▶判旨

　通常人であれば、違法薬物の隠匿を疑うべき状況にあったとは認められるものの、検察官が主張するいずれの点を踏まえて考えてみても、被告人の弁解がメール等の客観証拠により強く裏付けられている本件においては、PTSDの影響により通常人よりも大局的な判断能力が低下している被告人について、本件スーツケース内に違法薬物が隠匿されているとの認識があったと認めるには、合理的な疑いが残るというべきである。

▶▶事案の概要

　被告人は、弁護士と名乗るBと称する人物から突然メールが届き、被告人の電子メールアドレスが銀行に対する詐欺に使用されたため、その補償金として銀行から85万ドルを受け取れる、そのためには自ら手続に必要な書類を香港で受け取り、日本に持参しなければならないとの申出を受けた。当初の申出では日本までの渡航費用を被告人自身が支払わなければならないとされていたことから、被告人はいったんその申出を断ったが、その3カ月後、再びBからメールが届き、同様の説明に加えて、渡航費用は全てB側が負担する旨の申出を受けたことなどから、これに応じることとした。

　被告人は、その後、アメリカを出国し、香港に渡航後、Bから急遽計画が変更になったことを聞き、マカオに渡航した。被告人は、マカオにおいて、Bらが手配した現地の配達人からリュックサック2個が収納された本件スーツケースのほか、日本行きのチケットと1200ドルを受け取った。その後、マカオの空港で、本件スーツケースを機内預託手荷物として預け、航空機に搭乗した。

　被告人は、成田国際空港に到着後、税関検査場において、本件リュックの背当て部分にそれぞれ隠匿された黒色ビニールに包まれた覚せい剤が発見されたため、逮捕された。

▶▶本件の争点

　被告人に、日本に持ち込んだスーツケース内に覚せい剤を含む違法薬物が隠匿されているとの認識があったか否か。

▶▶コメント

　被告人は、Bを完全に信用していたため、申出を受けてから日本へ渡航するまでの間、違法薬物の運搬ではないかとの疑念を持つことは一切なかった、スーツケースを受領して以降、そこに収納されていたリュックに触れたり、持ち上げたりすることは一度もなかったため、リュック内に違法薬物が隠されていることに気付かなかった旨供述し、これに対して、裁判所も、金銭的な面などから、直接外国まで運搬することに見合う価値のある物品が入っているのではないかとの疑いを通常は抱くはずであり、そのようなものの一つとして、覚せい剤を含む違法薬物があり得ることも、通常であれば、容易に思い付くはずであるとしつつも、弁解を必ずしも排斥できないと判断している。

　そのポイントは、①メールのやり取りの内容から、被告人が申出について完

全に信じていたことを強く推認させるものであるというべきとしたこと、②スーツケースを受領した後の事実からも、申出について、何ら疑いを抱いていなかった可能性が否定できないとすること、③公判前整理手続の際に実施された鑑定により、被告人は戦争の従軍体験を原因とする中等度のPTSDに罹患し、現在もその症状が認められ、このようなPTSDの影響が現れた具体例として、被告人が、過去に、知人の話を信じ込み、大金が手に入ると確信して不当に高い納税申告を行ったことが指摘できるとした、鑑定人の鑑定内容は、専門的知見に基づくものである上、その判断の前提となった事実についても誤りはないから、その意見を尊重するべきであるとしたことが挙げられる。

　一般に、①や②の事情についての裁判例はみられるものの、被告人自身の精神状況について、公判前整理手続において鑑定を実施し、それが判決に影響を及ぼした例として、参考になるものであるといえよう。

3 捜査の適法性（違法収集証拠）

(1) 捜査が違法とされた事例

[21] 被疑者の承諾なく行った所持品検査について、必要性及び緊急性は認められるものの、プライバシー侵害の程度が高く、所持品検査の許容限度を逸脱しているとして逮捕手続が違法であるとし勾留請求を却下した裁判に対する準抗告を棄却した事例

東京地方裁判所平成12年4月28日決定、判例タイムズ1047号293頁

▶▶判旨

　まず、所持品検査の一般論として、次のように述べた。「職務質問に付随して行う所持品検査は、所持人の承諾を得てその限度で行うのが原則であり、所持人の承諾がないときには、捜索に至らない程度の行為であれば、強制にわたらない限り、所持品検査の必要性、緊急性、これによって侵害される個人の法益と保護されるべき公共の利益との権衡などを考慮し、具体的状況の下で相当と認められる限度において許容される場合があると解される（最判昭53・9・7刑集32・6・1672参照）」。

　その上で、まず、承諾の有無について「被疑者は、職務質問の当初から所持品検査を明確に拒絶していたものである上、その後、警察官に対して『分かったよ、もう疲れたよ』とは言ったものの、なお両手で着用ベストの左側ポケットを押さえ続けていたというのであるから、所持品検査を受けることについて被疑者が承諾をしていたものとは認められない」と判断した。

　次に、本件所持品検査の相当性については、「〔1〕被疑者が乗車していた自動車内の所持品検査を実施したところ、同乗者乙山の持ち物から注射器が発見されていたこと、〔2〕その後、乙山が被疑者を立ち去らせるような言動をし、これに応じて被疑者も立ち去ろうとしたこと、〔3〕被疑者が、着用するベストの左ポケットを左腕で押さえていたこと、〔4〕被疑者が携帯電話で呼び寄せたと思われる仲間四名の言動など、本件職務質問の経緯及び状況からす

と、被疑者が覚せい剤等の違法な薬物を所持しているのではないかとの嫌疑が一応認められ、また、被疑者には逃走の気配もあり、職務質問に妨害が入りかねない状況であったことも認められ、被疑者の所持品を検査する必要性及び緊急性は認められる。

　しかし、本件における所持品検査の具体的態様及び手段を見ると、被疑者が、所持品検査を頑なに拒み、その両手でベストの左ポケットを押さえているという状況下で、一名の警察官が被疑者の左腕を押さえ、別の警察官が、密封性の高いファスナー付きの前記ポケット内に手を差し入れて在品中であるタバコの箱を取り出した上、さらに同箱を開披して、その中から本件覚せい剤等を発見したというものであり、また、前記『着衣略図』と題する書面（写）によれば、警察官が被疑者の承諾を得ないまま、前記ポケットのファスナーを開披したことも窺われるのであって、右警察官らの行為は、プライバシー侵害の程度が高いものであり、捜索に類するような態様・手段とみられるものであるから、本件の具体的状況の下では、相当な行為とは認められず、職務質問に付随して認められる所持品検査の許容限度を逸脱した違法なものというべきである」。

▶▶事案の概要

　被疑者が、第三者と共謀の上、覚せい剤と認められる白色結晶を共同所持したとして現行犯逮捕された事案において、現行犯逮捕に先行して行われた被疑者の上衣ポケット内の所持品検査は違法であるとして、勾留請求を却下した原決定に対し、検察官が準抗告をした。

▶▶本件の争点

　所持品検査の違法性。

▶▶コメント

　所持品検査については、本決定も引用する最判昭53・6・20刑集32・4・670がある。本決定は、同最判のもとでの事例判断である。

　所持品検査の適法性について、①犯罪の嫌疑があること、②被疑者の逃走の恐れ及び捜査妨害の恐れから必要性及び緊急性を認めながら、③被疑者が両手でポケットを上から押さえているにもかかわらず、警察官がこれを排してポケット内に手を差し入れたことのプライバシー侵害の重大性を指摘している。

　各事例においては、③の態様が問題となることが多いと思われるが、本決定は、警察官が被疑者にした所持品検査の態様が違法と判断された事案として、

実務上参考になる。

[22] 被告人が帰宅したい旨の意思を表明したのに対し、強制採尿令状発付まで長時間警察署に留め置いた警察官の行為は、任意捜査の限界を超え違法であるものの、当時の被告人の態度に照らすと、その違法の程度は証拠能力を否定すべきほどの重大なものとはいえないとされた事例

札幌高等裁判所平成13年２月20日判決、判例タイムズ1292号83頁

▶▶判旨

　採尿手続について、「被告人が午前１時ころ、警察署の２階に上がって以降、同日午前６時50分ころに尿の捜索差押許可状が発付され、それに基づく採尿手続が実施されるまでの間、警察官らが被告人を警察署に留め置いた状況は、一刻も早く警察から帰宅したいという意向を示した被告人に対して、その行動範囲を同署２階に限定し、終始その周辺に警察官が付き添い、１階に降りようとした際などには、立ちはだかったり、身体に手をかけて制止するなどしており、被告人が自分の携帯電話を使ってタクシーを呼んだのに対し、警察官がその断りもなく、来署したタクシーを帰してしまったことにも、相当の問題があると言わなければならず、全体として任意捜査の範囲を逸脱した違法なもの」であると判断した。

　しかしながら、上記手続によって獲得された尿の鑑定書等の証拠能力について、「本件の捜査の端緒は、A（被告人が同居していた女性）から被告人が覚せい剤を使用していて同女に危害が及ぶかもしれないとの申告を受けて被告人宅を訪れた警察官から覚せい剤使用の疑いを持たれたことであり、その際、被告人は、警察官に尿を出せるなどと述べて同署に赴きながら、その後、尿の提出に関する発言ははなはだ不規則かつあいまいでその任意提出を明確に拒否するわけでもなかったこと、この間、警察においては、強制採尿令状請求に向けて署員が分担して手続を進めていた経緯からも、ことさら令状主義を潜脱する意図は無かったこと、令状の発付まで時間がかかったのは、当日は直近の簡易裁判所ではなく別の簡易裁判所まで令状請求に行かなければならなかったためであり、この点は捜査官側にとってやむを得ないこと、警察官の制止の程度も前記のとおりのものにとどまるのであってそれほど強度のものではなかったこと、これに対して被告人はそれほど強力に反発したものではなく令状

がいつ発付されるか尋ねるなどしてそれを待っているかのような態度まで示していること、警察官は断続的ではあるが尿の提出を説得していること、そして強制採尿令状の発付を得て採尿自体は令状に基づいて適法になされたことなどの諸事情に照らすと、違法の程度は、未だ令状主義の精神を没却するような重大なものであるとまではいえず、違法捜査抑制の見地から証拠能力を否定すべきものとはいえない」として、尿の証拠能力を肯定した。

▶▶事案の概要

被告人が警察署へ任意出頭してから尿の捜索差押許可状が出るまでの約5時間50分の間、被告人が帰宅したいとの意向を示したにもかかわらず、警察官が被告人の行動範囲を警察署の2階に限定して、終始その周辺に付き添い、身体に手をかけるなどして留め置いた行為は、任意捜査の範囲を超えて違法ではあるが、被告人が尿の任意提出を明確に拒否するわけでもなかったこと、警察においてことさら令状主義を潜脱する意図はなかったこと、警察官の制止の程度もそれほど強度のものではなかったことなどから、その違法の程度は、未だ令状主義の精神を没却するような重大なものであるとまではいえず、違法捜査抑制の見地から被告人の尿の鑑定書等の証拠能力を否定すべきものではないとして、有罪とした事例。

▶▶本件の争点

採尿手続の違法性と証拠能力。

▶▶コメント

採尿手続の違法性を肯定しながら違法収集証拠の証拠能力を否定すべきものとはいえないとの事例判断をしたものである。原審は、尿の鑑定書等の証拠能力について、違法収集証拠であることを理由に証拠能力を否定したが、本判決では、その証拠能力を肯定している。違法収集証拠の証拠能力については、多数の見解があるところであるが、本件は、いわゆる違法性の承継論に立脚しながら、先行手続の違法性が重大ではないとして証拠能力を肯定している点に注目すべきであろう（参照：最判昭61・4・25刑集40・3・215）。

[23] 採尿手続に先行する警察官の任意捜査は、その限界を超えて違法であるものの、適法な採尿手続によって獲得された尿の証拠能力を失わせなければならないような重大なものとはいえないとされた事例

札幌高等裁判所平成13年9月25日判決、判例タイムズ1292号88頁

▶▶判旨

〈1〉警察官らの立入行為

　警察官らは、被告人の許可を求めることなく被告人の宿泊する客室の施錠システムを解除した上、その5、6名が被告人の部屋（客室）にいきなり入り込み、女性に暴行を加えたことについて事情を聴取し、その事実に関して更に事情聴取を行うため、被告人に対して警察への同行を求めたものと認められるところ、この客室へ赴いて事情を聴取するなどという行為はもとより任意捜査の範疇に属しないものであるから、このような警察官の行為は任意捜査の範囲を超える違法なものといわなければならない。

〈2〉警察官らによる任意同行

　なお、その後、被告人は警察官によって警察署へ任意同行されているところ、これについては、被告人が自分の意思で同行しており、極めて平穏に行われているのであって、前記の違法な立ち入り行為に引き続いて行われている点で違法性を帯びることは避けられないものの、それ自体は違法というべきものとは解されない。

〈3〉警察官らによる取調べ

　その後の警察署における取調べについて、当初被告人は、警察官による取調べに応じていたが、警察官から尿を提出して欲しいと言われた事に対して、「被告人が帰るといって部屋を出ようとするのを警察官がその身体を押さえ付けて椅子に戻すなどし、被告人をその意思に反して留め置いた行為は、これもまた任意捜査の範囲を超えて違法といわなければならない。

〈4〉捜索差押許可状の請求手続

　担当捜査官が①当初の通報内容に覚せい剤使用という部分が含まれていたこと、②被告人が通報内容の一つである暴行の事実を認めており、通報内容の覚せい剤使用の点にも信憑性があること、③被告人の頬がこけ、その動作に落ち着きがないこと、④尿の任意提出を拒否していること、⑤同種の犯歴を有し

ていること、⑥故意に生年月日を偽ったこと、等から、強制採尿の令状を請求する必要があると判断したことが認められる。これらの諸点を根拠として被告人の覚せい剤使用の嫌疑を認め、令状請求の必要性があると判断したことに、不当な点は認められず、また、これらの諸点及び事件の経過を明らかにした各捜査報告書を主な資料として本件捜索差押許可状が発付されたことについても違法なところは認められない。

〈5〉尿の鑑定書等の証拠能力

(1) 本件捜索差押許可状の発付に関して違法なところが認められないことは前記のとおりであって、これを前提として、前記各証拠の証拠能力を否定すべきだとする所論は採用できない。

他方、このような尿の採取に先行する捜査手続とその後の採尿等の諸手続は、覚せい剤事犯の捜査という同一の目的に向けられたものであるから、前記のような違法が、その後の採尿等の諸手続にも影響を及ぼし、それらの諸手続が違法性を帯びることは避けられない。

(2) ホテル客室内への立入りについて、捜査官の違法な行為は、被告人が宿泊する客室に対する無断立入りにとどまり、警察官らがそれ以上の強制力を行使した形跡は認められない。被告人も、この立ち入り行為を不満に思ったというものの、その場から退去を求めるなどの明確な拒否の姿勢を示してはおらず、当初は渋ったというものの、敢えて抵抗することもなく任意同行に応じているのであって、これらの事情に照らすと、この違法の程度は、将来における違法捜査抑制の見地などからみて、その後獲得された証拠の証拠能力を失わせなければならないような重大なものとまではいえないと判断される。

(3) 取調室での留置き等について、被告人に対する強制力の行使は前記の程度にとどまる上、被告人の抗議を受けて直ぐに手を離しているというのであり、被告人を程なくホテルへ帰らせていること、警察署に任意同行し留め置いた時間は約1時間半程度であるところ、その大部分が通報のあった暴行事件の事情聴取や被害者とされる女性の届け出意思の確認のために費やされたものであること、そして、被告人も暴行事件に関して事情聴取されることには同意していたこと等の事情に照らすと、この違法の程度も、将来における違法捜査抑制の見地などからみて、その後獲得された証拠の証拠能力を失わせなければならないような重大なものとまではいえないと判断される。

(4) 採尿手続について、適法に発付された令状に基づいて行われている。

〈6〉結論

その他の諸手続にも特段の問題がなかったことをも合わせ考慮すると、鑑定

嘱託書謄本及び鑑定書の各証拠については、証拠能力を認めるのが相当である。

▶▶事案の概要

「男に首を絞められ殺されそうだ、男は覚せい剤をしているので助けてと連絡があった、助けて下さい」旨の通報を受けた警察官らが通報場所であるホテルに到着し、デジタル錠のかかったホテルの一室の鍵を、客室内にいた被告人の同意を得ることなく、フロント係に解錠操作を依頼して同客室に立ち入り、同室内にいた被告人に対し、任意同行を求めた。暴行の被疑事実で被告人の取調べを担当していた警察官が、被告人が覚せい剤を使用しているのではないかとの疑いを持ったため、被告人に対し、尿の任意提出を求めたところ、被告人がこれを拒んだため、同警察官は、任意同行から約55分後、令状請求書のための報告書の作成にとりかかった。その後、暴行事件について警察官らが被告人に対し取調べを続けたが、警察署到着から約1時間25分後、被告人はホテルの客室へと戻った。そのさらに1時間後、捜索差押許可状が発付され、ホテルの客室において同令状が執行されたところ、被告人の尿から覚せい剤が検出され、被告人は逮捕された。

▶▶本件の争点

任意捜査の違法性とその後の採尿手続によって獲得された尿の鑑定書の証拠能力。

▶▶コメント

先行手続と後行手続について、いわゆる違法性の承継論に立脚した判決である。「覚せい剤事犯の捜査という同一の目的に向けられたもの」という判示が、最判昭61・4・25刑集40・3・215を意識していることを窺わせる。

本判決は、先行手続の違法性を認定しながらも、その違法性の程度が重大ではないことを指摘した上で、後行手続（適法な強制採尿）によって獲得された尿の鑑定書の証拠能力を肯定している。本判決は、捜査機関の違法行為について、①立入り行為の違法性と②留置き行為の違法性を指摘しているところ、捜査機関の当初の取調べ目的は被害者に対する暴行であったのであり、①と採尿手続がどのような関連性をもつかは疑問である。もっとも、本件では、通報段階で「男は覚せい剤を使用している」との内容であったから、これを踏まえて、①も覚せい剤事犯捜査であると認定している。しかも、①については、

その後の任意同行に違法な点がないことから、違法収集証拠の観点における違法性が重大でないとしている点は、違法性の程度の判断要素として注目すべきである。

[24] 覚せい剤自己使用の事案で、本件採尿に至る過程に重大な違法があり、その違法行為を直接利用して行われた採尿により得られた尿の鑑定書等の証拠能力は否定されるべきであるとし、被告人を無罪とした事例

横浜地方裁判所平成13年12月3日判決、無罪事例集8集174頁

▶▶判旨

　被告人は任意にB署に出頭し、C警察官からの事情聴取に応じていたのであるから、被告人には任意の時期に同署から退去する自由があり、同警察官らがこれを拒むことはできないことは当然である。

　ところが、本件においては、被告人は、C警察官からの事情聴取途中で、母親と話をすると言って席を立ち、署外に出て、母親とC警察官らが追いかけてきていることを認識しながら、小走りで走り去ろうとし、途中T店内のトイレに隠れたり、それが見つかって発見されてからは、同店外でC、D両警察官の制止を振り切り、危険な車道に出てまで両警察官から逃れようとし、バス停付近で倒れた際、被告人の腕を掴んでいた母親に対しても「放せ。」などと叫んでいた態度からすると、被告人のB署へ戻ることを拒む態度は非常に強固かつ明確であったと認められる。

　そして、被告人が、B署を出た後、警察官らに執拗に追跡され、バス停付近で転倒するという突発事態に遭い、その後、C警察官に腕を抱え上げるようにして持たれ、警察用車両の方へ誘導されれば、当時17歳の女性である被告人がこれに抵抗することは容易ではなかったと考えられる。

　このような場合、C警察官らにおいて、被告人に対し再度B署への同行を求めるのであれば、その理由ないし必要性を説いて被告人を説得し、被告人の真意による同意を得なければならない。

　同意が得られなければ、B署に連れ戻すことは断念し、早急に強制採尿令状の発付を求め、同令状に基づいて尿という客観的証拠を得る正当な手続的方策を講じる途があったと考えられる。

特に本件においては、直接被告人から覚せい剤使用の事実を聞かされたというGの証言、被告人をK方から自宅まで送り届けた際の被告人の挙動についてのC警察官の証言、被告人が同居ないし交際していたH及びIの覚せい剤との係わり等からすると、被告人に対する強制採尿令状の発付を求めることにそれほど困難はなかったのである。

　それにもかかわらず、前記事実関係の下においては、C警察官らは、いわば被告人が倒れて立ち上がった隙を捉えて、殆ど有無を言わせず、被告人の腕を抱えて警察用車両まで連れて行き、被告人が前のめりになるほどの力を加えて、背後から押して乗車させたものと言わざるを得ず、このようなC警察官らの行為は、被告人の意思を制圧したに等しい違法な有形力の行使と認められる。

　……（中略）そして、被告人がB署に連れ戻された後、被告人が母親と相談の上採尿に応じたことについても、そのような一連の執拗な追跡、連れ戻し等の心理的影響下によるものであり、本件採尿は、そのような違法な有形力の行使による結果を直接利用して行われたものである。

　これらの諸点からすると、本件採尿に至る過程の違法の程度は重大であり、警察官において、被告人を連れ戻し、採尿をするについて要求される令状主義を潜脱する意図があったといわざるを得ない。

▶事案の概要

　被告人が、法定の除外事由がないのに、覚せい剤を自己の身体に摂取し、もって覚せい剤を使用した事案で、被告人がB署に連れ戻された後、母親とも相談した上で、採尿に応じていること等の諸点を考慮しても、本件採尿に至る過程の違法は、令状主義の精神を没却する重大なものであって、その違法行為を直接利用して行われた採尿により得られた尿の鑑定書等の証拠能力は否定されるべきであるとし、無罪を言渡した事例。

▶本件の争点

　本件採尿に至る過程に重大な違法があるかどうか、採尿により得られた尿の鑑定書の証拠能力を否定するものであるかどうか。

▶コメント

　覚せい剤自己使用の疑いがある被告人が、任意に警察署に出頭し、警察官からの事情聴取に応じていた場合について、被告人には任意の時期に同署から退

去する自由があり、同警察官らがこれを拒むことはできないことは当然であり、警察官らにおいて、被告人に対し再度警察署への同行を求めるのであれば、その理由ないし必要性を説いて被告人を説得し、被告人の真意による同意を得なければならず、同意が得られなければ、警察署に連れ戻すことは断念し、早急に強制採尿令状の発付を求め、同令状に基づいて尿という客観的証拠を得る正当な手続的方策を講じる途があったと考えられるとした。そして、本件における警察官らの行為は、被告人の意思を制圧したに等しい違法な有形力の行使であり、本件採尿に至る過程の違法は、令状主義の精神を没却する重大なものであって、その違法行為を直接利用して行われた採尿により得られた尿の鑑定書等の証拠能力は否定されるべきであるとした。

[25]　覚せい剤の使用、所持及び窃盗の事案について、①捜索差押許可状の発付に当たり疎明資料とされた被疑者の尿に関する鑑定書が、逮捕手続に重大な違法があるとして証拠能力を否定される場合であっても、②同許可状に基づく捜索により発見され、差し押さえられた覚せい剤及びこれに関する鑑定書は、証拠能力を否定されないとされた事例

最高裁判所第二小法廷平成15年2月14日判決、最高裁判所刑事判例集57巻2号121頁

▶▶判旨
〈1〉被疑者の逮捕手続には、逮捕状の呈示がなく、逮捕状の緊急執行もされていない違法があり、これを糊塗するため、警察官が逮捕状に虚偽事項を記入し、公判廷において事実と反する証言をするなどの経緯全体に表れた警察官の態度を総合的に考慮すれば、本件逮捕手続の違法の程度は、令状主義の精神を没却するような重大なものであり、本件逮捕の当日に採取された被疑者の尿に関する鑑定書の証拠能力は否定される。
〈2〉捜索差押許可状の発付に当たり疎明資料とされた被疑者の尿に関する鑑定書が違法収集証拠として証拠能力を否定される場合であっても、同許可状に基づく捜索により発見され、差し押さえられた覚せい剤及びこれに関する鑑定書は、その覚せい剤が司法審査を経て発付された令状に基づいて押収されたも

のであり、同許可状の執行が別件の捜索差押許可状の執行と併せて行われたものであることなど判示の事情の下では、証拠能力を否定されない。

▶▶事案の概要

　被告人に対しては、既に逮捕状が発付されていたが、警察官は当該逮捕状を持たずに被告人方に赴いた。その後、任意同行に応じない被告人を制圧し、片手錠を掛けて捕縛用のロープを身体に巻いて逮捕した。被告人は、物干し台のポールにしがみついて抵抗したが、警察官に引き離されるなどして警察車両で連行され、警察署に到着して間もなく上記逮捕状を呈示された。

　ところが、上記逮捕状には、上記逮捕時に現場で当該逮捕状を呈示して被告人を逮捕した旨の記載がなされ、同旨の捜査報告書も作成された。また、被告人は、警察署内において、任意に尿の提出に応じたところ、当該尿から覚せい剤成分が検出され、その旨の鑑定書が作成された。

　その後、上記尿の鑑定書を疎明資料として、被告人に対する覚せい剤取締法違反被疑事件について捜索差押許可状が発付され、既に発付されていた窃盗被疑事件についての捜索差押許可状と併せて、被告人方の捜索が行われ、その結果、ビニール袋入り覚せい剤1袋が発見され、差し押さえられ、その鑑定書が作成された。

　公判においては、被告人側から、逮捕時に現場で逮捕状を呈示しなかった旨の主張がされたのに対し、警察官は、証人として、いずれも逮捕状を現場で被告人に示すとともに被疑事実の要旨を読み聞かせた旨の事実と反する証言をした。そこで、第1審は、被告人の尿の鑑定書、上記覚せい剤、その鑑定書を違法収集証拠であるとして排除し、窃盗については有罪としたが、覚せい剤の使用と所持は無罪とし、原審もこれを支持して検察官の控訴を棄却した。

　本判決は、上記覚せい剤及びその鑑定書の証拠能力を否定することはできないとして、覚せい剤の所持とこれと併合罪になる窃盗に関する部分を破棄して第1審に差し戻した。

▶▶本件の争点

　①違法な逮捕により得られた尿及びその鑑定書の証拠能力。
　②上記鑑定書を疎明資料とする捜索差押許可状により差し押さえられた覚せい剤及びその鑑定書の証拠能力。

▶▶コメント

　違法収集証拠の証拠能力については、令状主義の精神を没却するような重大な違法の存在（違法の重大性）と、将来における違法捜査の抑制の見地から相当でないこと（排除相当性）の2要件を満たす場合には否定されるとされている（最一小判昭53・9・7）。また、重大な違法があると評価される先行行為と密接な関連を有する証拠については、その証拠についても証拠能力が否定されるとされている。

　本件では、第一に、警察署において採取された尿の鑑定書の証拠能力を否定した第1審及びこれを支持した原審の判断が支持された。すなわち、逮捕状を呈示せず、緊急執行の手続も取らずになされた被告人の逮捕の違法性が重大であること、逮捕状への虚偽記載や内容虚偽の捜査報告書の作成、事実と反する証言など一連の隠ぺい行動からすれば、令状主義の趣旨を蔑ろにする警察官の意図が強く推認されることから、本件逮捕の違法については、上記2要件を満たすものといえる。そして、「重大な違法があると評価される本件逮捕と密接な関連を有する証拠である」上記尿及びその鑑定書についても同様な評価を与えられるべきものとして、証拠能力が否定された。

　これに対し、第二に、上記尿の鑑定書を疎明資料として発付された捜索差押許可状に基づき差し押さえられた覚せい剤及びその鑑定書の証拠能力については、第1審及びこれを支持した原審の判断を誤りであるとし、証拠能力を肯定した。すなわち、上記覚せい剤について「証拠能力のない証拠と関連性を有する証拠というべき」としながらも、①司法審査を経て発付された捜索差押許可状によってなされた差押えであること、②逮捕前に適法に発付されていた窃盗事件についての捜索差押許可状の執行と併せて行われたものであることなどに鑑みると、「本件覚せい剤の差押えと上記（2）の鑑定書〔註：上記尿の鑑定書〕との関連性は密接なものではない」として、「その収集手続に重大な違法があるとまではいえず」、証拠の重要性等諸般の事情を総合すると、その証拠能力を否定することはできないとされた。

　いわゆる違法収集証拠と「毒樹の果実」に関するリーディングケースの一つであるといえるが、後者について①②のいずれの要素が重視されるのか、証拠の重要性が考慮されることが適切であるのか、検討されるべき事項はなお残るといえる。

[26] 覚せい剤の自己使用事案において、被告人の尿を違法収集証拠であるとしてその証拠能力を否定し、被告人に無罪を言い渡した原判決を破棄し、被告人が警察署に留め置かれる状況下でなされた本件採尿手続きも違法性を帯びるが、その程度が重大で令状主義の精神を没却するものとまではいえないとして被告人に有罪を言い渡した事例

大阪高等裁判所平成16年10月22日判決、判例タイムズ1172号311頁

▶▶判旨

　本件任意同行は違法であるところ、被告人による尿の任意提出は、任意同行に引き続いて被告人が警察署に留め置かれる状況下でなされたものであるから、本件採尿手続きも違法性を帯びると言なければならないが、尿の提出自体は被告人の任意の意思にもとづくものであることなどからすれば、本件採尿手続きが違法との評価を免れないとしても、その程度が重大で、令状主義の精神を没却するものとまではいえず、被告人の提出に係る尿を鑑定した本件鑑定書を証拠として許容することが、将来における違法捜査抑制の見地から相当でないともいえない。

▶▶事案の概要

　路上に止めた車の中でエンジンをかけたまま寝ていた被告人に対し、職務質問をしたところ、車体番号の車両について盗難届があったことが判明したことから、警察署への任意同行を求めたが、20分説得してもこれに応じず、その場から立ち去る気配の被告人を警察官3名程度が前方に立ちふさがって留め置き、また免許証を探すと言ってしゃがみこんだ被告人の右わきの下に背後から右腕を差し込み、引き上げるようにして立たせ、そのままパトカーの横まで10メートルほど連れて行き、パトカーに乗せようとしたが、被告人は「行きたくない」などと言って足を踏ん張ったりしてその場にとどまろうとしたが、被告人の腰付近を押し、また左肩を軽くたたくなどして後部座席に乗り込ませ、警察署へ向かわせた。被告人は車中でも「こんなことしていいのか」などと騒いだが、そのまま同署まで走行させ、また被告人が乗車していた車も同署まで運転していった。警察署に到着したのち、過去に覚せい剤に関わっていると情報があったため尿の提出を求めるも、今は尿意はないと言って断る

被告人を留め置き、ようやく尿を提出したところ、警察署に同行してから約3時間が経っていることからこれ以上留め置くと任意性に疑いを抱かれる恐れがあると判断した警察官から帰宅してよい旨告げられ、ようやく同署を出た。職務質問からは4時間近くが経過していた。

▶▶コメント

　原判決は、警察官の任意同行時の有形力の行使について、「本件において、被告人の同行は被告人の明示の拒絶を実力で排除してなされたもので、これは逮捕行為に比すべき人身の自由の直接的侵害である。しかも、その時点で被告人はその場にしゃがみこんでいたというだけで、確かに警察官らの説得に耳を貸す状況ではなかったにせよ、暴れて周辺に危害を及ぼしたり、逃走を図ったりするような差し迫った事情はなく、警察官らが有形力の行使をしたことをいささかも正当化する事由は見出しがたく、その違法の程度は重大で、令状主義の精神を没却するものと解するのが相当である。そうすると、そのような違法な同行に引き続き実施され、その違法性を継承している採尿手続きの違法もまた重大で、令状主義の精神を没却するものというべきであ」り、本件鑑定書が「採尿手続きと密接な関連性を有することは明らかであるところ、このような鑑定書の証拠能力を肯定すれば、将来において同様の捜査手法を招来することにつながりかねず、違法捜査抑止の見地からその証拠能力を否定すべき高度の必要が認められ」「違法収集証拠排除の法則に照らし、本件鑑定書の証拠能力は否定され」ると判断した。

　両判決の結論が分かれた理由は、被告人の同行の違法性の採尿手続きへの承継をどの程度認めるかによると思われる。原判決が尿の提出を違法な同行を実質的に利用したものと判断し、違法性の承継を認めたのに対し、本判決は、同行後の警察官の応対からすると採尿手続自体は被告の同意に基づくものとして違法性の承継があるとしても、令状主義の精神を没却するものとまでは言えないと判断した。違法収集証拠排除法則の適用について参考になる事案である。

[27] 職務質問に付随する所持品検査において、警察官が被告人のポケットの内容物を下から手でつかんで押し上げ、意図的に落下させて、覚せい剤を発見したという合理的な疑いが残るとし、当該行為は令状主義の精神を潜脱し、没却するような重大なものであって、得られた証拠の証拠能力を否定すべきであるとして、覚せい剤の所持の点については無罪としたうえで、上記覚せい剤の存在を疎明資料として発付された捜索差押許可状に基づく強制採尿手続には固有の違法は存しないとして、覚せい剤の自己使用の点については有罪とした事例

大阪地方裁判所平成18年6月29日判決、LEX/DB文献番号28115259

▶▶判旨
〈1〉覚せい剤所持について
　A巡査が被告人のポケットの内容物を下からつかんで押し上げ、意図的に落下させて、本件覚せい剤を発見したという合理的な疑いが残るから、この事実が認められることを前提として、証拠の証拠能力の有無を検討する。
　上記認定事実からすれば、他人の原動機付自転車のかぎ穴を電動ドリルで壊そうとしていた被告人には器物損壊ないし窃盗未遂等の犯罪を犯した嫌疑があったとみられ、これを解明するため、被告人に対し職務質問を継続し、これに付随して所持品検査を行う必要性、緊急性があったと認められる。
　もっとも、このような所持品検査は、原則として任意に対象者の承諾を得て行わなければならないことはもとより、本件では、被告人は一度は右ポケット内の所持品の提示を拒絶したものの、なお、警察官らは時間をかけて被告人を説得する余地があったこと、被告人にかけられていた嫌疑は原付の器物損壊ないし窃盗未遂という必ずしも重大とはいえない事案であったこと、被告人の当時の服装などにかんがみると、この段階での所持品検査は、着衣の外側から手を触れ、形状を確認する限度で許容されたというべきである。
　この点、A巡査が殊更ポケットの内容物を押し出す意図で、下からつかみ触ることは、所持品検査として承諾なく許される着衣外部からの接触を装って、ポケットの内容物を取り出すのと同じ効果を狙ったものといえ、プライバシー侵害の程度において実質的にポケットに手を差し入れる行為と変わるところ

はなく、捜索に類する行為であって、所持品検査の限界を越え、違法なものである。

しかも、A巡査が、ポケットに手を差し入れるという一見して違法な方法ではなく、同一の効果をもたらすが、偶然落下したとして適法性を装いやすい、意図的にポケットの内容物を落下させるという方法を採ったことも、かえって令状主義潜脱の意図を疑わせるものである。

したがって、本件所持品検査自体は、令状主義の精神を潜脱し、没却するような重大なものであって、これにより得られた本件覚せい剤を証拠として許容することは、将来における違法捜査抑制の見地からしても相当でないと認められるから、その証拠能力を否定すべきである。

そして、本件覚せい剤の鑑定書も、本件覚せい剤と密接な関連を有することは明らかであるから、同様にその証拠能力を否定すべきである。

〈2〉覚せい剤自己使用について

①本件所持品検査における権利侵害の内容は、ポケットという限局された範囲でのプライバシー侵害にとどまり、強度の人権侵害を伴うものとまではいえないから、それだけで、その後の派生証拠について一切の利用を禁止するほど極めて重大な違法があったとはいえないこと、

②本件は、器物損壊ないし窃盗未遂の疑いありとして所持品検査が行われる中で、被告人の覚せい剤所持が発覚し、さらに覚せい剤を所持していた者はその使用も疑うという捜査慣行に従い、強制採尿が実施された結果、覚せい剤の使用の証拠となるべき被告人の尿が得られたものであること、

③本件所持品検査当時には、警察官が被告人の覚せい剤の使用を捜査の目的としていたものとはみられないこと、本件採尿手続は、上記所持品検査に関わっていない巡査部長らが、同手続の翌日、司法審査を経た捜索差押許可状の発付も得て行ったものであることにかんがみると、先行する所持品検査と採尿手続はその捜査目的の異同や関連性の程度に照らし、これを当然には一連のものとも評価できないこと、

などに照らすと、将来における違法捜査抑制の見地からも、覚せい剤使用関係の証拠まで排除することが相当とは認められない。

また、本件採尿手続には固有の違法は存しないものと認められる。

以上によれば、本件尿の鑑定書の証拠能力については、肯定すべきである。

▶▶事案の概要

被告人が、駐車中の原動機付自転車のガソリンタンクのかぎ穴に電気ドリル

を当てこれを作動させ、かぎ穴に傷を付けたところ、これを目撃した者が警察に通報した。駆け付けた警察官は、被告人のポケットに何かが入っていることに気付き、被告人に見せるように言ったが被告人がこれを拒否した。そこで、警察官は、ポケットの内容物を外に押し出す意図で、内容物を下からつかんで押し上げ、意図的に落下させて、覚せい剤を発見した。

その後、尿検査が行われ、陽性反応が出たため、被告人は、覚せい剤所持及び覚せい剤自己使用の被疑事実で逮捕され、起訴された。

▶▶本件の争点
〈1〉警察官が、所持品検査の際、ポケット内から意図的に押し出した箱から覚せい剤が発見された場合に、同覚せい剤の証拠能力が否定されるか。
〈2〉上記覚せい剤等を疎明資料として捜索差押許可状が発付され、これに基づき強制採尿が行われた場合に、尿の鑑定書の証拠能力が否定されるか。

▶▶コメント
〈1〉は違法収集証拠排除法則の問題であり、所持品検査の態様から令状主義潜脱の意図が疑われるとして、押収された覚せい剤自体及び当該覚せい剤の鑑定の証拠能力を否定したもので、極めて妥当な判断といえる。

〈2〉は、いわゆる毒樹の果実(波及効)の問題であり、違法に収集された証拠によって発見された派生的証拠が排除されるか否かは、①違法の程度と②両証拠間の関連性を基本として判断されるが、違法の程度も関連性も特別高度といえないときは、③証拠の重要性および④事件の重大性も考慮した利益衡量的方法によるべきとされる(田宮裕『刑事訴訟法〔新版〕』〔有斐閣、1996年〕)。本判決は、極めて重大な違法ではないとして証拠能力を肯定しているが、令状主義潜脱の意図が疑われるような態様であって、違法の程度も関連性も高いといえるので、疑問である。

[28] 覚せい剤取締法違反被疑事件の捜査段階で行われた採尿手続きについて、任意同行の際に警察官らによる強度の実力行使があったが、これを隠蔽したこと、公判廷で捜査官側がはなはだ不公正な態度をとっていることを考え合わせると、捜査の違法は、結果的に令状主義の精神を没却するような重大なものとなり、将来における違法捜査抑制の見地からも証拠は排除せざるを得ないとして、尿の鑑定書の証拠能力を否定し、無罪を言い渡した事例

宇都宮地方裁判所平成18年8月3日判決、LEX/DB文献番号28115447

▶▶判旨

　本件においては、任意同行の際に警察官らにより強度の実力行使があったところ、警察官らはこれを隠蔽し、さらに、事後とはいえ、本件審理の過程において、公判廷で、警察官らが強度の実力を行使したことを認めつつもこれをあくまでも任意同行と言い張り、ひいては、強度の実力行使を正当化するために、新たな不自然な供述をしているという、捜査官側がはなはだ不公正な態度をとっていることを考え合わせると、本件での捜査の違法は、結果的に令状主義の精神を没却するような重大なものとなり、将来における違法捜査抑制の見地からもこれに基づく証拠は排除せざるを得ない。したがって、尿の鑑定書の証拠能力は否定されるべきことになる。

　本件公訴事実を裏付ける証拠は被告人の捜査段階における自白のみであるから、前記のとおり尿の鑑定書が排除されることにより自白を補強する証拠がないことになり、結局いずれの訴因についても犯罪の証明がないことに帰するので、刑訴法336条により被告人に無罪の言い渡しをすることとする。

▶▶事案の概要

　被告人は、深夜モーテル形式のホテルに投宿し、午前10時のチェックアウト時間を過ぎても退室せず、所持金が不足していたことから延長料金を支払わないままに延長を繰り返した。ホテル従業員らは、被告人が、金はない、どこから金を持ってくるか分からないなどと言うので、困惑の余り、同日午後10時30分ころに至って警察に連絡し、まもなく警察官2名が臨場した。

　ホテル従業員は、警察官らに対し、被告人が延長料金を支払わない旨、頻繁

に電話をかけたり、大声を出すようなことがあって、様子がおかしい旨を申告した。また、警察官らが被告人の自動車に不審を抱いて照会をしたところ、車種とナンバーとが一致しなかった。さらに、被告人は、警察官らに対し、住所氏名を聞かれても答えを拒み、自動車についても知らないと述べ、警察官が来たことに対し大声で非難し、警察官らの制止を振り切って、約50メートル離れたホテルフロント内に入って、ホテルの電話を借用するなどした。

その後、応援の警察署所属の警察官2名が臨場し、警察官らは被告人に対し、話は警察で説明されたいなどと繰り返し説得したが、被告人は、頑強に同行を拒否した。

そこで、警察官らは、被告人を警察署に連れて行くべく、被告人の両腕を掴みフロント内から連れ出そうとした。被告人は、玄関内の備品やドアの枠にしがみつくなどして抵抗したが、警察官2名によって両上腕部を掴まれるなどして実力で排除され、フロント建物外に連れ出され、両腕を抱きかかえられるなどして約20メートル先の警察用車両まで引きずられた。そして、被告人は、同車両に乗ることについても、車両の屋根を両手で掴んだり、肘を引っかけたり、足首をドア枠に引っかけるなどして激しく抵抗したが、警察官らによって、手を剥がされたり、背中を押されたり、更に車内から手を引っ張られたり、車外から左足首を外されるなどして無理矢理後部座席に乗車させられた。そして、両側に乗車した警察官2名に両腕を掴まれたまま、同車両は警察署に向けて発進した。

警察署についてから、被告人の身元及び覚せい剤を含む薬物事犯の執行猶予前科があることが判明し、これまでの被告人の興奮状態等も考え合わせ、警察官らは被告人に対し尿を提出するよう促すようになった。また、警察官らは、被告人の両腕にある傷跡を新しい注射痕と判断した。被告人は、尿の任意提出を拒み、何度も帰ろうとしたが、警察官らに阻止された。

その後、警察官らが、強制採尿のための捜索差押許可状及び身体検査令状の発付を得て、被告人に対し、同令状を示し、医師の手により強制採尿を行うと告げたところ、被告人は、これを嫌って任意で排尿した。

被告人の尿が、覚せい剤試験で陽性反応を呈したため、被告人は、覚せい剤の自己使用の事実で緊急逮捕され、その覚せい剤自己使用の被疑事実により起訴された。

警察官らは、違法な逮捕及び連行をしながらも、これを任意同行と言い張って隠蔽したが、その後の公判段階において、突如、実力行使を正当化するような不自然な事実を複数名がそろって供述するなどした。

そこで、裁判所は、違法収集証拠排除法則に則り、尿の鑑定書の証拠能力を否定した。

▶▶本件の争点

違法な捜査により収集された証拠の証拠能力の有無の判断に際し、違法捜査後の捜査機関の不公正な態度も考慮されるか。

▶▶コメント

違法収集証拠排除法則は、最初にアメリカで採用され、わが国では、最判昭53・9・7が「証拠物の押収等の手続に、憲法35条及びこれを受けた刑訴法218条1項等の所期する令状主義の精神を没却するような重大な違法があり、これを証拠として許容することが、将来における違法な捜査の抑制の見地からして相当でないと認められる場合においては、その証拠能力は否定される」と判示して、同法則を採用することを明らかにした。もっとも、同法則によって、証拠能力が否定されたのは、最判平15・2・14が初めてである。その後は、下級審でも、同法則によって証拠能力が否定される例が出てきた。本判決は、そのような例の一つであり、任意同行時の違法性だけでなく、その後の捜査手続や公判手続において捜査機関が極めて不公正な態度をとったことを併せて考慮した点に特徴がある。

---

[29] 任意同行後、被告人が退出の意思を表明したにもかかわらず、強制採尿令状を提示するまでの約3時間半の間、退出を阻止したうえ、取調室に留め置いた行為は、任意捜査の限度を超えて違法であるが、被告人の尿に関する鑑定書の証拠能力は、排除されないとした事例

東京地方裁判所平成21年1月20日判決、判例タイムズ1314号311頁

▶▶判旨

〈1〉任意同行後の本件取調室における留め置き行為の適法性について

(1) 裁判所は、まず、本件取調室に滞留していた一定の時間に関しては、以下のように、被告人の言動からその意思に反した留め置きにあたらないと判断した。

「被告人は、同日午後6時過ぎころから同日午後9時28分ころ捜索差押許可状を示されるまでの間、本件取調室に留め置かれたものであるが、被告人は、この間に多数回にわたり、退出の意思を表明した上、同室から退出しようとする行動を繰り返し、その都度、警察官らに退出を阻止されたことは明らかである。ところで、被告人が、尿を任意提出するように求める警察官らに対し、当初は「（尿が）出たくなったら出すから、待ってろ。」などと言って、いずれ任意提出に応じるかのような言動をしていたり、長女や呼び寄せた妻の到着を待つような言動をしていたことからすれば、このような事情があった一定の時間内は、被告人が本件取調室に滞留していたことがその意思に反するものであったとはいえない」。

（2）次に、被告人が退出の意思を明らかにした段階において、留め置く根拠が失われたことから、その後の留め置きは違法であると判断している。

「しかしながら、その後においては、被告人は、専ら退出の意思を明らかにしているというべきであって、既に被告人を同室に留め置く根拠は失われていたと評価すべきである。そうすると、警察官らが、被告人を本件取調室内に留め置いて、退出を阻止する行動を取り続けた行為は、もはや任意捜査として許容される限度を超えた違法な身柄拘束であったと評価するほかはない。そして、これに引き続いて行われた採尿手続も、被告人に対する覚せい剤事犯の捜査という同一目的に向けられたものである上、このような違法な留め置きを直接利用して捜索差押許可状の執行をしたものに外ならず、違法性を帯びるといわざるを得ない」。

〈2〉上記の留め置きの違法性の程度と証拠能力

しかし、本件留め置きの前提となる職務質問から任意同行に至るまでの一連の捜査が、適法に実施されたと評価できることは既に述べたとおりである。また、被告人には職務質問を開始した当初から、覚せい剤等の使用をしているのではないかという嫌疑があり、その後の言動や前歴関係等に照らしてその嫌疑がかなり高度なものとなっていたことに疑いはなく、被告人を警察署に同行し、尿の提出を求めてその使用の有無を確かめ、その結果に応じた措置を執るべき必要性や緊急性があったことは否定できない。また、警察官らによる有形力の行使は、退出を試みる被告人の行為に対応した受動的なものにとどまっていると認められる。さらに、被告人は妻や長女と本件取調室内で面会し、飲食物その他必要とする物を持ってくるように指示してこれを受け取ったり、携帯電話で自由に外部者と通話をするなど、本件取調室を退出すること以外の点では、何らその自由を制約されていなかったといえるのである。しかも、警察

官らは、被告人を蔵前警察署に任意同行してから約40分後という比較的短時間のうちに捜索差押許可状の請求準備に着手し、速やかにこれを行って令状の発付を受け、採尿自体はかかる裁判所の発付した令状に基づいて行われたものであり、そのため、被告人に対する違法な身柄拘束時間がむやみに長期化するにも至っていないのであって、これによれば、警察官らに令状主義の諸規定を潜脱する意図があったと認められないことも、また明らかである。以上の諸事情を総合的に考慮すると、本件取調室内に被告人を留め置いた違法の程度は、令状主義の精神を没却するような重大なものとはいえず、これにより収集された本件鑑定書を被告人の罪証に供することが違法捜査抑制の見地から相当でないとまでは認められないというべきである。

▶▶事案の概要

　被告人が、薬物常習者特有の表情をしており、薬物事案12件を含む前歴を有することが判明したことから、警察官による職務質問、所持品検査が行われた。被告人は、所持品検査の後、同日午後5時50分ころ、任意同行により、警察署に行き、本件取調室に入った。被告人は、警察官からの任意の尿の提出の要求に対して、「(尿が) 出たくなったら出すから、待ってろ」というものの、応じなかった。そのため、警察官は、同日午後6時30分ころ、被告人の尿に対する捜索差押許可状請求の準備にかかり、同日午後9時10分ころ、捜索差押許可状の発付を得た。強制採尿令状をもとに、同日午後11時4分ころ、被告人は、尿を採取された。そして、その尿から覚せい剤成分が検出されたことから、被告人は緊急逮捕された。

　被告人が本件取調室に入室してから、捜索差押許可状を呈示されるまでの約3時間半の間、本件取調室の出入口のドアは開放されていたものの、警察官2名が常時その付近に待機していた。被告人は、多数回にわたり、退出の意思を表明した上で、退出しようとする行動をとったが、その都度、複数の警察官が、被告人の前に立ちふさがったりして、被告人を背中で押し返したり、被告人の体を手ではらうなどして、その退出を阻止した。

　このような留め置きは違法であり、その違法な逮捕手続中に採取された尿は、証拠の収集手続に重大な違法があるとして、鑑定書の証拠能力が争われた。

▶▶本件の争点

　任意捜査として許容される限度を超えた違法な身柄拘束に引き続いて行われた採尿手続に基づく鑑定書の証拠能力。

▶▶コメント

　任意同行後の留め置きが、被告人の退出の意思表示後は、違法であると判断された事例である。被告人は、弁護士と電話でやりとりを行っており、弁護士のアドバイスで、本件取調室における留め置きの様子を、自身の携帯電話により随時、動画撮影していた。

　なお、本件では、警察署まで被告人を連行する際の警察官の行為の適法性についても争われているが、裁判所は、適法であると認定している。

[30]　浮浪罪に当たるとして現行犯逮捕されたが、その逮捕が違法であったため、その逮捕手続中に採取された尿から出た覚せい剤成分を根拠にした鑑定書の証拠能力が否定された事例

大阪高等裁判所平成21年3月3日判決、判例タイムズ1329号276頁

▶▶判旨

　被告人は、まず浮浪罪で逮捕され、その後、釈放された後に、覚せい剤使用でも逮捕されたが、この覚せい剤使用に関して、「鑑定書の鑑定資料である被告人の尿は、浮浪罪での逮捕による身柄拘束中に裁判所に請求され、かつ、発付・執行された捜索差押許可状（いわゆる強制採尿令状）により採取されたものであること、覚せい剤取締法違反の逮捕状は、上記鑑定の結果、被告人の尿から覚せい剤成分が検出されたことを資料として請求・発付されたものであること」から、浮浪罪の逮捕の適法性について検討をすることになった。

　そして、警察官らが、被告人が浮浪罪にあたると判断した事情につき、「警察官らの供述は、その核心部分である、浮浪罪の構成要件の把握に関して、特に就労意思に関する部分を中心に、重大な疑問があるほか、前記の基本的経緯についても、意図的な虚偽供述が含まれており、根本的に信用性を欠いているというほかない」と判断した。

　「次に、本件の逮捕が、浮浪罪による現行犯逮捕として適法か否かを判断するに、……被告人の本件当時における生活状況が、客観的に同罪の構成要件を充たさないものであったことはもとより、逮捕の時点において逮捕者である警察官らに判明していた事情を基礎としても、警察官らにおいて、同罪の構成要件の全てが、現行犯逮捕の要件を充たす程度に明白になっていたとは到底認め

られず、その逮捕が違法であることは明らかである。しかも、警察官らは、単に、過失によって、同罪の構成要件が充足されていると軽信したというにとどまらず、その構成要件と相容れない事実が存在する旨の被告人の訴えを積極的に黙殺して逮捕を強行したと評価せざるを得ず、その違法性の程度は極めて高い」。

「このような捜査の経緯から見ると、捜査機関の関心が、専ら又は主として覚せい剤の嫌疑にあったことはほぼ明らかであるといえ、本件逮捕は、所持品検査の段階で収集された資料である被告人の前科と注射器所持の事実のみでは、覚せい剤事犯での逮捕を基礎付けるだけの嫌疑はいまだ不十分であるために、強制採尿及び鑑定を経て、覚せい剤使用による逮捕状の発付を得ることと、その間における被告人の身柄確保を主要な目的とし、そのために、別罪での逮捕という形式を利用したものであって、いわゆる別件逮捕としても違法であると評価すべきである」。

「以上を踏まえて、所論主張の各証拠の証拠能力を判断するに、本件の現行犯逮捕は、浮浪罪による現行犯逮捕自体として違法であり、その違法性の程度が高い上、別件逮捕としても違法であって、令状主義の精神を没却する重大な違法に該当するといえ、将来に向けて、浮浪罪の規定が本件のような形で濫用される事態を厳に禁圧すべき要請も高い。また、本件の捜索差押許可状の請求手続に際して、どのような資料が裁判所に提供されたかは不明であるが、覚せい剤の前科関係、注射器2本の所持事実のほか、被告人が生駒署に引致後、任意採尿を拒否したという、正に違法な逮捕の期間中に生じた事情も、当然資料化されていたものと解され、この採尿拒否という事情があればこそ、令状が発付されたことも明らかである。そして、このように、違法な逮捕期間中に獲得された資料に基づいて請求・発付された令状の執行として、かつ、その違法な逮捕期間中に、被告人の尿が差し押さえられたことも明らかであり、さらに、この尿を資料として所論指摘の鑑定書が作成されたこと、この鑑定書を主要な資料として、覚せい剤自己使用を被疑事実とする通常逮捕状が発付されるに至り、その逮捕とこれに引き続く勾留期間に、所論指摘のその余の証拠が作成あるいは録取されるに至ったことも認められる。したがって、少なくとも、上記各証拠と本件違法捜査との結び付きはいずれも相当強いといえるが、その中でも、鑑定書と違法捜査との結び付きは極めて強く、その証拠能力を否定しなければ、本件の捜査について、上記評価を行った意義もないというべきである」。

▶▶事案の概要

被告人は、浮浪罪（軽犯罪法1条4号）の罪で現行犯逮捕され、その身体拘

束中に強制採尿令状がとられ、尿を採取された。そしてその尿から覚せい剤成分が検出されたことから、これを資料として覚せい剤取締法違反の逮捕状が請求・発付され、被告人は逮捕された。本件では、この浮浪罪による逮捕が違法であり、その違法な逮捕手続中に採取された尿は、証拠の収集手続に重大な違法があるとして、鑑定書の証拠能力が争われた。

▶▶本件の争点

浮浪罪による現行犯逮捕の違法性及び、その逮捕手続中に採取された尿から出た覚せい剤成分を根拠にした鑑定書の証拠能力。

▶▶コメント

本件は、違法収集証拠に関する事例であるが、逮捕自体の違法性から違法の重大性を認め証拠能力を否定した希少な裁判例であり、参考になるものと思われる。

[31] 荷送人の依頼に基づき宅配便業者の運送過程下にある荷物について、捜査機関が、捜査目的を達成するため、荷送人や荷受人の承諾を得ることなく、これに外部からエックス線を照射して内容物の射影を観察した行為は、検証としての性質を有する強制処分に当たり、検証許可状によることなくこれを行うことは違法であるとした事例

最高裁判所第三小法廷平成21年9月28日決定、判例タイムズ1336号72頁、判例時報2099号160頁
（事例[51]の上告審）

▶▶判旨

本件エックス線検査は、荷送人の依頼に基づき宅配便業者の運送過程下にある荷物について、捜査機関が、捜査目的を達成するため、荷送人や荷受人の承諾を得ることなく、これに外部からエックス線を照射して内容物の射影を観察したものであるが、その射影によって荷物の内容物の形状や材質をうかがい知ることができる上、内容物によってはその品目等を相当程度具体的に特定することも可能であって、荷送人や荷受人の内容物に対するプライバシー

等を大きく侵害するものであるから、検証としての性質を有する強制処分に当たるものと解される。そして、本件エックス線検査については検証許可状の発付を得ることが可能だったのであって、検証許可状によることなくこれを行った本件エックス線検査は、違法であるといわざるを得ない。

▶▶事案の概要

　覚せい剤密売の嫌疑があった会社の関係者が東京の暴力団関係者から宅配便により覚せい剤を仕入れている疑いが生じたことから、警察官らは、宅配便業者の営業所に対して、本件会社の事務所に係る宅配便荷物の配達状況について照会等をした。その結果、荷物の多さや不審な伝票の記載が判明した。そこで、警察官らは、同事務所に配達される予定の宅配便荷物のうち不審なものを借り出してその内容を把握する必要があると考え、上記営業所の長に対し、協力を求めたところ、承諾が得られたので、平成16年5月6日から同年7月2日にかけて、5回にわたり、同事務所に配達される予定の宅配便荷物各1個を同営業所から借り受けた上、関西空港内大阪税関においてエックス線検査を行った。その結果、1回目の検査においては覚せい剤とおぼしき物は発見されなかったが、2回目以降の検査においては、いずれも、細かい固形物が均等に詰められている長方形の袋の射影が観察された（以下、これら5回の検査を「本件エックス線検査」という）。

　なお、本件エックス線検査を経た上記各宅配便荷物は、検査後、上記営業所に返還されて通常の運送過程下に戻り、上記事務所に配達された。また、警察官らは、本件エックス線検査について、荷送人や荷受人の承諾を得ていなかった。

▶▶本件の争点

　荷送人の依頼に基づいて宅配便業者の運送下にある荷物について、捜査機関が、捜査目的を達成するため、荷送人や荷受人の承諾を得ずに、これに外部からエックス線を照射して内容物の射影を観察する行為は、強制処分に当たるか。

▶▶コメント

　第1審及び原審では、本件エックス線検査は、任意捜査として位置づけられ、任意捜査として許容されるとの判断がされていた。本件は、原審までとは異なり、強制処分であると位置づけ、宅配便業者の運送過程下にある荷物につい

て、荷送人や荷受人の承諾を得ないまま捜査機関が検証許可状によることなくエックス線検査を行うことは違法であると判断した著名な判例である。

なお、本件覚せい剤等の証拠能力自体は、嫌疑の高さやエックス線検査の必要性の高さ、捜索差押許可状に基づく捜索も行われていることなどから、本件覚せい剤等の証拠収集過程に重大な違法があるとまではいえないと判断され、認められている。

[32] 被告人に対して行われた職務質問及び所持品検査の実施の際に、被告人が弁護士に電話をかけようとしたのを警察官が妨害したことが、弁護権を侵害する重大な違法に当たるなどとして、被告人が所持品検査の現場で任意提出した覚せい剤及びその後警察署で任意提出した尿について、いずれも証拠能力が排除されるべきであるとして、被告人に無罪が言い渡された事例

東京地方裁判所平成21年10月29日判決、LEX/DB文献番号25463155

▶▶判旨

弁護士に電話をかけようとしたのにこれを警察官が妨害した事実については、これは弁護権侵害として重大な違法が存するといわざるを得ない。確かに、本件の経緯をみると、被告人の嫌疑は時間を経るに従って相当程度に高まっており、被告人が弁護士に電話をかけたとしても、職務質問自体は続行され、所持品検査を受ける状況に変化はなかったかもしれないが、あくまで任意の処分である職務質問及び所持品検査において、弁護士に連絡して援助を求めることは、対象者にとって極めて重要な権利といわざるを得ない。憲法34条は身柄拘束の際の弁護人依頼権を保障しているが、身柄拘束に至る以前の任意処分の段階における弁護士に援助を求める権利は、この憲法の条項によりなおさら保障されていると解すべきである。このような見地からみると、本件証拠の収集には令状主義の精神を没却するような重大な違法があり、これによって収集された証拠の証拠能力を排除しなければ、同様の権利侵害が起き得る可能性が残ると評価すべきである。

排除される証拠の範囲につき検討するに、覚せい剤は被告人が自らの意思でA部長に小物入れを開けさせた結果発見されたものであるが、これは被告人が

弁護士に対する電話を妨害されたために、諦めの心情から抵抗する気持ちをなくしたことによるものと認められ、弁護権侵害を直接利用してなされた手続と認められるから、その証拠能力は排除すべきである（したがって、その鑑定書等の証拠能力も否定される）。また、被告人はそのまま警察署に連行された後、自ら任意に尿を提出しているが、この点も、以上の経緯の下、日時的場所的に近接した状況のもとに、同様に抵抗の気持ちをなくして提出したものと認められるから、弁護権侵害に密接に関連する証拠として排除すべきである（したがって、その鑑定書等の証拠能力も否定される）。

▶▶事案の概要

　平成20年11月10日午後4時前ころ、警視庁第2自動車警ら隊のA巡査部長（以下「A部長」という）らは、挙動が不審な被告人を見付けたため、被告人に対する職務質問を始め、所持品検査に応じるように求めたが、被告人は、所持品検査を拒否した。

　A部長は、被告人から聞いた氏名や生年月日を問い合わせた結果、覚せい剤取締法違反の犯罪歴があることが分かり、その態度から禁制品等を隠している疑いを持った上、被告人が仲間などに応援を求めている様子だったので、応援要請を実施した警察官らが到着した。すると、被告人は、所持していた黒色のバッグを抱きかかえながら身体の不調を訴えた上、近くに集まってきた者らに対し、助けを求めるような発言をした。そして、午後4時30分ころ、救急車が到着し、被告人はストレッチャーに乗せられて救急車に乗り、A部長らの警察官3名も救急車に同乗した。診察の間、A部長を含む5、6人の警察官が処置室の中に入って被告人の動向を監視した。被告人は、病院の中でも弁護士に電話する旨言ったが、A部長は、病院の中では携帯電話を使えないので、外で電話をしましょうなどと言って、外に出るように促した。

　その後、病院の診察も終わり、被告人は、黒色バッグの中に入っていた小物入れを取り出し、A部長が被告人の承諾の下に小物入れの中身を見ると、白色結晶入りのビニール袋4袋が入っていた。その白色結晶につき予試験を実施すると覚せい剤反応が出たため、被告人を覚せい剤所持の現行犯人として逮捕した。その後、被告人は警察署に連行され、そこで被告人が尿を任意に提出したため、これを検査したところ、覚せい剤成分が検出された。

　以上の経緯の中で、被告人は、病院で診察が終わった後、弁護士に電話をしようとしたら、警察官に携帯電話を取り上げられたり、スライドを閉じられたりして、電話をさせてもらえなかった旨の供述をしている（なお、この被告人

供述について、裁判所は信用性を否定することはできないとして、被告人が明示の意思を示して電話をかけようとしたのに、警察官がこれを妨害した事実を認定するのが相当である旨判断している）。

▶▶本件の争点

　職務質問及び所持品検査の際に、被告人が弁護士に電話をかけようとしたことを警察官が妨害する行為が、令状主義の精神を没却するような重大な違法にあたるか。

▶▶コメント

　職務質問及び所持品検査の際に、弁護士に対して電話をすることを妨害したことが弁護権侵害として重大な違法にあたるとした事例であり、違法収集証拠排除の一事例として参考となると思われる。

[33] 被告人が明確に拒絶していたにもかかわらず、実質的に無令状でウエストバッグの捜索を行い、これにより覚せい剤が発見されたので被告人を逮捕し、その後、違法な身柄拘束状態を利用して採尿手続を行ったとして、尿の鑑定書の証拠能力を否定し無罪を言い渡した事例

京都地方裁判所平成22年3月24日判決、LEX/DB文献番号25463373

▶▶判旨

　被告人が明確に拒否していたにもかかわらず、被告人が乗車していた車両の助手席に置いてあったウエストバッグのチャックを開け、その中に入っていた封筒を取り出して封筒の中に注射器が入っているのを確認した行為（1回目の所持品検査）は、捜索に類する行為であって違法である。
　被告人が明確に所持品検査を拒否する意思を示していたにもかかわらず、ウエストバッグの中から順次3個の封筒を取り出して中身を確認し、ウエストバッグ内のポーチのチャックを開け、さらにポーチの中にあった小銭入れのチャックを開けて覚せい剤を発見した行為（2回目の所持品検査）は、実質的には無令状で捜索をしたに等しく、違法の程度は重大である。
　2回目の所持品検査、現行犯逮捕及び採尿手続は、同一目的の下で実施され、

採尿手続は、一連の違法な手続きによりもたらされた状態を直接利用して行われたものである。尿の鑑定書の証拠能力を是認することにより、実質的に無令状の捜索といえる明らかに違法な所持品検査を利用した違法な身柄拘束状態下の採尿を結果的に追認することは、将来における違法な捜査を抑制するという見地からも相当でない。

▶▶事案の概要

　午前9時20分ころ、警ら中の警察官らは、飲食店の駐車場において、被告人が運転席に、もう1名が助手席に座っているのを発見し、職務質問を開始した。被告人は、名前や住所を述べ、覚せい剤関係の前科があると説明し、両腕の注射痕を示したが、注射痕は病院での点滴の痕であると述べた。被告人は、助手席の足もとに置いてあったウエストバッグについては、他人の物だから見せることはできないと言って断った。被告人が「もうええやろ。帰らせてくれ。暑い」などと言って車両のドアを開け、運転席に乗り込んだ際、警察官は、運転席ドアに手を入れて車両のキーを抜いた。

　午前10時34分ころ、警察官は、被告人が「やめろ、強制やぞ」と言って拒絶していたにも関わらず、ウエストバッグのチャックを開けて、中に入っていた多数の封筒のうち一番膨らんだ封筒の上半分をつまみ出し、開口部分を開いてのぞき、多数の注射器が入っているのを確認した（1回目の所持品検査）。

　午後1時6分ころ、被告人が「おまえ、そんなもん強制やんけ」、「わしは許可せんぞ」などと言って明確に拒絶していたにもかかわらず、警察官は、ウエストバッグの中から、1回目に中を見た封筒以外の封筒を1つ取り出しては中を確認して元に戻すことを繰り返し、合計3つの封筒の中身を確認した。さらにウエストバッグの中にあったポーチのチャックを開け、その中にあった小銭入れを取り出してそのチャックを開け、その中にあったチャック付きポリ袋入りの結晶粉末を取り出した（2回目の所持品検査）。

　発見した結晶粉末について、覚せい剤であることが判明したため、午後1時13分ころ、被告人を現行犯逮捕した。警察署で、被告人は尿を提出した。

▶▶本件の争点

　尿鑑定書の証拠能力の有無。

▶▶コメント

　所持品検査について、最判昭53・6・20（刑集32・4・670、判時896・

14、判タ366・152。米子銀行強盗事件）は、所持人による承諾のない所持品検査について、捜索に至らない程度の行為は、強制にわたらない限り許容される場合があるとして、所持品検査の必要性、緊急性、これによって害される個人の法益と保護されるべき公共の利益との権衡などを考慮し、具体的状況のもとで相当と認められる限度においてのみ許容される、と判示している。

　上記最判の事案は、猟銃及び登山用ナイフを使用しての銀行強盗事件発生後、深夜に自動車検問の現場を通りかかった車両の座席にアタッシュケースとボウリングバッグがあったので、乗員の承諾がないままボウリングバッグのチャックを開け、中身を一瞥したところ大量の紙幣が無造作に入っていることが発見され、次に、アタッシュケースをこじ開けたところ、被害銀行の帯封のある札束も見えたので、その場で緊急逮捕したというものである。同判例は、ボウリングバッグの開披は警職法2条1項の職務質問に付随する行為として許容されるとし、また、その時点で緊急逮捕の要件を満たしていたから、アタッシュケースの開披も逮捕の現場で時間的に接着してされた捜索手続と同一視し得るとして、アタッシュケース及び在中していた帯封の証拠の能力は否定されないとした。

　上記最判の事例について、警察官がボウリングバッグのチャックを開けて中身を見た行為が、捜索に至らない程度の強制にわたらない行為といえるのかは疑問もある。しかし、バッグの中に手を入れて内容物を取り出すことをしていなかったことからすれば、捜索には至っていないとみることも可能であり、また、施錠されていないバッグのチャックを開けて中身を一瞥したにすぎないことから、なお強制処分ではないみることも可能であると思われる。

　これに対し、本件の事案における1回目の所持品検査は、警察官がウエストバッグの中に手を入れて封筒の上半分をつまみ出し、封筒の中を確認するという行為に出たものであり、これを捜索にあたらないとすることは、さすがに不可能であろう。

　ところで、1回目の所持品検査が終了した時点で、仮に、緊急逮捕の要件が備わっていたとすれば、その時点で緊急逮捕を行い、逮捕に伴う捜索差押え（刑訴法220条1項2号）を行うことができた。しかし、1回目の所持品検査では、多数の注射器が発見されたのみであり、それだけで、その時点よりも前に覚せい剤を使用したという嫌疑が充分になっていたとはいえないし、また、注射器の所持と覚せい剤の所持とは直接結びつかないから、1回目の所持品検査が終了した時点で、覚せい剤自己使用罪ないし所持罪で緊急逮捕する要件を充足していたと解するのは難しい。それゆえ、現場の警察官も、1回目の所持

品検査終了後の時点で、被告人を緊急逮捕することはできなかったであろう。そうすると、現場の警察官としては、令状を請求するしかなかったものといえる。本判決は、1回目の所持品検査に「重大な」違法があったとは判示していないから、1回目の所持品検査終了後、捜索差押許可状の発付を得たうえでウエストバッグの捜索を行ったのであれば、そこで発見された覚せい剤や、尿鑑定書の証拠能力は否定されなかった可能性がある（最判昭53・9・7〔刑集32・6・1672、判時901・15、判タ369・125〕は、承諾なく上衣左側内ポケットに手を差し入れて所持品を取り出した警察官の行為につき、捜索に類する行為として違法であるとしたものの、所持品検査として許容される限度をわずかに超えたに過ぎないとして、発見された覚せい剤の証拠能力を肯定した）。

なお、警察官が運転席ドアに手を入れ、被告人が乗り込んだ車両のキーを抜いた行為は、職務質問を行うために停止させる方法として必要かつ相当な行為であるとして適法であるとしている。

[34] 任意同行後、被告人が退去の意思を強く示したにもかかわらず、取調室出入り口付近を大勢の警察官で立ちふさがって事実上退去を不可能にするなど、長時間にわたり違法に留め置き、逮捕後、無令状で身体検査を行い、強制採尿令状請求の際には、注射痕が存在しなかったことを隠していたという一連の捜査過程には、令状主義の精神を没却する重大な違法があったとし、尿鑑定書の証拠能力を否定して、覚せい剤取締法違反について無罪を言い渡した事例

松山地方裁判所平成22年7月23日判決、判例タイムズ1388号375頁

▶▶判旨

任意同行後、被告人が退去の意思を強く示したにもかかわらず、取調室出入口付近を大勢の警察官で立ちふさがって事実上退去を不可能にするなど、長時間にわたり違法に留め置き、逮捕後、身体捜検に名を借り、被告人が拒否しているにもかかわらず、無令状での身体検査を行い、これにより注射痕がないことが確認されたにもかかわらず、強制採尿令状請求の際にこれを殊更に隠してその発付を得たのであって、このような強制採尿に至る一連の捜査過程には、

令状主義の精神を没却する重大な違法があったと評価せざるを得ず、このような捜査を許容することは、将来における違法捜査の抑制の見地からも相当ではない。

▶事案の概要
　警察官らは、午前0時30分ころ、被告人方マンションに赴き、同マンション駐車場において、被告人らを発見し、任意同行を求めた。被告人らは任意同行に応じ、午前1時5分ころ警察署に到着し、事情聴取が開始された。被告人は午前3時35分ころから午後0時51分ころまでの間、95回にわたり、母親等との発信・通話を繰り返した。午前4時8分ころ、被告人は、帰らせろと言って立ち上がったが、警察官が取調室の出入り口付近に立ちふさがった。被告人は、その様子を携帯電話で動画撮影し、「警察官に囲まれて返してくれません」などと言った。被告人は、動画撮影後も、3、4回ほど「帰らせろ」といって怒鳴り、出入り口に向かって歩き出すことがあったが、警察官によって阻止された。同日、午後2時ころ、逮捕状が発付され、午後2時33分、被告人に対し逮捕状が執行されたが、その際に身体捜検は実施されなかった。

　午後4時前頃、被告人に身体捜検を行う旨告げたところ、被告人は取調室内の机の下に入り込んでその脚を両腕で抱え込み、腹這いのような姿勢になって抵抗の姿勢を示した。警察官らは被告人の腕を掴んで注射痕を確認したが、注射痕は認められなかった。午後7時ころ、松山地方裁判所に対し、被告人の尿の捜索差押許可状請求を行ったが、請求書類には、「両腕の確認に至っていない」との、客観的に判明した事実に反する記載がなされていた。

▶本件の争点
　警察官らが被告人を警察署に留め置いた行為及び被告人の注射痕の有無を確認した行為には、令状主義を没却するような重大な違法があるものとして、被告人の尿につき作成された鑑定書の証拠能力が否定されるか。

▶コメント
　被告人は、覚せい剤取締法違反、暴力行為等処罰に関する法律違反及び傷害で起訴され、後二者については有罪とされた（懲役1年10月）が、覚せい剤取締法違反の点については無罪とされた。

　被告人は、任意同行後の事情聴取中に、警察官がドア付近に立ちふさがっていた様子を動画に撮影し、また、母親等へ電話していた。これは、被告人の意

思に反した留め置きであったことを示す証拠・事情になったものと思われる。

身体捜検については、任意同行後相当の時間が経過した後になされたものであること、被告人に対して注射痕があるかどうかを確認させるよう求めて拒否された後に行われたものであること、写真撮影は両腕の注射痕の有無に関するもののみが行なわれていることなどから、逮捕に伴う安全確保のため警職法上認められた身体捜検ではなく、これに名を借りた注射痕の有無を確認するための捜査目的の身体検査であったと認定されている。

本件は、留め置きが長時間に及んでいること、無令状の身体検査が行われたこと、強制採尿令状を請求する際に虚偽記載がなされていたことを総合的に考慮し、結論として尿鑑定書の証拠能力を否定したものであるが、諸事情を総合的に考慮して証拠能力を否定した一事例として、参考になると思われる。

[35] 必要性・緊急性が存在しなかったにもかかわらず無人の車両を違法に捜索し、それにより覚せい剤を発見したことを端緒として被告人に職務質問し、緊急逮捕の要件がないにもかかわらず被告人を実質的に逮捕したとして、警察官の態度も併せて考慮し、一連の手続の違法の程度は令状主義の精神を潜脱し没却するような重大なものであると評価し、尿鑑定書の証拠能力を否定して無罪を言い渡した事例

横浜地方裁判所平成23年3月8日判決、LEX/DB文献番号2547354

▶▶判旨

本件捜査手続には、令状なくして、かつ、立会人なく車両を捜索したという違法、及び、被告人を令状なくして実質的に逮捕したという違法がある。警察官らは、無人の車両を捜索すべき必要性・緊急性は何ら存在しないにもかかわらず、車両を捜索し、違法な捜索により覚せい剤を発見したことを端緒として被告人に職務質問をし、緊急逮捕の要件がないにもかかわらず被告人を実質的に逮捕したものであるから、この実質的な逮捕は捜索の違法を引き継ぐものであり、かつ、逮捕自体の違法も大きい。加えて、警察官らは、1回目の検索の違法を糊塗するため、2回目の検索を行った上、内容虚偽の現行犯人逮捕手続書を作成し、更には、公判廷において事実と反する証言をした。このような本

件捜査の違法の重大性、及び本件の経緯全体を通して現れた警察官の態度を総合的に考慮すれば、1回目の検索から実質的な逮捕までの手続の違法の程度は、令状主義の精神を潜脱し、没却するような重大なものと評価すべきである。

▶▶事案の概要

　警察官は、午前1時53分ころ、ハッチバックドアを全開にしたまま運転者がどこかに行ってしまい車両が置き去りにされているとの110番通報を受け、午前2時6分ころ現場の駐車場に到着して車両内部を検索して、運転席ドア内側サイドポケット内の黒色ポーチのファスナーを開けて、注射器数本と覚せい剤様の粉末が入ったファスナー付きビニール袋数枚が入っていたのを発見した（1回目の検索）。午前3時15分ころ、駐車場に戻ってきた被告人に警察官が声をかけたところ、被告人が逃げ出したのでその左肩と右手首をつかみ、被告人の右手を後ろ手にしたまま職務質問を開始し、捜査車両の方に移動して、乗車を拒む被告人を10分ほど説得し、最終的に、被告人の同意を得ないまま、車内から被告人を引っ張り上げて被告人を席に座らせた。午前4時30分ころ、覚せい剤予試験の準備等をした刑事課の警察官が到着した後、被告人の立会いのもとで車内を検索し、運転席ドアのドアポケット内に入っていたポーチを開けて覚せい剤を発見し（2回目の検索）、被告人を現行犯逮捕して、午前5時30分に警察署に引致した。被告人は、激しい上背部の痛みを訴えたが、2回病院に行った後に尿を提出し、覚せい剤成分が検出された。

　現行犯人逮捕手続書には、110番通報を受けて本件駐車場に到着した直後に車両の検索を行った旨の記載は一切なく、覚せい剤は刑事課の警察官が到着した後に発見されたなど、内容虚偽の記載がされていた。

▶▶本件の争点

　捜査官の行為に令状主義の精神を没却する重大な違法があり、尿の鑑定書等は違法な捜査に密接に関連するものとして証拠能力が否定されるか。

▶▶コメント

　本件については、季刊刑事弁護69号（2012年）20頁以下に主任弁護人が寄稿しており、（検察官請求証拠ではなかった）現行犯人逮捕手続書の開示を受けたのが大きかった旨の指摘がある。現行犯人逮捕手続書には、覚せい剤等の発見が2回目の検索によるものであると記載されており、1回目の検索の存在が秘匿されていたことが明らかになった。

捜査官が事実を隠匿していた場合、捜査官に違法性の認識があったはずであるとの推論が成り立つことは多いと考えられる。

[36] 覚せい剤自己使用の事案において、採尿までの警察官の取調べ、被告人の取調室待機、警察官の説得という捜査手続や取扱いはそれぞれ違法なものであり、警察官は、これらの違法や捜査手続、取扱いによる影響の累積によって、被告人が自己の意思に基づいて尿の提出に応じるかどうか判断することを著しく困難にし、最終的にこれを承諾するに至らせたものであり、この一連の捜査過程には令状主義の精神を没却する重大な違法があるとして、被告人の尿の鑑定書等の証拠能力を否定し、これらの証拠請求を却下した事例

東京地方裁判所平成23年3月15日決定、判例時報2114号140頁、判例タイムズ1356号247頁

▶▶判旨

　被告人の失禁について本件警察官らの措置に違法な点はないが、職務質問の現場等で警察官が被告人にトイレを我慢するように言ったために被告人が失禁したのは事実である。その被告人に対して、G警察官は、尿の提出に応じなければ、再び失禁することになるという心理的圧迫を加えて、違法に提出を迫った。さらに、本件警察官らは、留置施設の収容まで時間があったことから、体調不良の被告人に対し、その体調に配慮した措置をとらないまま、未明の取調室に5時間余りも待機させるという、違法な取扱いをした。最後に、F警察官は、G警察官の取調べによって上記のような心理的圧迫を受けていた被告人に対し、やはり体調不良に対する配慮もないまま、強制採尿令状の審査を先取りする発言も交えて違法に尿の提出を迫り、その承諾を得た。

　このように、本件採尿までのG警察官の取調べ、被告人の取調室待機、F警察官の説得という捜査手続や取扱いはそれぞれ違法なものであった。本件採尿手続に関与した警察官らは、これらの違法な捜査手続、取扱いによる影響の累積によって、被告人をして、自己の意思に基づいて尿の提出に応じるかどうか判断することを著しく困難にし、最終的にこれを承諾するに至らせたもので

ある。この一連の捜査過程には令状主義の精神を没却する重大な違法があり、違法捜査抑制の見地からも、その結果得られた尿に係る本件鑑定書等の証拠能力を否定すべきである（なお、それぞれの違法な手続、取扱いは必ずしも各警察官が明確な意思連絡のもとに行ったものではないが、そのことを理由に証拠能力を肯定すべきではない）。

▶▶事案の概要

　被告人（女性）は、平成21年9月5日午後9時40分ころ東京都豊島区内で警察官から停止を求められ、同日午後9時50分ころ現場に到着した応援の警察官による所持品検査を受けた。被告人は所持品検査が始まる前に「トイレに行かせてほしい」旨を申し出たが、警察官がこれを認めない趣旨の発言をし、現場ではトイレに行かなかった。

　その後、被告人の所持品から覚せい剤が検出されたことから、同日午後10時31分に被告人は覚せい剤所持の現行犯人として逮捕された。引致のため池袋署に向けて出発する前や出発後のパトカーの車内で被告人は「トイレに行きたい」等と言ったが、「署に着くまでもう少し待ってくれ」と言われ、被告人が「漏れそうだ」と言うと、パトカーは緊急走行に切り替え池袋署に到着した。

　被告人は正面玄関前でパトカーを降りると「漏れる」と言ってその場でしゃがみこんだため、D警察官（女性）およびG警察官が被告人を抱えるようにして1階女子トイレに連れて行くと、被告人はトイレの入り口、さらに洗面台の前でもしゃがみこみ、しばらくするとその場で失禁した。

　D警察官らは、被告人にズボンとパンツを着替えさせた上、同日午後11時20分に被告人を引致した。引き続き、G警察官が7階取調室で被告人の弁解録取と取調べを行い、翌6日午前0時40分までの間に、調書を3通作成した。その後、被告人の指紋採取や写真撮影が行われた。

　被告人は、指紋採取等の後も7階取調室に留め置かれていたが、その後、警察官に対し、排尿したい旨を申し出た。これを知ったF警察官が被告人に検査のための尿の提出を求めると、被告人は同警察官から採尿容器を受け取り、D警察官の立会いの下、いったんこれに自己の尿を入れた（1回目の採尿）。しかし、被告人はその尿を流して捨てたため、尿の鑑定には至らなかった。

　被告人は板橋区の●●大学医学部附属病院で同日午前2時35分から45分ころの間に皮膚の診察を受けた。このときの検温で被告人の体温は37.5度であった。

　被告人は、同日午前3時半ころまでに池袋警察署に戻ったが、午前9時30

分に西が丘分室（女子の留置施設）に収容されることになっていたため、出発するまで7階取調室で待機することになった。被告人は、D警察官の監視の下、腰縄の付いた状態で床に横たわったりしていた。

同日朝方になって、F警察官が7階取調室に入り、任意に尿を出すよう被告人の説得を始めた。その結果、被告人は尿の提出を承諾し、同日午前8時57分、F及びD警察官の立会いの下で本件採尿手続が行われた（2回目の採尿）。

なお、公訴事実は「被告人は、法定の除外事由がないのに、平成21年8月中旬ころから同年9月5日までの間に、東京都内又はその周辺において、覚せい剤……若干量を自己の身体に摂取し、持って覚せい剤を使用した」というものであった。

▶▶本件の争点
尿鑑定書の証拠能力。

▶▶コメント
尿の提出に至る経緯については、被告人の供述（何度も執拗に提出を求められた）と警察官らの証言（G警察官は「尿の提出を求めたことはない」、F警察官は尿「の提出を『促した』にすぎない」）に齟齬がある。本判決は、双方の主張と客観的事実を詳細に検討したうえで、警察官の証言には疑問があるとして、この点に関する被告人の主張を概ね認めて採尿手続を違法としており、実務上も参考になる。

---

[37]　覚せい剤自己使用の事案において、軽犯罪法違反による現行犯逮捕は犯罪の明白性を欠くのみならず、覚せい剤取締法違反の捜査目的で行われた令状主義の精神を没却する違法なものであることから、被告人の尿の鑑定書には証拠能力が認められないとして無罪を言い渡した事例

福岡地方裁判所小倉支部平成24年1月5日判決、LEX/DB文献番号25480157

▶▶判旨
〈1〉本件逮捕の違法性

軽犯罪法1条2号の「正当な理由」とは、刃物を隠匿携帯することが、職務上又は日常生活上の必要性から、社会通念上相当と認められる場合をいい、これに該当するか否かは、刃物の用途や形状・性能、隠匿携帯した者の職業や日常生活との関係、隠匿携帯の日時・場所、態様及び周囲の状況等の客観的要素と、隠匿携帯の動機、目的、認識等の主観的要素とを総合的に勘案して判断される（最一判平21・3・26刑集63・3・265〔最高裁判所平成20年（あ）第1518号〕参照）。
　……本件逮捕時に判明していた事情だけをみても、被告人は、本件ミニカッターを日用品としてショルダーバッグに入れて携帯していたとも考えられ、本件ミニカッターの携帯が社会通念上相当な行為でないことが明白であったとは認められない。
　……B警察官は、被告人に対し、覚せい剤取締法違反（使用）の嫌疑を高め、強制捜査の必要性を認めたが、職務質問の時点では、覚せい剤取締法違反の事実で直ちに被告人の身柄を拘束するだけの根拠を持たないために、本件ミニカッターの携帯という軽犯罪法違反による現行犯人逮捕という形式を利用し、現行犯人逮捕に伴って無令状で被告人の自動車の車内を捜索したり、被告人を小倉北署に引致して、強制採尿令状を請求・執行するために、その身柄を確保したりするなど覚せい剤取締法違反の捜査を行う目的で本件逮捕に踏み切ったものと認められる。
　そうすると、本件逮捕は、実質的にみて、令状によらずに覚せい剤使用の嫌疑で逮捕したものであって、令状主義の精神を没却する重大な違法があるというべきである。
〈2〉本件鑑定書の証拠能力
　……被告人が小倉北署に引致された後、覚せい剤取締法違反の嫌疑があることを引き継いだ薬物銃器係の警察官は、強制採尿令状の請求手続を励行し、本件採尿令状の発付やその執行について軽犯罪法違反の捜査を担当する生活安全捜査係の警察官らと連携した上で、釈放後も軽犯罪法違反の任意取調のために小倉北署から退去できず、取調室に留め置かれたままの被告人に対し、その取調終了後直ちに本件採尿令状を執行して被告人の尿を差し押さえた。このような経過からすれば、本件の被告人の尿の差押えは、本件の違法逮捕と同一の目的のもとにその目的を実現したものであり、かつ、違法逮捕の結果を利用して行われたものというべきである。そして、このような差押えによって得られた尿の鑑定書も、違法な逮捕によって得られた証拠として違法な証拠と評価せざる得ないことになる。

仮にこのような違法逮捕を利用して得られた証拠である本件鑑定書を証拠として許容することになれば……本件逮捕と同様の別件逮捕を助長するおそれがある。そうすると、本件鑑定書を許容することは、将来における違法捜査を抑制する観点から相当でなく、本件鑑定書の証拠能力を否定すべきである。

▶▶事案の概要

　B警察官は、平成21年1月19日午前4時6分ころ、被告人に対し職務質問を開始したところ、被告人に覚せい剤使用者に特有の風貌や挙動が見られたことや、被告人の前科等から、被告人に対する覚せい剤使用の嫌疑を抱いたが、被告人が任意同行や自動車内の検索を拒否したことから、被告人をミニカッターの不法携帯の事実で現行犯逮捕し、まず自動車内を捜索した。

　その後、被告人は警察署に引致され、弁解録取後に尿の任意提出を求められたが、これも拒否した。そこで薬物銃器係の警察官は裁判所に対し捜索差押許可状（強制採尿令状）を請求し、午後0時10分頃に令状が発付された。

　被告人は、取調べにおいて本件ミニカッター携帯の事実を認めたこと等から、午後1時53分には釈放されたが、その後も午後2時20分から午後4時33分まで軽犯罪法違反に関する任意の聴取が行われ、調書2通が作成された。

　被告人の取調べを終了したとの連絡を受けた薬物銃器係の警察官は、取調室内で強制採尿令状を示し、尿を提出させたうえで差し押さえた。この尿を鑑定した結果、尿中に覚せい剤成分の含有が確認され、その鑑定結果が本件鑑定書に記載された。

　これに基づき「被告人は、法定の除外事由がないのに、平成23年1月14日頃、北九州市小倉南区内において、覚せい剤……若干量を含有する水溶液を自己の身体に注射した」という公訴事実で起訴された。

▶▶本件の争点

　尿鑑定書の証拠能力。

▶▶コメント

　本件では、警察官は、職務質問の開始直後に行われた所持品検査で、被告人から本件ミニカッターの提示を受けたが、刃体の長さを計測することなくいったん被告人に返還している。その後被告人の腕から注射痕が見つかったが、被告人が任意同行や自動車内の検索に応じなかったことから、再度ミニカッターを提示させて刃体の長さを計測したうえで、被告人を軽犯罪法違反で現行犯逮

捕している。本判決はこのような経過も考慮し、軽犯罪法違反での逮捕が覚せい剤取締法違反の捜査を目的とした違法な別件逮捕と認定している。

また、本件では、採尿手続自体は、釈放後の任意の取り調べの終了後に行われており、違法な身体拘束下で行われたものではない。しかし、違法な別件逮捕がなければ、そもそも被告人が任意捜査の名目で警察署に留め置かれる事態は生じなかったこと、取調担当警察官と薬物銃器係の警察官が本件採尿令状の円滑な執行のために相互に連絡をとっており、被告人が退去しようとすれば即座に本件採尿令状が執行されていたと考えられること等から、本件採尿は、本件逮捕と同一の目的のもとにその目的を実現したものであり、かつ、本件逮捕によって実現された被告人の身柄の確保という結果を直接利用して行われたものと評価している。

[38] 覚せい剤自己使用の事案において、被告人に対する所持品検査には令状主義の精神を潜脱し、没却するような重大な違法があるとして、被告人の尿の鑑定書の証拠能力を否定し、無罪を言い渡した事例

東京地方裁判所平成24年2月27日判決、判例タイムズ1381号251頁

▶▶判旨

関係証拠によれば、被告人からの採尿手続自体は、適法に発付された強制採尿令状に基づき、適正に行われたものと認められる。しかしながら、同強制採尿令状は、上記のとおり、令状主義の精神を潜脱し、没却する程度に違法な所持品検査によって知り得た事実（水溶液入り容器及び針のない注射器の存在）を端緒として発付されているというだけでなく、違法な所持品検査の実態を殊更に隠した取扱状況報告書等を疎明資料とする令状請求によって、所持品検査の適法性についての司法審査を免れたまま発付されたものである。同令状に基づいて採取された尿及びその鑑定書等の証拠に証拠能力を認めることは、将来の違法捜査抑制の観点からも、司法の廉潔性確保の観点からも相当でないというべきである。

▶▶事案の概要

本件公訴事実は、被告人が覚せい剤を自己使用したというものである。

弁護人は、被告人及びその鑑定書は、令状主義を没却する違法な所持品検査等で得られた資料に基づいて取得された強制採尿令状によって得られたものであり、違法収集証拠として排除されなければならないから、本件公訴事実は立証されておらず、被告人は無罪である旨主張した。

　裁判所は、まず、被告人がポーチを取り出して警察官に差し出した経緯に関する警察官らの供述について、供述内容が不自然で曖昧であること、他の警察官の供述と矛盾していること、ポーチ提出直前の被告人の発言と整合しないことなどから、その信用性を否定した。

　次に、裁判所は、被告人に対する所持品検査の適法性及びそれが鑑定書等の証拠能力に与える影響について検討し、前記判旨記載のとおり、鑑定書等の証拠能力を否定し、被告人に無罪を言い渡した。

▶▶本件の争点

　違法な所持品検査等で得られた強制採尿令状によって得られた被告人の尿の鑑定書等につき、違法収集証拠として証拠能力が否定されるか否か。

▶▶コメント

　本件は、被告人の尿の鑑定書等が違法収集証拠であるとして証拠能力が否定された事例である。

　本件では所持品検査の経緯に関する事実関係に争いがあるところ、本判決は、警察官らの供述の信用性を厳しく吟味したうえでそれを否定しており、同種事案において警察官の供述の信用性を争う場合に参考になるものと思われる。

　また、本判決は、強制採尿令状が違法な所持品検査によって知り得た事実を端緒として発付されていることに加え、違法な所持品検査の実態を殊更に隠した資料を疎明資料とする令状請求によって発付されたものであることを根拠に、被告人の尿の鑑定書につき違法収集証拠として証拠能力を否定しているが、妥当な判断といえよう。

[39] 被告人方を捜索中、被告人が弁護士に連絡させてほしいと言ったのを警察官が制止したとしても、弁護人依頼権を侵害したものとはいえず、強制採尿令状の執行中、警察官が被告人の所持していた携帯電話を取り上げ、被告人からの返還要求を拒んだ行為は違法であるが、違法の程度が重大であるとはいえないとして、その後に採取された被告人の尿に関する鑑定書の証拠能力を肯定した事例

福岡高等裁判所平成24年5月16日判決、LEX/DB文献番号25333756
(原審:福岡地方裁判所小倉支部平成23年3月8日判決、LEX/DB文献番号25482129)

▶▶判旨

　警察官らが、被告人が携帯電話機で外部の者と通話することを許せば暴力団関係者が被告人方に押しかけてきて捜索を妨害する行為に出る可能性があると判断したことには相当の理由があり、捜索中に、携帯電話機で通話しようとした被告人を制止した警察官らの行為は、刑事訴訟法111条1項の「必要な処分」として許される。被告人は、警察官によって制止された後、それ以上弁護士に連絡させてほしいとの申し出をしていなかったのであり、被告人の弁護人依頼権が侵害されたとはいえない。

　採尿令状の執行中に、捜査用車両内において、警察官が強制力を用いて被告人から携帯電話機を取り上げた行為や、被告人から携帯電話機の返還を要求されたのに、被告人の意思に反して強制的に携帯電話機の占有を保持し続けようとした行為は、本件の事案の下では、必要最小限度の方法によったものとはいえず、刑事訴訟法111条1項の「必要な処分」に当たらず違法である。

　警察官らが被告人の携帯電話機を保管していたのは、捜査用車両が病院に到着して診察室内で返還されるまでの間、多く見積もっても40分程度であり、警察官らの行為は、被告人が暴力団関係者を呼び寄せて強制採尿令状の円滑な執行を妨害するのを防止する必要に出たものであり、その手段がやや行き過ぎたに過ぎなかったことからすると、重大な違法があったとはいえず、警察官らに令状主義を没却する意思があったともいえない。

　捜査車両から診察室前まで被告人を連行した行為は、強制採尿令状を執行するための必要最小限度の有形力行使として、違法ではない(最判平6・9・

16刑集48・6・420参照)。

　強制採尿後、簡易鑑定の結果が出る前に被告人が帰ろうとしたのを制止した行為は、強制採尿令状の執行は終了していたものの、警察官は被告人に対する説得行為に出たにすぎないし、その後被告人が緊急逮捕されるまで3分程度しかなかったことからして、違法であるとはいえない。

▶▶事案の概要

　警察官が、暴力団組員である被告人の住居の捜索を実施した際、被告人が携帯電話を取り出して「弁護士ならいいやろ。弁護士に連絡させてくれ」などと言いながら弁護士と連絡をしようというそぶりをしたのに対し、警察官は、「弁護士と言いよるけど、そっちが連絡するのが本当に弁護士なのか、こっちにはわからんやろうが」などと言って制止したところ、被告人は納得した様子で電話を取り扱うのをやめた。

　強制採尿令状の発付を受けた後、病院まで移動する捜査車両の中で、被告人が携帯電話を出して連絡しそうになったので、警察官は、携帯電話を被告人から取り上げた。

　病院についた後、被告人が捜査車両から降りようとしなかったので、警察官2名が被告人の両腕を掴んで引っ張り、別の警察官が被告人の腰辺りをもって、被告人を捜査用車両から降ろし、診察室前の廊下の椅子まで連行した。診察室内で、被告人が「携帯電話を返せ」などと興奮して大声を張り上げていたのに対し、警察官は「連絡はできない。電池を外したらいい」と述べて、被告人に携帯電話を渡し、被告人に電池を外させた。

　医師がカテーテルを使って被告人の尿を採取した後、7分くらい経過したところで、被告人は立ち上がり、「もう俺は帰る」と言ったが、警察官が被告人の前にたちはだかり、「検査結果は見らんといかんよ」などと言って説得したところ、被告人は無言でベンチに座った。その後、陽性の結果が出たので、警察官は被告人を緊急逮捕した。

▶▶本件の争点

　捜査手続きに、尿鑑定書の証拠能力を否定するような重大な違法があったか。

▶▶コメント

　本判決は、強制採尿令状の執行中に被告人の携帯電話を取り上げ、返還要求

に応じなかった点について、違法であるとしたものの、重大な違法ではないとした。この判断には、被告人が暴力団員であり、当該暴力団の関係者によって捜査を妨害される危険性が高かったという具体的事情が考慮されている。

なお、原判決は、「捜査段階における被疑者の立場に立つ者にとって、資格を有する弁護士に依頼して適切な助言や指導を受けることは、基本的で重要な権利である」と判示し、尿鑑定書の証拠能力を否定して無罪を言い渡していた。これは、弁護人依頼権の重要性を重視した判断であったといえる。

一審と二審で判断が分かれており、本件は、弁護人依頼権の侵害と証拠能力との関係について、参考になる事例であると思われる。

[40] 覚せい剤自己使用の事案において、被告人に対する暴行の現行犯逮捕は、現行犯逮捕自体として違法であるだけでなく、別件逮捕としても違法であって、その違法の程度は、令状主義の精神を没却する重大な違法に該当するから、その逮捕による身体拘束を利用して得られた尿の鑑定書には証拠能力は認められないとして無罪を言い渡した事例

京都地方裁判所平成24年6月7日判決、LEX/DB文献番号25482152

▶▶判旨

暴行による現行犯逮捕は、現行犯逮捕自体として違法であるだけでなく、別件逮捕としても違法であって、その違法の程度は、令状主義の精神を没却する重大な違法に該当するというべきである。

また、被告人が尿を任意提出したのは、被告人の述べるように、暴行で逮捕された状態では採尿はやむを得ないと考えたからであると認められるのであって、被告人の任意採尿手続は、その違法な逮捕と同一の目的で、その逮捕による身体拘束を利用して行われたものというべきであるから、このようにして得られた尿の鑑定書も、違法な逮捕によって得られた違法な証拠と評価すべきである。

そして、このような鑑定書の証拠能力を許容することは、本件と同様の違法な逮捕を助長するおそれがあるというべきであり、将来における違法捜査抑制の見地から相当ではないから、その証拠能力を否定すべきである。

▶▶事案の概要

　本件公訴事実は、被告人が覚せい剤を自己使用したというものである。
　弁護人は、警察官が被告人を暴行罪の被疑事実で現行犯逮捕したことについて、被告人の行為には正当防衛が成立するので逮捕の理由がなく、逮捕の必要性も欠き、更に別件逮捕にあたる違法な身体拘束であって、その身体拘束中に本件覚せい剤取締法違反の捜査として行われた被告人の任意採尿手続には重大な違法があるから、その尿の鑑定書は違法収集証拠又はその派生証拠であって証拠能力を欠いている旨主張した。
　裁判所は、①警察官は、被告人の行為について正当防衛が成立するとの疑いが認められる積極的な事情を認識していたと認められるから、現行犯人の要件である犯罪の明白性があったとは認められず、逮捕の必要性の有無について検討するまでもなく、その逮捕は違法であった、②暴行による現行犯逮捕の必要性は乏しかったといえること、被告人の述べる警察官の採尿に向けた発言、暴行及び覚せい剤事犯の実際の捜査状況を総合すると、捜査機関の関心は、覚せい剤事犯の捜査にあったことが優に認められ、そして、暴行による現行犯逮捕の時点では、覚せい剤事犯で逮捕するだけの嫌疑が不十分であったことから、別件での逮捕を利用したものといえるのであって、別件逮捕として違法であるとしたうえ、上記判旨のとおり、尿の鑑定書の証拠能力を否定し、被告人に無罪を言い渡した。

▶▶本件の争点

　暴行罪による現行犯逮捕によって得られた被告人の尿の鑑定書につき、違法収集証拠として証拠能力が否定されるか否か。

▶▶コメント

　本件は、被告人の尿の鑑定書が違法収集証拠であるとして証拠能力が否定された事例である。
　現行犯逮捕をするためには犯罪及び犯人の明白性が必要であるところ、本判決は、警察官が被告人の行為について正当防衛が成立するとの疑いが認められる積極的な事情を認識していたことを理由に、被告人に対する現行犯逮捕は違法であると判示した。また、本判決は、暴行による現行犯逮捕が主として覚せい剤事犯の捜査のために行われた別件逮捕であったかについては、暴行による現行犯逮捕の必要性の有無、暴行及び覚せい剤事犯の捜査状況等、捜査経緯の全体を総合して合理的に判断する必要があるとしたうえで、前記「事案の概要」

②記載のとおり、暴行による現行犯逮捕は別件逮捕として違法であると判示した。

別件により現行犯逮捕された被疑者に対して尿検査等が行われ、当該尿検査等の結果に基づいて覚せい剤事犯で逮捕されるに至る事案はめずらしくなく、本判決は、このような事案において現行犯逮捕や別件逮捕の違法性を争う場合の参考になるものと思われる。

[41] 警察官が被告人に対し、捜索差押えや逮捕をしないと虚偽の約束をした上で、覚せい剤の隠し場所を聞き出した事案において、被告人供述のみならず、それと密接不可分の関連性を有する第二次証拠である覚せい剤、鑑定書等も違法収集証拠として排除し、原判決を破棄し、被告人を無罪とした事例

東京高等裁判所平成25年7月23日判決、判例時報2201号141頁

▶▶判旨

問題の被告人供述を引き出したB警部補の一連の発言は、利益誘導的であり、しかも、少なくとも結果的には虚偽の約束であって、発言をした際のB警部補らの取調べ自体、被告人の黙秘権を侵害する違法なものといわざるを得ず、問題の被告人供述が任意性を欠いていることは明らかである。

本件覚せい剤は、問題の被告人供述を枢要な疎明資料として発付された捜索差押供述に基づき、いわば狙い撃ち的に差し押さえられており、原判決の覚せい剤所持の事実に関する証拠の標目に掲げられた証拠は、いずれも問題の被告人供述と密接不可分な関連性を有すると評価すべきであり、捜査官が利益誘導的かつ虚偽の約束をしたこと自体、放置できない重大な違法がある。

捜査官らは、少なくとも、被告人との本件覚せい剤のありかを巡るやり取りの最中には、自分達の発言が利益誘導に当たり、結果的には虚偽になる可能性が高いことは、捜査官として十分に認識できたはずである。

B警部補らの違法な取調べにより直接得られた、第一次的証拠である問題の被告人供述のみならず、それと密接不可分の関連性を有する、第二次的証拠である本件覚せい剤、鑑定嘱託書、鑑定書及び捜索差押調書をも違法収集証拠として排除しなければ、令状主義の精神が没却され、将来における違法捜査抑制

の見地からも相当でないというべきであり、違法収集証拠として排除されるべきである。

▶▶事案の概要

　覚せい剤使用の被疑事実で逮捕した被告人方を捜索したものの覚せい剤を発見できなかった捜査官が、取り調べの際、覚せい剤所持では逮捕も家宅捜索もしない、ここだけの話にするから教えてくれないかなどとの説得を何回か繰り返したところ、被告人は、当初は覚せい剤のありかを答えることを拒絶していたが、最終的には、被告人方の覚せい剤の隠し場所を自白するに至り、捜査官が、この自白に基づき改めて被告人方を捜索し、覚せい剤を発見、押収した事案である。

▶▶本件の争点

　①違法な取り調べの第一次的証拠である被告人供述の証拠能力。
　②違法な取り調べの第二次的証拠である覚せい剤、鑑定嘱託書、鑑定書及び捜索差押調書の証拠能力。

▶▶コメント

　原判決は、捜査官の取調べが被告人の供述の自由を奪うもので、黙秘権を侵害する違法なものであるなどとして、被告人供述の任意性を否定したが、問題の被告人供述がなされた取り調べの時間が長くて1時間半程度であり、暴行や脅迫も用いられておらず、違法性の程度は高くないうえ、事案の重大性、証拠の必要不可欠性等一切の事情を併せて考えると、捜索差押手続に令状主義の趣旨を潜脱するよう重大な違法があるとは認められず、将来における違法捜査抑止の観点から証拠排除することが相当ともいえないとして、第二次的証拠である覚せい剤や鑑定書等の関連証拠には証拠能力があると判示した。
　これに対し、本判決は、捜査官の一連の発言が利益誘導的であり、結果的に虚偽の約束をするものであったなどとして、本件取調べが黙秘権を侵害する違法なものであると評価し、違法な取り調べによって直接得られた被告人供述の証拠能力を否定した（争点①）。
　そして、本判決は、覚せい剤が被告人供述を枢要な疎明資料として発付された捜索差押令状に基づき、いわば狙い撃ち的に差し押さえられていることを踏まえたうえで、被告人供述と本件覚せい剤とが「密接不可分な関連性を有する」と評価し、結論として、覚せい剤及び鑑定書等の証拠能力を否定した（争点②）。

このように、本判決は、具体的事案との関係において、違法収集証拠排除法則を適用し、違法な取調べによる自白及びそれに基づいて獲得された覚せい剤等の証拠能力を否定した事例として位置づけられる。

[42] 覚せい剤使用の事案において、捜索時に、被告人に対する逮捕状は発付されておらず、現行犯逮捕や緊急逮捕の要件もないのに、警察官が被告人に対し、被告人が頭部等から出血するほどの暴力を振るい、実質的に被告人を逮捕した違法は令状主義を没却する重大なものと言わざるを得ないとして、尿の提出、領置、鑑定の関係の各書証の証拠能力を否定し、無罪の言渡しをした事例

静岡地方裁判所平成25年11月22日判決、LEX/DB文献番号25502392

▶▶判旨

本件捜索時、被告人は、警察官から、チェーンカッターでほぼいきなり頭部等を殴られるという強度な暴力を受け出血したことは明らかである。そのような捜査は、強度な違法性を帯びており、その後の手続にも強い影響を及ぼすものである。そして、その後も任意同行という形ではあるものの、病院に行きたいとの被告人の意向を無視して従わざるを得ないような状況下で警察署へ連れてきた。その後も取調室に入れ、被告人が寝ていた時間はあるものの、尿の提出を促していたと見ざるを得ない。

このような一連の事態の経過を見ると、被告人は、実質的に違法な身柄拘束（逮捕）の中で、尿を提出したものであり、その尿及びこれに関連する証拠は違法な捜査によって収集された証拠というべきである。そしてその違法は令状主義を没却する重大なもので到底看過できるものではなく、将来の違法捜査抑制の観点からも、司法の廉潔性保持の観点からもそれらの証拠の証拠能力を認めることは相当でないから、既に取り調べたこれらの証拠については証拠排除する。

▶▶事案の概要

覚せい剤の自己使用の事案である。

弁護人は、本件で行われた捜索の際に警察官が被告人に対し暴力を振るい、

その後警察署へ同行したことは実質的には逮捕であり、警察署でも、弁護人選任権行使を妨害して被告人に対する取調べが行われ、最終的に任意提出の名の下に被告人に尿を強制的に提出させたとして、検察官が証拠請求している鑑定書等は違法な捜査の結果採取されたものであるから、証拠排除されるべきであると主張した。

裁判所は、警察官らが被告人の内妻からの通報を受け、捜索差押許可状を得て内妻方に赴いた際、被告人に対し判旨の通りの暴行を加えて傷害を負わせたと認定し、その後の任意同行が実質的な逮捕であるとして、その間に被告人に提出させた尿の任意提出書、領置調書、鑑定嘱託書謄本、鑑定書などの証拠について、違法収集証拠として証拠能力が認められないと判断した。

▶▶本件の争点
違法収集証拠の証拠能力。

▶▶コメント
違法に収集された証拠については、①証拠収集手続に令状主義の精神を没却するような重大な違法があり（違法の重大性）、②これを証拠として許容することが将来における違法捜査抑制の見地から相当でない（排除相当性）と認められる場合には、証拠能力が否定される（最判昭53・9・7刑集32・6・1672）。

本件では、被告人が所在する内妻方に家宅捜索に入った際、警察官が被告人をチェーンカッターで頭部を殴打し相当の出血をするほどの傷害を負わせた上、逮捕令状もなく緊急逮捕の要件も満たしていないにもかかわらず被告人を警察署に連行し、被告人からの病院へ行きたいとの要請も、弁護士を呼んでほしいとの要請も無視して身体拘束を続け、尿の提出を促したとの事実が認定されており、その違法性の重大性・悪質性は論を俟たない。

この間に収集された尿及びこれに基づく鑑定結果等の証拠が違法収集証拠として排除されたのは当然といえる事案である。

[43] 覚せい剤の自己使用等の事案において、被告人をパトカー内で長時間留め置いたことにつき違法の重大性を認めて尿の鑑定書等を違法収集証拠として証拠能力を認めず、無罪判決を言い渡した事例

札幌地方裁判所平成26年8月25日判決、判例タイムズ1416号137頁
(事例[57]の1審)

▶▶判旨

判決は、少なくとも午前3時10分頃以降の留め置きにつき実質的な逮捕に当たると判示した。その理由は、

①本件留め置きは、セダンタイプの警ら用自動車の運転席側後部座席に被告人が座り、運転席側後部ドアにはチャイルドロックが施錠され、助手席側後部座席には常に警察官が座っている上に、助手席や運転席にも概ね警察官が座っていた。これは、警察官が容認しない限り被告人が車外に出ることが極めて困難な状態であったこと、

②警察官らの意図を見ると、警察官らのうち1名が強制採尿令状の請求準備をするために現場を離れた午前3時10分頃以降は、警察官らにおいて、強制採尿令状が執行されるまでの間、被告人をその意思に関わらずパトカー内に留め置く意図を有していたものと認められること、

③被告人の水が飲みたいという要望が拒否されていること、

④携帯電話による通話自体を禁止するような言動があったとはいえないものの、被告人は、携帯電話機の使用が許されていないものと思い、弁護士に電話を掛けるように装って友人に電話を掛けていたところ、制約の大きさが窺われるものの、警察官らによりかかる制約につき軽減させるような配慮がなされた形跡がないこと、

⑤様子を見に来た丙山に対して被告人が助手席側後部ドアガラスを開けて「助けて」と声を掛けたところ、本件パトカー内の警察官がこれを閉めて会話を阻止したこと、

⑥パトカーから降りる意思が言葉や行動によって複数回にわたり明確に示されていたこと、

⑦当初より尿の任意提出に応じる様子がないにもかかわらず尿の任意提出の説得を受けること以外に被告人が本件パトカー内に留まる名目がなかった

こと、
　⑧警察官が、被告人につきとにかく外に出たいという印象を有した旨供述していることである。
　また、判決は、警察官が、任意採尿に応じない限り水を飲むことは許されないと受け取れる態度を示したり、任意採尿に応じない限り仕事に行くことが許されないと受け取れる態度を示し、本件留め置きにより自由が制約されていることを任意採尿の説得に利用していることを考慮して本件留め置きの違法は令状主義の精神を没却する重大なものと判示した。

▶▶事案の概要
　被告人が午前2時20分頃から午前7時18分頃にかけて、約5時間にわたってパトカーに留め置かれた後に、いわゆる強制採尿令状が発付され、これにより採尿された尿、強制採尿が実施された病室に被告人が隠匿した白色結晶粉末（覚せい剤）2袋及びこれらの鑑定書についての証拠能力が争われた。

▶▶本件の争点
　違法収集証拠の証拠能力。

▶▶コメント
　留め置き行為が実質的逮捕にあたることを詳細に判示した上で、尿の鑑定書等を実質的逮捕と密接な関連性を有するものとして証拠排除した。
　本件のような職務質問等から端を発する留め置き行為の適法性はしばしば争点となるところ、弁護人としては、被告人より具体的な事情を聞き取り、身体・移動の自由の制約の度合いについて明らかにする努力が必要であることが分かる。

[44] 被告人は覚せい剤使用を認めているものの、被告人の尿の鑑定書等をいずれも違法収集証拠として職権で証拠から排除し、そうすると自白を補強する証拠がなく、被告人を有罪とすることはできず犯罪の証明がないことになることから、無罪の言い渡しをした事例

京都地方裁判所平成27年12月4日判決、LEX/DB文献番号25545235

▶▶判旨

　本件捜査手続自体に高度の違法性を帯びた行為が複数認められることに加え、捜査後の経緯に現れた警察官らの態度も併せて考えると、本件における捜査の違法は、令状主義の精神を潜脱し、没却する重大なものである。そして、このような違法な捜査に密接に関連する証拠を許容することは、将来における違法捜査抑制の見地からも、司法の廉潔性保持の観点からも相当ではない。

　被告人は、弁護人依頼権の侵害を含む違法な留め置きの後、虚偽を含む疎明資料に基づいて発付された強制採尿令状を呈示され、任意で尿を提出するか強制採尿を受けるかの選択を迫られてやむなく任意採尿に応じたもので、被告人が提出した尿及びこれに関連する証拠は、重大な違法がある本件捜査手続と密接な関連を有する証拠である。

　したがって、既に取り調べたこれらの証拠については証拠能力を認めることが相当でないから、本件証拠から排除することとする。

▶▶事案の概要

　被告人は、被告人方において、フエニルメチルアミノプロパンの塩類若干量を含有する水溶液を自己の身体に注射し、もって覚せい剤を使用したものである。

▶▶本件の争点

　尿の鑑定書の証拠能力（違法収集証拠に当たるか否か）。

▶▶コメント

　本件は、警察官らが、令状に基づく捜索終了後も、弁護士等と連絡を取る手段を断ちつつ、被告人の意思に反して被告人方に約4時間留まり続けたことを

違法であると明確に判示した。これは弁護人依頼権を根拠としており、この判示は極めて正当であると言える。

また、強制採尿令状請求の際の疎明資料に虚偽記載（前刑からの使用歴、最終使用日、被告人の当時の態度等）がある点も違法であるとしている。

強制採尿令状が現場に届いたと被告人に誤信させ、被告人に尿を任意に提出させた、などの点もあり、これにつき「本件採尿に至る経緯には複数の看過しがたい違法が含まれ、そのこと自体、警察官らに法令に則って適切に捜査を進める姿勢があったかに疑いを生じさせるのであるが、上記のような事後的な事情は、警察官らが本件捜査当時から令状主義を軽視し、自らの捜査手法の違法性を認識しつつ、仮に問題になっても隠蔽すればよいとの考えのもとに敢えてそのような違法捜査を重ねたことを推認させる事情である」としており、捜査の在り方自体に警鐘を鳴らしているものであって、適正手続を重視したものとして正当な判断であったと言える。

[45] 被告人の尿の鑑定書の前提となる強制採尿令状請求において、意図的に事実と異なる記載をした捜査報告書を疎明資料として裁判所に提出した行為は、令状主義に関する裁判官の判断をゆがめるものであり、そのような疎明資料を提出して強制採尿令状を得た捜査手続には、令状主義の精神を没却する重大な違法があるとして、本件鑑定書に証拠能力を認めることはできないと示して、破棄自判して、被告人に無罪を言い渡した事例

東京高等裁判所平成28年6月24日判決、LEX/DB文献番号25543499

▶▶判旨

警察官らの原審証言や被告人の原審公判供述の信用性に関する原判決の判断は、経験則等に照らして不合理であり、警察官らの原審証言に依拠して、本件鑑定書等が違法収集証拠に当たらないとし、その証拠能力を認めた原判決の判断は支持できない。

▶▶事案の概要

〈1〉本件の端緒は、被告人が自動車のドアを隣の自動車のドアに当ててしまっ

たことをきっかけに、被告人と隣の自動車の男性が口論となり、110番通報を受けて警察官が臨場したものの、被告人は、提示した運転免許証により警察官が被告人の人定事項をメモしていた際、その運転免許証を取戻して自動車に乗り込み、その場を立ち去ったため、警察官らは被告人の犯罪歴照会を行ったところ、被告人には覚せい剤取締法違反の犯罪歴が複数あることが判明したということであった。
〈2〉被告人は、いったんは、電話での警察官からの求めに応じて、翌日警察署に出頭すると約束したが、その後、体調不良のため出頭しないと告げた。そこで、警察官らは、被告人方を訪れ、被告人に対し外に出るよう求め、さらに、外に出てきた被告人に対しパトカーに乗るよう求めたところ、被告人がパトカーに乗らないと言って、被告人方に戻ろうとしたため、被告人を制止した上、取り囲むなどしてパトカーに乗車するよう説得した。それでも被告人はすぐには説得に応じなかったが、警察官らが「相手方が警察署で待っている」などとうそを言って、説得を重ね、パトカーに自ら乗車した。
〈3〉パトカー内で、警察官が被告人と自動車トラブルに関する話をした後、警察官は被告人に対し覚せい剤使用の有無を尋ね、被告人はそれを否定する話をしていた。
〈5〉警察官は、被告人に任意採尿に応じるように求めたが、被告人が拒絶したことから、強制採尿の手続を取ることとし、強制採尿令状を請求するため警察署に向かった。
〈6〉警察官らは、裁判所に対し、強制採尿令状の請求をし、令状が発付された。そこで、警察官らは、パトカー内にいた被告人に令状を提示し、被告人を病院に連れて行き、被告人が尿を自ら排泄したため、それを差し押さえ、被告人を覚せい剤取締法違反で緊急逮捕した。
〈7〉そして、これに基づいて、覚せい剤取締法違反で起訴されたものであった。

▶▶本件の争点

被告人の尿の鑑定書等の証拠能力。

▶▶コメント

本件では、①被告人をパトカーに乗せた捜査手続について、警察官による欺罔行為に基づく任意同行かどうか、②強制採尿令状を請求する際、疎明資料である捜査報告書に、前日に犯罪歴照会をしたこと、その時点から被告人に対し覚せい剤使用の嫌疑を持っていたことなどを記載しなかった点につき、違法収

集証拠ではないかとの評価が激しく争われている。

　原審判決は、①につき、警察官は、被告人宅を訪れる前に、電話で、相手方が警察署に出頭するかのような虚偽の説明をしたことが認められるとしたものの、被告人方を訪れた際には、虚偽の事実を告げて警察署への出頭を告げた事実はないとする警察官らの証言の信用性を肯定し、被告人は、警察官らから話を聞きたいと言われてパトカーへの任意同行を求められ、これに応じたものであるから、パトカーへの乗車に同意した点に錯誤があったとは認め難いとし、警察官が電話で虚偽の説明をしたことは不適切であるが、任意同行に重大な違法があったとは認められないとした。

　また、②については、犯罪歴照会を実施したという記載やその結果被告人の覚せい剤使用の蓋然性が濃厚になって注射痕を確認したという記載は事実と異なるもので、違法との評価を免れないが、そのような記載をした理由について、犯罪歴照会を行い、覚せい剤取締法違反について一定の嫌疑を持っていたからといって、令状発付が受けられなくなるということは考え難く、警察官らがその事実を隠ぺいしなければならない理由や必要は見出し難いことからすれば、信用できるとし、その上で、捜査報告書に事実と異なる記載をした点は違法であるが、裁判所に対して事実を隠ぺいする目的で意図的に虚偽の記載をしたとまでは認められず、重大な違法があったとは認められないとした。

　これに対して、控訴審では、①につき、自動車トラブルについて、「被告人が体調不良のため約束した日時に出頭できないと連絡してきたのに対し、直ちに被告人方を訪れ、被告人に警察署への出頭を求めるなどして被告人から本件トラブルに関する事情聴取等を行う必要があったとは認められない」などとして、警察官らの原審供述の信用性を否定し、警察官らは被告人方を訪れる前から被告人に覚せい剤取締法違反の犯罪歴があることを知っていたこと、相手方が直接の謝罪要求を撤回した後も、被告人に対し、相手方が警察署に出頭するかのようなうそまで言って、警察署へ出頭するよう求めていること、被告人から警察署に出頭できないとの連絡を受けた直後に、警察官4名が2台のパトカーで被告人方を訪れ、うち1名は被告人が逃走しないようにベランダ側に回った上で、被告人に対し外に出るよう求め、外に出てきた被告人に対しパトカーに乗るよう求め、被告人を制止したり、取り囲んだりして執拗に説得していることなどを根拠として、警察官らが被告人方を訪れて被告人をパトカーに乗せた目的は、覚せい剤取締法違反の捜査のためであったと認めた。

　そのうえで、警察官らが被告人方を訪れた目的は、覚せい剤取締法違反の捜査のためであったが、本件トラブルに関する事情聴取等を口実として、相手方

が警察署で待っているかのようなうそを言って警察署への出頭を求めるなどして、被告人を錯誤に陥れてパトカーに乗車させた疑いがあるとした。

また、②については、意図的に虚偽の記載をした捜査報告書を疎明資料として、裁判所に対し強制採尿令状を請求したと認められるとした。

そして、本件では、自動車トラブルを口実にして、相手方が待っているかの嘘まで述べ、パトカーに乗せた経緯について任意捜査として許容されない旨と認定しただけでなく、被告人に対する覚せい剤使用の嫌疑を抱き、その嫌疑が濃厚になっていった経緯について、強制採尿令状の請求を受けた裁判官が令状を発付するに足りる嫌疑があるかどうか判断する上で重要な事実であるとしたことに重要な意義があるものと思われる。

(2) 捜査が適法とされた事例

[46] 捜索差押許可状の呈示に先立って、警察官らがホテル客室のドアをマスターキーで開けて入室した措置は適法であるとした事例

最高裁判所第一小法廷平成14年10月4日決定、最高裁判所刑事判例集56巻8号507頁

▶▶判旨

被疑者が宿泊しているホテル客室に対する捜索差押許可状の執行に当たり、捜索差押許可状の呈示に先立って警察官らがホテル客室のドアをマスターキーで開けて入室した措置は、差押対象物件である覚せい剤を短時間のうちに破棄隠匿されるおそれがあったことなど判示の事情の下では、当該措置は「必要な処分」として許容され、入室した直後に令状の提示を行うことは捜索差押えの実効性を確保するためにやむを得ないところであって、適法である。

▶▶事案の概要

本件は、捜索差押許可状の呈示の前に、被告人の所在する居室をマスターキーで開錠して侵入し、その動作を制したことの適法性が争点となった事案である。

警察官は、被告人が宿泊しているホテルの客室等に対する捜索差押許可状の

発付を受け、ホテルに赴いた。当初、ホテルの従業員を装い、「シーツ交換に来ました」などと声をかけて被告人にドアを開けさせようとしたが奏功しなかった。そのため、借りてきたマスターキーを用いて客室のドアを開けて入室し、ベッド上から興奮して動こうとする被告人を制したうえ、ベッド上で捜索差押許可状を被告人に呈示して捜索したところ、覚せい剤の入ったビニール袋、注射器等が発見された。

第1審は、弁護人の「捜索差押許可状の執行に先立って令状を呈示していないから手続は違法である」旨の主張を退けて有罪としたため、被告人が控訴し、「事前に捜索差押令状を示すことなく、ホテルのマスターキーを用いていきなり開錠して被告人の居室に進入した警察官らの行為は、『必要な処分』とは言えない」旨主張して争ったが、原審も、その主張を退け控訴を棄却したことから、被告人が上告した。

▶▶本件の争点

令状呈示前の立入りの適法性。

▶▶コメント

刑訴法222条1項で準用される同法111条1項にいう「必要な処分」とは、捜索差押の執行の目的を達成するため必要であり、かつ社会的にも相当と認められるものでなければならないとされている。本件では、覚せい剤を短時間のうちに破棄隠匿されるおそれがあったことなどの事情のもとにおいては、当初は、ホテルの従業員を装って自らドアを開けさせようとし、それが奏功しないためにマスターキーを使用したという措置は、上記「必要な処分」として許容されるとされた。

また、刑訴法222条1項で準用される同法110条は、「差押状又は捜索状は、処分を受ける者にこれを示さなければならない」と規定しており、原則的には、令状の執行着手前に呈示しなければならないと解されている。同法の趣旨は、手続の公正を担保するとともに、処分を受ける者の権利・利益を保護することにある。本件では、覚せい剤を短時間のうちに破棄隠匿されるおそれがあったことなどの上記事情のもとにおいては、「警察官らが令状の執行に着手して入室した上その直後に呈示を行うことは、法意にもとるものではなく、捜索差押えの実効性を確保するためにやむを得ないところであって、適法というべきである」としている。

なお、下級審の裁判例(大阪高判平6・4・20高刑集47・1・1)でも、

被疑者方居宅内にいた複数の者の動静を把握する必要があったため、同居宅のほぼ中央で住居全体を見渡せる奥の部屋まで立ち入り、その数分後に令状を呈示し、具体的な捜索活動を開始した事案において、当該立ち入り行為は、「捜索活動というよりは、むしろその準備行為ないし現場保存的行為というべきであり、本来の目的である捜索行為そのものは令状呈示後に行われている」として適法としたものがあるが、本決定は、「警察官らが令状の執行に着手して入室した上」としており、警察官らの入室行為を令状の執行に着手したものと捉えている点は留意されるべきである。

[47] 覚せい剤を自己使用の事案で、①自傷他害のおそれある異常な言動をしていた被告人について、警察官が東京都衛生局に通報することは、たとえ医師が採尿することを知っており、その尿を証拠として採取したいとの意図が併存していたとしても、直ちに違法になるものではなく、②被告人の言動に自傷他害のおそれがある状況下では、指定医が被告人の尿を採取したことは適法であるとした事例

東京地方裁判所平成14年12月27日判決、判例時報1828号161頁

▶▶判旨

警察官が、自傷他害のおそれのある異常な言動をしていた被告人につき、東京都衛生局に通報することは、たとえ警察官が、医師の診察の過程で採尿がされることを知っており、その尿を覚せい剤事犯の証拠として採取したいとの意図が併存していたとしても、そのことから直ちに違法となるわけではなく、被告人の言動に自傷他害のおそれがある状況下では、同人を睡眠状態にさせて採尿することもやむを得ず、カテーテル等で採尿する処置自体は医療上の相当な方法であるから、指定医が被告人の尿を採取したことは適法である。

▶▶事案の概要

本件は、異常な言動が見られた被告人につき、警察官の通報により、精神保健福祉法上の指定医が被告人を睡眠状態にさせてカテーテル等で採尿した尿について、警察官が当該尿を証拠として採取したいとの意図が併存していたとしても直ちに上記通報が違法になるものとはいえず、当該尿の鑑定書の証拠能

力が認められて有罪とされた事案である。
　すなわち、被告人に覚せい剤事犯の前科歴のあることを把握していた警察官が、異常な言動が見られた被告人について、精神障害のため自傷他害のおそれがあるとして、精神保健福祉法等の法令に基づき東京都衛生局に通報した。そして、東京都側の指示に従って被告人を連行した先の病院において、同法上の指定医が被告人を睡眠状態にさせ、カテーテル等で採尿をした。その後、警察官が差押許可状に基づいて当該尿の入った容器を差し押さえ、当該尿の鑑定書が作成された。
　これに対し、弁護人は、当該尿の採取過程には違法があって上記鑑定書は違法収集証拠として証拠から排除されるべきであると主張した。

▶▶本件の争点
　医療行為により採取された尿の鑑定書の証拠能力。

▶▶コメント
　警察が尿を強制的に採取する場合には、いわゆる強制採尿令状が必要であるとするのが最高裁判例である（最一決昭55・10・23）。もっとも、既に排出されている尿の差押えについては、通常の差押許可状で足りると考えられる。
　本件では、まず、警察官が「東京都衛生局へ通報する前の段階で被告人に覚せい剤事犯の前科歴があることを把握した上で尿の提出を求めていたことに照らすと、警察官が被告人に対して覚せい剤使用の嫌疑を抱いており、同人の尿を証拠として採取したいとの意図があったことが推察される」と、警察官の被告人の尿を採取する意図の存在が推認された。もっとも、被告人の言動に自傷他害のおそれがある状況下では、同人を睡眠状態にさせて採尿することもやむを得ず、カテーテル等で採尿する処置自体は医療上の相当な方法であるから、たとえ、上記意図が併存していたとしても、そのことから直ちに上記通報が違法になるとは認められないとした。
　医療行為により採取された尿及びその鑑定書の証拠能力については、その採尿が専ら証拠収集の手段として用いられた場合に否定されるものと考えられる。

[48] 警察官らが、被告人の了解なく被告人が宿泊するホテルの客室内に立ち入ったこと、及び、全裸の被告人を現行犯逮捕するまで約30分間にわたりソファーに押さえ続けた行為がいずれも適法であったとして、その際に被告人の財布から押収された証拠、及びその派生証拠について、その収集手続には証拠能力に影響を及ぼすような違法はないとされた事例

最高裁判所第一小法廷平成15年5月26日判決、最高裁判所刑事判例集57巻5号620頁、裁判所時報1340号1頁、判例時報1829号154頁、判例タイムズ1127号123頁、最高裁判所裁判集刑事284号141頁

▶判旨

　覚せい剤所持罪による現行犯逮捕に伴って被告人から押収された証拠及びその派生証拠については、その収集手続に証拠能力に影響を及ぼすような違法はなく、また、これらの証拠を疎明資料として発付された捜索差押許可状により採取された尿の鑑定結果についても、上記のような違法はない。

▶事案の概要

　覚せい剤の所持・使用の事案である。
　ホテルに宿泊した被告人が、予定の時刻を過ぎてもチェックアウトをしないばかりか、被告人から多量の飲料水の注文を受けて部屋に届けた際、ホテルの客室担当者が、被告人が入れ墨をしているのを見つけたことから、ホテル側は、無銭飲食や違法薬物の使用を疑い、警察に通報した。
　臨場した警察官は、ホテル職員から承諾を得たと理解して、被告人の居室に立ち入った際、全裸で出て来た被告人が殴りかかってきたため、被告人の両腕をつかんでソファーに座らせ、両足を押さえ付けて制圧し、その間に、被告人の財布を開き、白色結晶の入ったビニール袋を発見した。そして、予試験を実施したところ、覚せい剤の陽性反応が出たため、被告人を覚せい剤所持の現行犯人と認めて逮捕し、白色結晶等を差し押えた。
　第1審では、警察官らが、被告人の宿泊する客室内に、被告人の了解なく立ち入った行為については、客のプライバシー等の保護の観点から、警察官職務執行法6条1項（警察官は、前二条に規定する危険な事態が発生し、人の生命、

身体又は財産に対し危害が切迫した場合において、その危害を予防し、損害の拡大を防ぎ、又は被害者を救助するため、已むを得ないと認めるときは、合理的に必要と判断される限度において他人の土地、建物又は船車の中に立ち入ることができる）に該当する場合などを除き、原則として許されないとし、本件では同条に該当する事態があったとはいえず、違法であると判断した。また、警察官らが現行犯人逮捕までの間、被告人の身体を拘束し続けた行為については、職務質問を継続するために許される有形力の行使の範囲を著しく逸脱した違法な身柄拘束であるとし、この間に実施された被告人の財布に対する所持品検査についても、被告人が任意に承諾したものとは到底認めがたく違法であり、この後に行われた覚せい剤の差押え及び逮捕についても、上記違法捜査に依拠する違法な行為であると判断した。そして、この間に収集された各証拠（覚せい剤、注射器など）及びその派生証拠（鑑定書など）、並びに、この後に強制採尿令状などによって採取された被告人の尿及び鑑定書についても、違法収集証拠であるとして証拠排除し、被告人に無罪を言い渡した。

　これに対し、控訴審は、被告人が突然暴行に及んだことなどの具体的経緯・状況下では、警察官らの立入り行為は適法であり、その後の所持品検査についても、「所持人の承諾を得てその限度で行うのが原則であるが、所持品検査の必要性・緊急性、これによって侵害される個人の法益と保護されるべき公共の利益との権衡を比較考量し、当該具体的状況のもとで相当と認められる場合には、捜索に至らない程度の行為は、強制にわたらない限り、所持人の承諾のない場合でも許される」とし、本件での具体的状況のもとでの所持品検査は適法であるとした。一方で、警察官が長時間にわたり被告人の身体を拘束し続けた行為については違法であるとしたが、その間に収集された各証拠の証拠能力に影響を及ぼすほど重大であるとは言えないと判示し、その後の採尿も令状に基づくもので適法と判断した。

　本件では、各争点のうち、①警察官による客室への立ち入り及び②所持品検査の適法性、並びに③採取された尿の証拠能力について判断がなされたが、①については、宿泊客の意思に反して同室の内部に立ち入ることは原則として許されないとしつつ、本件での具体的状況下では、職務質問に付随する適法な措置であった、②については、「捜索に至らない程度の行為は、強制にわたらない限り、たとえ所持人の承諾がなくても、所持品検査の必要性、緊急性、これによって侵害される個人の法益と保護されるべき公共の利益との権衡などを考慮し、具体的状況のもとで相当と認められる限度において許容される場合がある」とした最高裁判所判例（最判昭53・9・7刑集32・6・1672）を引

用しつつ、本件所持品検査は適法に行い得るものであったとし、被告人の身体拘束を続けた行為については、令状主義に関する諸規程を潜脱する意図があったとはいえないとして、証拠能力に影響はないとした。さらに、採取された尿については、令状により採取されており、違法を問題とする余地はないとした。

▶▶本件の争点
警察官が内ドアの敷居上辺りに足を踏み入れた措置の適法性。
財布に係る所持品検査の適法性。
採取された尿の証拠能力。

▶▶コメント
主に、警職法に基づく職務質問の要件の有無と、職務質問に付随して行われる措置の適法性について、判断がなされた事案である。

宿泊客の了解のないままでの客室立入りや、逮捕要件を満たさない中での長時間の身体拘束については、原則として違法としつつ、本件については、例外的に、適法として許容される具体的な事情があると認められたものであり、任意捜査の限界が示された事例として参考になる。

[49] 捜索や逮捕の前に捜査官による行き過ぎた有形力の行使があったとしても、その後これと無関係に行われた捜索や逮捕手続、尿の押収手続の適法性は左右されず、また捜査全体が違法と評価されるものではないとされた事例

東京地方裁判所平成15年7月31日判決、判例タイムズ1153号303頁

▶▶判旨
本件捜索の手続とこれに引き続いて行われた本件結晶の押収手続や被告人の尿の押収手続などの捜査手続に、令状主義の精神を没却するような重大な違法はないのであるから、被告人が上記一連の有形力の行使を受けている間に、被告人のはいていた短パンのポケットから落ちて警察官に発見されたと認められる注射器1式に係る領置調書、写真撮影報告書及び鑑定書についてはともかく、本件結晶やこの結晶に係る鑑定書及び被告人の尿に係る鑑定書については、警察官の違法行為の結果収集された証拠又はその派生証拠とみる余地はな

く、したがって、その証拠能力を肯定することができる。

▶▶事案の概要

　覚せい剤の使用・所持の事案である。

　弁護人は、以下の通り違法収集証拠を排除すべきとの主張を行った。

　被告人の自宅で実施された捜索の開始前に、張り込みをしていた警察官が、現行犯逮捕の要件もないのに、被告人の体を押さえて路上に倒させ、約10分以上にわたり、背後から両手で首を締め付けるなどの違法な有形力の行使をして身体を拘束し、喉頭外傷の傷害まで負わせ、歩行不能の状態に陥らせて身体を拘束し、実質的な逮捕といえる違法な身体拘束を利用して行った、その後の捜索差押手続や現行犯人逮捕手続には、令状主義の精神を没却する重大な違法がある。

　したがって、捜索により発見された覚せい剤はもとより、その派生証拠である同覚せい剤に係る鑑定書のほか、警察官から上記の暴行を受けた際に被告人のはいていた短パンのポケットから落ちたとされる注射器一式に係る領置調書、写真撮影報告書及び鑑定書、さらには、違法な現行犯人逮捕により継続した違法な身体拘束下で被告人から採取された尿に係る鑑定書は、いずれも違法収集証拠又はその派生証拠として証拠能力がなく、被告人に対する覚せい剤の使用と所持の本件各公訴事実を認定するための証拠からは排除されるべきものである。

　これに対し、裁判所は、警察官が捜索開始前に被告人に行った一連の有形力行使は、必要性、相当性を肯定し難い有形力の行使であったが、令状主義を潜脱して被告人の身柄を拘束し、あるいは、そのような身柄拘束状態を利用して証拠の発見・収集をしようという意図の下に一連の有形力の行使に及んだものではなかったと認定した。

　そして、その後に行われた捜索手続そのものは、被告人が任意に立ち会って平穏のうちに行われ、その過程で本件結晶が発見されており、被告人の尿についても、強制採尿のための捜索差押許可状に基づいて差し押さえられているなど、本件結晶及び被告人の尿そのものは、いずれも適法な捜索ないし押収手続により発見・押収されたものであり、被告人に対する有形力の行使とは無関係に行われたものであるから本件捜査が全体として違法と評価されるものでもないとして、判旨の通り判断した。

▶▶本件の争点
　警察官が被告人に対して行った一連の有形力行使の後に行われた捜索によって発見された証拠及び派生証拠の証拠能力。

▶▶コメント
　違法に収集された証拠については、①証拠収集手続に令状主義の精神を没却するような重大な違法があり（違法の重大性）、②これを証拠として許容することが将来における違法捜査抑制の見地から相当でない（排除相当性）と認められる場合には、証拠能力が否定される（最判昭53・9・7刑集32・6・1672）。

　本件では、被告人の自宅で実施された捜索の開始前に、被告人の身体を拘束するなど違法な有形力の行使があったとして、引き続き行われた家宅捜索の違法性や、家宅捜索によって得られた証拠の証拠能力などが争われたが、裁判所は、本件捜索の前段階での有形力行使については、令状主義を潜脱して被告人の身柄を拘束し、あるいは、そのような身柄拘束状態を利用して証拠の発見・収集をしようという意図の下に一連の有形力の行使に及んだものではなかったとし、その後の捜索や証拠の収集は、被告人による任意の立会の下、平穏のうちに行われたとして、前段階の有形力行使とは無関係であると判断した。

　先行する違法行為が後行の手続きの適法性に影響を与えるか否かについて、具体的な判断がなされた事例である。

[50] 医師が治療のため被告人の承諾を得ることなく採取し、警察が押収した尿につき、医療行為として必要な尿の採取については被告人の承諾が認められないとしても医療行為として違法であるとは言えないとして、証拠能力を認めた事例

最高裁判所第一小法廷平成17年7月19日決定、判例タイムズ1188号251頁

▶▶判旨
　医師が、救急患者に対する治療の目的で被告人から尿を採取し、採取した尿について薬物検査を行ったことについては、医療上の必要があったと認められるから、被告人の承諾を得ていたと認められないとしても医療行為として違法

であるとはいえず、医師が必要な治療又は検査の過程で採取した患者の尿から違法な薬物の成分を検出した場合に、これを捜査機関に通報することは、正当行為として許され、医師の守秘義務違反に反せず、捜査機関の尿の入手過程に違法はないから尿の鑑定書等の証拠能力は認められる。

▶▶事案の概要

　国立のA医療センターに所属する医師が、腰背部に刺創を負って搬送されてきた被告人を治療する目的でその尿を採取した上、診察時の被告人の言動等からして薬物使用が疑われたことから薬物検査もあわせて行ったところ、覚せい剤の成分が検出されたため、警察に通報し、これを受けた警察官が令状により被告人の尿を差し押さえたというもの。

　1審、2審とも、被告人は、①医師が採取された尿について薬物検査をした行為は医療上必要がなく、被告人の承諾も得ていないとして、治療行為が違法であること、また②被告人の尿から覚せい剤反応が出たと通報した行為が医師の守秘義務に違反していること、を根拠に、警察官が医師の違法行為を利用して尿を押収したものであり、令状主義の精神を没却する重大な違法があるとして、被告人の尿に関する鑑定書等の証拠能力を争った。

　1審、2審判決とも、①被告人の尿を採取し、薬物検査をする必要性があること等を理由として医師の行為の適法性を認め、また医師が国立病院の医師であったことから、刑訴法239条2項に定める公務員の告発義務があること等を考慮して守秘義務に違反する違法なものではなく、尿の入手過程に違法はないとして尿の鑑定書等の証拠能力を認めていた。

　被告人が上告し、上告趣意においても同様の主張を繰り返した。

▶▶本件の争点

　医師の医療行為の適法性。
　医師による捜査機関への通報行為と医師の守秘義務違反の成否。
　私人のした違法収集証拠の証拠能力。

▶▶コメント

　本件は、医師の医療行為の適法性、医師による捜査機関への通報行為と医師の守秘義務違反の成否、私人のした違法収集証拠の証拠能力など、多岐にわたる論点が含まれる。
　特に、医師による捜査機関への通報行為については、患者のプライバシー保

護の点からも問題となる。1審、2審では、担当医師が国立病院の医師であったことから刑訴法239条2項による告発義務があることを重視し、守秘義務違反はないと判断した。しかし、公務員が職務上知り得た秘密については、刑訴法103条、144条との均衡から告発義務はないと解されており、また公務員かどうかで守秘義務違反か否かの判断が分かれることは妥当ではないことから、最高裁は医師の通報行為が「正当行為」として許容されるとの判断をしたものと思われる。

[51] 覚せい剤取締法違反被告事件の捜査段階において、配送途中の荷物について、内容物の射影を観察するために、令状なく、エックス線検査にかけたという捜査方法について、荷送人・荷受人のプライバシー等を侵害するものであるとしても、その程度は極めて軽度のものにとどまるとし、捜査機関が任意捜査として実施しうると判示した事例

大阪地方裁判所平成18年9月13日判決、判例タイムズ1250号339頁
（事例[31]の1審）

▶▶判旨

　荷送人及び荷受人が当該荷物に関し本件のようなエックス線検査が実施されようとしていることを知った場合、これを承諾しないことも予想されるところ、そのような機会を与えずに荷物をエックス線検査にかけることは、その程度はともかくとして、荷送人・荷受人のプライバシー等を侵害するものであることは否定できない。
　しかし、本件によるエックス線検査による方法は、その射影により内容物の形状や材質を窺い知ることができるだけで、内容物が具体的にどのようなものであるかを特定することは到底不可能である。したがって、この方法が荷送人・荷受人のプライバシー等を侵害するものであるとしても、その程度は極めて軽度のものにとどまる。荷物を開披した上で内容物を見分した場合に荷送人・荷受人のプライバシー等が侵害されるのに比べれば、格段の差があるといわなければならない。
　以上によれば、本件のエックス線検査による方法は、刑事訴訟法197条ただし書にいう「強制の処分」に属するものではなく、捜査機関がいわゆる任意

捜査として実施しうるものというべきである。

　もちろん、任意捜査であっても、荷送人・荷受人のプライバシー等を侵害する可能性があるわけであるから、その捜査方法を用いることが必要であるとされた具体的な状況を検討して、真に相当であると認められる限度においてのみ、これを用いることが許されるものと考える。

　本件については、……、有限会社Aの事務所の関係者が、宅配便により覚せい剤の送付を受けている嫌疑が相当深まっていたということができる。その事実を解明する方法としては、エックス線検査を実施し、その射影から内容物の形状・材質を窺い知り、それが覚せい剤様の物であることが窺われた場合には、更なる捜査（差押等）を行うというのが適切であり、他に有効な方法があったということはできない。また、ある特定の者から有限会社Aの住所に送られた荷物に限ってエックス線検査を実施し、宛先が「有限会社Aの甲」以外の宅配便で嫌疑となっている覚せい剤様の物が映らなかった後は、「甲」宛の宅配便に限ってエックス線検査を実施しているのであって、捜査機関において、検査の対象を極力限定しようとの配慮が見られる。

　以上を総合すれば、エックス線検査を実施しようとした時点において、有限会社Aの事務所関係者らが宅配便による大規模な覚せい剤譲受けに関与しているとの嫌疑があり、エックス線検査の実施による荷送人・荷受人のプライバシー等の侵害の程度がそれほど高くないのに対し、この方法によらなければ、大規模な覚せい剤譲受け事犯の真相を解明し、更なる証拠を収集して、犯人検挙に至るということが困難であるという状況下において、本件のエックス線検査が行われたものである。また、その実施方法自体に不相当と思われる点はない。

　したがって、本件のエックス線検査による捜査方法は任意捜査として許されるものである。

▶▶事案の概要

　被告人3名が共謀の上、営利目的で覚せい剤を譲り受ける行為と薬物その他の物品を規制薬物として譲り受ける行為を併せてすることを業として行い、営利の目的で覚せい剤及び覚せい剤の原料を所持したとして起訴された事案において、捜査段階において、令状に基づかず、承諾を得ずに宅配便荷物についてエックス線検査を実施したことについて、被告人側より、違法収集証拠として証拠能力を有しないという主張がなされた。

▶▶**本件の争点**

　令状に基づかないエックス線検査の適法性。

▶▶**コメント**

　判決は、エックス線検査を任意捜査としたうえで、本件におけるプライバシー等の侵害の程度と、この方法によらなければならない必要性の程度、検査実施方法自体の相当性を勘案しているところ、本件ではプライバシー侵害の程度は高くないとし、検査は不相当とはいえないと判示しているが、エックス線検査の精度や実施方法によっては、プライバシー侵害の程度が相当高いといえる場合も当然あり得る。

[52]　覚せい剤取締法違反被疑事件において、捜索差押許可状に基づき、被告人立会いの下に被告人居室を捜索中、宅配便の配達員によって被告人あてに配達され、被告人が受領した荷物についても同許可状に基づき捜索できるとした事例

最高裁判所第一小法廷平成19年2月8日決定、判例時報1980号161頁、判例タイムズ1250号85頁、最高裁判所裁判集刑事291号179頁

▶▶**判旨**

　原判決の認定によれば、警察官が、被告人に対する覚せい剤取締法違反被疑事件につき、捜索場所を被告人方居室等、差し押さえるべき物を覚せい剤等とする捜索差押許可状に基づき、被告人立会いの下に上記居室を捜索中、宅配便の配達員によって被告人あてに配達され、被告人が受領した荷物について、警察官において、これを開封したところ、中から覚せい剤が発見されたため、被告人を覚せい剤所持罪で現行犯逮捕し、逮捕の現場で上記覚せい剤を差し押さえたというのである。所論は、上記許可状の効力は令状呈示後に搬入された物品には及ばない旨主張するが、警察官は、このような荷物についても上記許可状に基づき捜索できるものと解するのが相当である。

▶▶**事案の概要**

　警察官が、被告人に対する覚せい剤取締法違反被疑事件につき、捜索場所を

被告人方居室等、差し押さえるべき物を覚せい剤等とする捜索差押許可状に基づき、被告人立会いの下に上記居室を捜索中、宅配便の配達員によって被告人あてに配達され、被告人が受領した荷物について、警察官において、これを開封したところ、中から覚せい剤が発見されたため、被告人を覚せい剤所持罪で現行犯逮捕し、逮捕の現場で上記覚せい剤を差し押さえた。

　被告人は、本件覚せい剤の押収手続は、被告人の承諾なくして開封された荷物の中から発見されたという点において違法であり証拠能力がないと主張したが、1審判決は、被告人が荷物の開封を承諾したものと認定したうえで、警職法の職務質問に付随して行われる所持品検査として、手続は適法であるとし、控訴審判決は、荷物の開封につき、被告人の任意の承諾があったと解するには疑問があるものの、被告人の承諾がなくても、本件捜索差押許可状に基づく捜索の執行として荷物の開封を行うことができると判示した。そこで、被告人は、捜索差押許可状の効力は、呈示された時点で捜索場所に存在する物に限られ、令状呈示後、他から搬入された本件荷物には及ばないと主張して、上告した。

▶▶本件の争点

　捜索差押令状執行中に配達された荷物に対する令状に基づく捜索の可否。

▶▶コメント

　被告人は、上告審において、控訴審の時と同様、営利目的の存在に関する事実誤認及び量刑不当の主張をするとともに、押収手続の違法について主張した。これに対し、上告審は、事実誤認と量刑不当の主張については上告理由にあたらないとして決定で上告棄却したうえで、なお書きで、押収手続の適法性について職権で判断した。

　本決定では、捜索差押令状執行中に配達された荷物についても当該令状に基づき捜索を認める理由については示されていないが、①これを認めても新たに住居管理権の侵害が生じるものではないこと、②捜査機関は、令状有効期間内であれば捜索の着手時期に限定はないところ、捜索着手時期の前後により、捜索場所にある物の差し押さえができたり、できなくなったりするのは不合理といえること等が考えられる（判夕1250号85頁解説参照）。

[53] 被告人を留め置いた時間、被告人を留め置くために警察官が行使した有形力の態様からすれば、被告人の自由の制約は最小限度にとどまっていたから、本件における強制手続への移行段階における留め置きも、強制採尿令状の執行へ向けて対象者の所在確保を主たる目的として行われたものであって、いまだ任意捜査として許容される範囲を逸脱したものとまでは認められない等とした事例

東京高等裁判所平成21年7月1日判決、判例タイムズ1314号302頁

▶▶判旨

　本件留め置きの任意捜査としての適法性を判断するに当たっては、本件留め置きが、純粋に任意捜査として行われている段階と、強制採尿令状の執行に向けて行われた段階（以下、便宜「強制手続への移行段階」という）とからなっていることに留意する必要があり、両者を一括して判断するのは相当でないと解される。

　被告人が本件取調室に入室して強制採尿令状の請求準備が開始されるまでに要した時間は30分程度であり、しかも、……被告人は、当初、任意提出に応じるかのような言動もしたり、長女や呼び寄せた妻の到着を待つような言動を取ったりしていたから、そのような事情があった一定時間内は、被告人が本件取調室内に滞留することが、その意思に反するものではなかったといえる。また、その間やその直後に、警察官らが被告人の意思を制圧するような有形力を行使するなどしたことはうかがわれない。したがって、上記の間の留め置き行為については、違法な点はなかったと認められ、原判決の同趣旨の判断に誤りはない。

　強制採尿令状を請求するためには、対象者に対する取調べ等の捜査と並行して、予め受入れ先の採尿担当医師を確保しておくことが前提となるため、①当該令状請求には、他の令状請求にくらべても長い準備時間を要することがあり得、②当該令状の発付を受ければ、当該医師の所へ所定の時間内に連行していく必要が生じ得る。これらを前提とすると、強制採尿令状の請求手続が開始されてから同令状が執行されるまでには相当程度の時間を必要とすることがあり得、それに伴って留め置き期間が長引くこともあり得る。そして、強制採尿令状の請求が検討されるほどに嫌疑が濃い対象者については、強制採尿令状発

付後、速やかに同令状が執行されなければ、捜査上著しい支障が生じることも予想され得ることといえるから、対象者の所在確保の必要性は高く、令状請求によって留め置きの必要性・緊急性が当然に失われることにはならない。

　本件では、……準備行為から強制採尿令状が発付されるまでの留め置きは約2時間40分であり、同令状執行までは約2時間58分かかっているが、これらの手続の所要時間として、特に著しく長いとまでは見られない。

　この間の留め置きの態様を見ると、警察官らは、令状請求準備開始後も並行して任意採尿を促したが、被告人は、言を左右にして任意採尿に応じようとしておらず、再三、退出しようとし、他方、警察官らが、被告人を本件取調室内に留め置くために行使した有形力は、退出を試みる被告人に対応して、その都度、被告人の前に立ち塞がったり、背中で被告人を押し返したり、被告人の身体を手で払う等といった受動的なものに留まり、積極的に、被告人の意思を抑圧するような行為等はされていない。

　また、警察官らは、本件取調室内で、被告人と長女や妻との面会や、飲食物やその他必要とされる物品の授受、携帯電話による外部との通話も認めるなど、被告人の所在確保に向けた措置以外の点では、被告人の自由が相当程度確保されており、留め置きが対象者の所在確保のために必要最小限度のものにとどまっていたことを裏付けている。

　以上を総合して考えると、本件では、強制採尿令状請求に伴って被告人を留め置く必要性・緊急性は解消されていなかったのであり、他方、留め置いた時間も前記の程度にとどまっていた上、被告人を留め置くために警察官が行使した有形力の態様も前記の程度にとどまっていて、同時に、場所的な行動の自由が制約されている以外では、被告人の自由の制約は最小限度にとどまっていたと見ることができる。そして、捜査官は令状主義に則った手続を履践すべく、令状請求をしていたのであって、もとより令状主義を潜脱する意図などなかったと見ることができる。そうすると、本件における強制手続への移行段階における留め置きも、強制採尿令状の執行に向けて対象者の所在確保を主たる目的として行われたものであって、いまだ任意捜査として許容される範囲を逸脱したものとまではみられないものであったと認めるのが相当である。

▶▶事案の概要

　被告人は、自動車を運転中に、警察官からの職務質問及び所持品検査を受けて、警察署に同行され、取調室内に留め置かれた。被告人は、午後6時ころに本件取調室に入室し、午後9時28分ころに強制採尿令状が示されるまでの間、

同室内に留め置かれた。その間、多数回にわたり、付近の警察官に対して退出の意思を表明し、本件取調室を退出しようとする行為を繰り返し、その都度、警察官らに阻止された。

▶▶本件の争点

留め置きの任意捜査としての適法性。

▶▶コメント

本件で争われた捜査手続の適法性は、①警察署内での留め置き以外に、②被告人に対する職務質問等、③警察署への連行がある。このうち、②③は、原判決も本判決も適法性を認めている。本判決は、①の警察署内での留め置きに関して、純粋に任意捜査として行われている段階と、強制採尿令状請求の準備に着手し、令状発付を受け、その執行に至るまでの段階とに分けて、その適法性を検討している点で、参考になると思われる。

[54] 被告人を約4時間にわたり職務質問の現場に留め置いた事案において、職務質問を開始して約40分後に、強制採尿令状請求の手続きに取り掛かっており、捜査機関に、令状主義潜脱の意図があったとは認められないとして、尿の鑑定書の証拠能力を肯定した事例

東京高等裁判所平成22年11月8日判決、高等裁判所刑事判例集63巻3号4頁

▶▶判旨

被告人は警察官によって約4時間にわたって職務質問の現場に留め置かれているものの、留め置き開始約40分後にはすでに強制採尿令状請求の手続に取り掛かっていたことに留意すれば、本件の事情の下では、被告人を職務質問の現場に留め置いた措置に違法かつ不当な点はない。

▶▶事案の概要

被告人は、覚せい剤使用の嫌疑で、午後3時50分頃から、強制採尿令状が提示される午後7時51分までの間、約4時間にわたり、警察官によって職務

質問の現場に留め置かれていた。

　留め置きの態様としては、警察官が４、５メートルの距離を置いて被告人を取り巻き、被告人が自己の車両に乗り込んだ後には、被告人車両の前方に 2.5 メートル、後方に 10 メートルほどの間隔を置いて警察官車両を駐車させる、といったものだった。

　警察官の物理力の行使は、せいぜい被告人の腕に警察官が腕を回すようにして触れ、それを被告人が振り払うようにしたという程度であり、体を押さえつけたり、引っ張ったりということはなかった。

　留め置きの開始から約 40 分後である午後４時 30 分頃には、警察官は、被告人から任意で尿の提出を受けることを断念し、強制採尿令状請求の手続に取り掛かっていた。

▶▶本件の争点

　留め置きの任意捜査としての適法性。

▶▶コメント

　本件では、職務質問の開始から、強制採尿令状が提示されるまで、約４時間もの間、被告人が職務質問の現場に留め置かれているため、この長時間の留め置きが任意捜査としての限界を超えて違法ではないかが問題となる。

　最決平６・９・16（刑集 48・６・420。以下、単に「最高裁決定」という）は、覚せい剤使用の嫌疑のある被告人を職務質問の現場に留め置いた措置が、「任意捜査として許容される範囲を逸脱したものとして違法」とした有名な判例である。最高裁決定での留め置きの時間は約６時間半であり、本件の４時間よりも長い。もっとも、最高裁決定と本件で任意捜査の適法性について判断を分けたのは、留め置きの時間の長短だけではないだろう。

　本件は、「このような留め置きの適法性を判断するに当たっては、午後４時 30 分ころ（筆者注：留め置き開始から約 40 分後）、」警察官が、強制採尿令状請求の「手続に取りかかっていることに留意しなければならない」と判示する。その理由として挙げられているのは、捜査機関による令状請求は嫌疑が濃くなったことを「物語る」ものであること、及び、判断に誤りがなければいずれ令状が発付されることから、「純粋な任意捜査」とは性質の異なる「強制手続への移行段階へ至った」といえることである。後者について、より具体的には、令状を請求するためには医師を確保し、所定時間内に当該医師のところへ被疑者を連行する必要があるため、被疑者の所在確保の必要性が非常に高まっ

ている、ということが理由とされている。

対して、最高裁決定では、警察官が強制採尿令状の発付を請求したのは、留め置きの開始から4時間以上が経過したのちであり、「警察官が、早期に令状を請求することなく長時間にわたり被告人を本件現場に留め置いた措置は違法であるといわざるを得ない」との判断がされている。令状請求手続に取りかかるまでの「純粋な任意捜査」の段階における留め置きの時間の長さが両事案の分水嶺となっているといえそうだ。

もっとも、本件は、被告人から被告人車両のエンジンキーを取り上げ、物理的に被告人の移動を困難にした最高裁決定の事案と比べ、留め置きの態様が軽微であることにも着目すべきである。本件では、警察官の物理力の行使は「被告人の意思を直接的に抑圧するような」ものではなく、警察官や警察官車両が被告人や被告人車両を一定の距離をおきつつ取り囲んだ行為についても、「強制採尿令状の請求手続が進行中で」あったことを考慮すると、「必要最小限度のものにとどまっていると評価できる」とされている。

[55] 覚せい剤自己使用の事案において、捜査手続には被告人の弁護人との接見交通権を侵害する違法があるとしつつも、採尿手続には令状主義の趣旨を潜脱するような重大な違法があるとまではいえないとして、被告人の尿の鑑定書の証拠能力を肯定した事例

東京地方裁判所平成23年12月21日判決、判例タイムズ1375号252頁

▶▶判旨

警察官らの行為については、被告人が逮捕された当初から弁護人との接見を希望し、当番弁護士要請の手続をとっていたことを踏まえると、被疑者の基本的権利である弁護人との接見交通権に対する配慮を欠いたものといわざるを得ず、被告人に対する本件の捜査手続には、被告人の弁護人との接見交通権を侵害する違法があるといわなければならない。

しかしながら、本件採尿手続についてみると、被告人が任意に尿を提出した主な要因は強制採尿令状が発付され、執行されようとしたことであると解されるところ、……同年6月17日午後1時30分ころから午後2時ころ……までに令状請求に必要な証拠の収集は完了していたものであって、……同日午後3

時ころ以降の被告人の弁護人との接見が実現されていない状況等を利用して、強制採尿令状の発付を得たような事実はないと認められる。

　また、警察官らの対応には上記のとおり違法な点はあるものの、警察官らは被告人と弁護人との接見をことさら妨害しようとする意図があったとまでは認められない。

　以上によれば、警察官の対応には被告人の弁護人との接見交通権を侵害する違法はあるものの、本件採尿手続には、令状主義の趣旨を潜脱するような重大な違法があるとまではいえず、また、将来における違法捜査抑止の観点からその手続で得られた証拠を排除することが相当であるともいえない。」

▶▶事案の概要

　被告人は、平成21年ころに覚せい剤を譲渡したという被疑事実で、平成23年6月16日午後4時16分に通常逮捕され、同日午後5時27分に弁護士会に対して当番弁護士要請のファックスが送信された。警察官は被告人の容姿や言動、所持品検査の結果や前科関係等から、被告人の覚せい剤使用の嫌疑を抱き、被告人に尿を任意提出するよう促したが、被告人はこれに応じなかった。

　同月17日は午前と午後に取調べが行われ、その前後等に被告人に対し尿の任意提出を促したが、被告人はこれに応じなかった。そこで警察官は午後の調べが終了した午後1時38分ころから強制採尿令状の請求準備に着手した。

　他方、被告人は逮捕直後から腹部のかゆみを訴えていたため、このころまでに被告人が皮膚科を受診する手配がされた。

　弁護人は同日午後3時ころ、留置係の警察官に電話で約1時間後に接見を希望する旨を伝えたが、被告人は受診のため外出予定であることから、警察署から弁護人に折り返し連絡する旨伝えられた。

　被告人は同日午後4時3分から午後5時18分の間、皮膚科受診のため外出し、同日午後5時30分ころ、強制採尿令状の発付を受けた警察官が帰署した。担当係官が被告人に対する強制採尿手続の実施と弁護人との接見の先後について協議した結果、夕食後にまず強制採尿令状の執行を行うこととした。そこで警察官は午後6時から6時30分ころまでの間に、弁護人に対し、これから強制採尿を行うため病院に行くので、接見に来ても会えないかもしれない、警察署に戻るのは午後10時を過ぎるかもしれない旨を伝えた。

　同日午後6時ころ、警察官は被告人に対し改めて尿を任意提出するよう促したが、被告人がこれに応じなかったことから、同日午後6時45分ころ、令状を被告人に示し強制採尿手続に入ったところ、被告人は断念して尿を任意提出

し、警察官はこれを差し押さえた。この尿の鑑定結果が記載された書面が本件鑑定書である。

なお、判決で認定された罪となるべき事実は、「被告人は、法定の除外事由がないのに、平成23年6月13日ころ、東京都豊島区（以下略）被告人方において、覚せい剤……若干量を含有する水溶液を自己の身体に注射し、もって覚せい剤を使用した」というものである。

▶▶本件の争点

違法収集証拠の証拠能力。

▶▶コメント

類似のケースで証拠能力が否定されたものとして、大阪地判平元・12・7判タ744・215がある。このケースでは、現行犯逮捕されて身体拘束中の被疑者である被告人から、再三にわたり、弁護人に対する連絡の申出を受けたにもかかわらず、被告人の氏名黙秘などを理由にこれに応じず、その後被告人から、氏名開示の上、Y弁護士に連絡してほしい旨の申出を受け、ようやく同弁護士に連絡しているものの、同署員が右申出を受けてから、現実に同弁護士の事務所に連絡がなされるまで、18時間以上も経過していた等、弁護人依頼権侵害の程度がより大きい事案であったことから、その違法の程度は「令状主義の精神没却に匹敵する重大なもの」であり、将来における違法捜査抑制の見地からして相当でないとして、証拠能力を否定された。

[56] 強制採尿前に被疑者が尿の任意提出を求めた場合、捜査官は、強制採尿に至る経緯、尿の任意提出を申し出た時期、申出の真摯性等を勘案して、強制採尿を実際に実行するか否かを判断できるとした事例

東京高等裁判所平成24年12月11日判決、判例タイムズ1400号367頁

▶▶判旨

令状担当裁判官が強制採尿令状の請求を審査し、強制採尿令状を発付している以上、執行の段階において、任意に尿を提出する機会を常に与える必要があるとするのは行き過ぎである。捜査官側としては、それまでの強制採尿に至る

経緯、尿の任意提出を申し出た時期、申出の真摯性等を勘案して、強制採尿を実際に実行するか否かを判断できるというべきである。そうしないと、被疑者が尿の任意提出の申出を続ける限り、強制採尿を実施できない事態が生じるからである。したがって、捜査官が、任意の尿の提出を期待できないとして、強制採尿の実施に踏み切ったとしても、その判断が人権配慮等の観点から明らかに不合理でない限り、違法性を帯びることはないと解すべきである。そもそも、強制採尿令状を容認した最高裁決定（昭和55年10月23日第一小法廷決定・刑集34巻5号300頁）が、被疑者の身体の安全と人格の保護のための十分な配慮を要求している趣旨は、強制採尿の実施段階においても、尿の任意の提出を促したり、その申出がある限り、これに応じるべきことまでを要求しているのではなく、強制採尿が医師をして相当な方法によりなされるべきことを念頭においたものと解される。被告人の居室内から覚せい剤が付着したビニール袋、ストロー、計量器等が発見され、覚せい剤使用の罪の容疑が濃厚であった。被告人は、午後2時20分頃、初めて尿の任意提出を求められてから、午後6時50分強制採尿の実施を開始されるまでの間、捜査官から、再三再四、尿の任意提出を求められたが、明示的にこれを拒否せず、大便でトイレに行くなどするものの、結局は尿を任意に出すことはなかった。覚せい剤所持の容疑についても、素直に認める態度に出なかったばかりか、自己の尿の代りに、偽装工作として提出する液体がベッドの下にあった。このような諸事情からすれば、警察官らが、任意の尿の提出が期待できないとして、強制採尿に踏み切ったことが不合理とはいえず、本件強制採尿を違法視すべきではないと解すべきである。

▶▶事案の概要

　覚せい剤自己使用の事案において、捜査官が被告人に対し、尿の任意提出を求めてから強制採尿の実施に至るまでの4時間半の間、被告人は明示的にこれを拒否せず、大便でトイレに行くなどするものの、結局は尿を任意に出すことはなかった。原判決では、「被疑者が強制採尿をする前に尿を任意提出すると言い出した場合、そのまま強制採尿のための令状を執行するのは相当ではなく、被疑者に対し、尿を任意提出する機会を与える必要がある」と判断していたが、控訴審では、強制採尿の実施を違法視すべきではないとして、被告人の控訴を棄却した。

▶▶**本件の争点**
　強制採尿前に被告人が尿の任意提出を求めた場合の強制採尿の違法性。

▶▶**コメント**
　被告人が任意提出をすると言い出した後の本件の経過に鑑みれば、被疑者が尿の任意提出の申出を続ける限り、強制採尿を実施できない事態が生じるとして、強制採尿の実施を適法とされるのもやむを得ない。

[57]　覚せい剤の自己使用等の事案において、被告人をパトカー内で長時間留め置いたことにつき違法であるとしつつも、その程度は重大ではないこと等を理由として鑑定書等が違法収集証拠であり証拠能力を欠くとした原審の判断には訴訟手続の法令違反があるとして差し戻した事例

札幌高等裁判所平成26年12月18日判決、判例タイムズ1416号129頁
（事例［43］の控訴審）

▶▶**判旨**
　判決は、警察官らの措置につき「長時間にわたり被告人の移動の自由を過度に制約したものとして、任意捜査の範囲を逸脱した違法なものであったと評価せざるを得ない」と判示した上で、①本件現場における職務質問が適法に開始された上、被告人は、当初、本件警察車両内に任意にとどまっていたものと認められること、②被告人は、複数回にわたり本件警察車両の外に出たい旨の意思を表明し、2回にわたり実際に車外に出ようとする行動に出たことがあるものの、本件現場から立ち去る意思を明示したことはなかったこと、③任意採尿に応じる意向を示したことはなかったとはいえ、A警部補らに降車を制止された後も、所持品検査に応じたり本件留め置きの終盤段階でもB巡査長との雑談に応じたりしていたこと、を理由として「被告人の捜査拒否及び退去の意思が明確で、B巡査長やA警部補として、任意採尿に向けた説得や所持品検査等を継続することが相当でない状況に至っていたとはいえない」とした。
　そして、警察官らが①被告人に携帯電話の使用を禁じたことがないこと、②被告人は、午前4時13分頃以降、合計約40分間にわたり、外部にいる人物と通話していること、③本件現場における職務質問を開始した約50分後に

採尿令状を請求する方針となりそれに向けた準備が開始されたこと、を理由として、強制採尿令状の発付と執行を待つ間に、被告人を本件現場に留め置いた警察官らにおいて、令状主義を潜脱する意図があったものとは認められないとして、留め置きの違法性の程度は、いまだ令状主義の精神を没却するほどに重大なものではないとした。

　また、採尿手続は、請求手続が適法に行われた採尿令状によって適法に実施されていること、覚せい剤の差押えも差押許可状によって適法に行われており、差押許可状が発付されたのは、被告人が本件覚せい剤等を病室内のベッドに隠匿し、捜査機関の関係者でない看護師がそれを発見したという事情が介在しているから、本件留め置きと密接な関連性がないから各証拠を被告人の罪証に供することが将来における違法捜査抑制の見地から相当でないともいえないと判示した。

▶▶事案の概要

　被告人が午前2時20分頃から午前7時18分頃にかけて、約5時間にわたってパトカーに留め置かれた後に、いわゆる強制採尿令状が発付され、これにより採尿された尿、強制採尿が実施された病室に被告人が隠匿した白色結晶粉末（覚せい剤）2袋及びこれらの鑑定書についての証拠能力が争われた事案において、原審は、留め置き行為が実質的逮捕に当たるとした上で、その後の手続で取得された尿等について違法収集証拠として証拠調べ請求を却下した上で無罪判決を下したところ、検察官が控訴し、留め置き行為が違法であることは認めつつも、違法性の程度は令状主義を没却するほどに重大ではない、留め置き行為と証拠収集とは密接な関連性がないと指摘して、証拠を排除すべきでないとし破棄差戻しの判決を下した。

▶▶本件の争点

　違法収集証拠の証拠能力。

▶▶コメント

　事例［43］の控訴審判決である。「判旨」では紹介していないが、原判決の事実認定も見直されている。

[58] 捜索差押許可状の発付は嫌疑がなく違法であり、同令状に基づいてされたウェストポーチの捜索及び覚せい剤の差押えは違法である等として被告人を無罪とした原判決を破棄し、被告人に有罪を言い渡した事例

東京高等裁判所平成27年3月4日判決、LEX/DB文献番号25542609

▶▶判旨

　原判決は、本件現場における所持品検査に向けた警察官の説得及び留置きは、被告人の意思を制圧する程度といえないまでも、それに近いものであり、本件捜索差押許可状の発付時において、同令状を発付できるだけの覚せい剤所持の嫌疑は認められないから、同令状の発付は違法である。したがって、強度の説得及び留め置きを許容する根拠はなく、本件捜索差押許可状に基づいてなされたウェストポーチの捜索及び本件覚せい剤等の差押は違法であると判断したところ、本判決は、①警察官が、被告人につきパトカーを見て慌てた様子で顔を背けたこと、頬がこけている等の状態が薬物乱用者のそれと酷似すると判断したこと、②依存性の高い違法薬物の使用者に再犯が多いことは公知の事実であり、被告人が覚せい剤取締法違反及び大麻取締法違反の前科前歴を相当数有していたことも嫌疑の根拠となること、③①及び②の事情から被告人の覚せい剤使用が疑われるところ、外出先で、覚せい剤使用者が、覚せい剤を使用する目的で、あるいは使用した覚せい剤の残りを所持していることは予想し得るところであり、隠匿手段として覚せい剤を携帯している可能性も相当程度あるといえるから、覚せい剤所持についても、同令状の発付に必要な嫌疑があったと認めることができること、④被告人がウェストポーチを抱え込んで頑なに所持品検査を拒否し、声を荒げるなど興奮した様子を見せたところ、このような特異な拒絶状況は、そこに覚せい剤等の薬物が入っているとの疑いを一層強めるものであり、嫌疑の補強、あるいは令状発付の必要性の根拠とすることは不当とはいえないことから、本件捜索差押許可状の請求及び発付は適法であるとした。

　そして、午前4時11分頃から午前6時7分までの間も、十数名の警察官が被告人を取り囲み、被告人が立ち去る旨を申し出て、何回か実際に立ち去ろうとしたことがあり、その都度、警察官が立ちはだかるなどして阻止したことが認められ、少なくとも、被告人の立ち去りが相当に困難な状況が続いてい

たと認められるとしつつ、任意捜査における有形力の行使は、相手方の同意・承諾がなくとも、有形力を用いる必要性と侵害される相手方の法益との均衡が保たれている限り、許されると解されるとした上で、有形力行使は、捜索や逮捕にわたるような、相手方の意思を制圧するものであってはならず、また、侵害される法益の種類、程度、捜査目的を実現するためにその法益を侵害することの必要性、緊急性、犯罪の嫌疑の程度、重要性なども考慮して、具体的状況のもとで相当と認められる限度内のものでなければならないとした上で、本件では、被告人の自由な行動を許せば、携帯している可能性のある薬物等を投棄するなどして証拠隠滅行動に及ぶことが想定でき、隠滅後であれば、捜索差押許可状の発付を受けても実効性がないことから留め置きの必要性は肯定することができるものの、複数の警察官が被告人を隙間なく取り囲み、被告人が再三、そこから出たいとの明確な意思表示をして立ち去る行動に及んでいるにもかかわらず、身体を押し付ける、腕をつかむといった典型的な有形力の行使も用いつつ、被告人を警察官による囲いから出られないようにしている。被告人の移動の自由、ときに身体の自由という重要な法益を侵害したものであり、しかも、それは被告人の動きに対応した受動的、一時的なものではなく、あらかじめ立ち去りを防止しようとして、約3時間40分という短いとはいえない時間、玄関前の狭い敷地から移動することを制限していたから、手段の相当性を欠き、全体として違法というべきであるとした。

したがって、違法な本件留め置きの結果を利用して行われた本件の捜索差押も違法性を帯びることになると判示した。

もっとも、警察官が被告人を強い力で押さえ付けたり、掴んだり、引っ張ったりしたことはなく、被告人の身体に危害が加わらないように配慮していたこと、警察官がある程度離れた状態で被告人を取り囲んでいた時間帯も少なくなかったこと、被告人は妻や弁護士への電話を制約されていなかったこと、約3時間40分という時間も長時間とはいえないこと、本件留め置きの違法は軽微とはいえないが、悪質な態様とはいえず、法益侵害の程度も重大とはいえないこと、被告人には覚せい剤所持の嫌疑が相当程度認められ、本件留め置きに関わった警察官らも令状請求が可能かつ必要な程度の嫌疑があると認識していたこと、被告人が本件現場を立ち去れば覚せい剤等の投棄、隠滅は容易であり、本件捜索差押許可状による捜査目的を達するためには被告人を現場に留め置く必要性があったこと、警察官らは同令状の発付を受けて捜索差押をする意図であり、その令状の執行を確保するために、被告人を留め置いていること等を総合考慮した上で、本件留め置きの違法の程度は、令状主義の精神を没却

するような重大なものであるとはいえず、将来の違法捜査抑止の観点からも、上記各証拠の証拠能力を否定すべきであるとはいえないとした。

▶▶事案の概要

所持品検査を実施するために約3時間40分にわたって留め置きがされたという経緯のなかで発付された捜索差押許可状は嫌疑がなく違法であり、同令状に基づいてされたウェストポーチの捜索及び覚せい剤の差押えは違法である等として被告人を無罪とした原判決に対し、捜索差押許可状の発付は適法であり、留め置きの違法の程度は、令状主義の精神を没却するような重大なものであるとはいえないとして上記各証拠の証拠能力を肯定した。

▶▶本件の争点

違法収集証拠排除法則。

▶▶コメント

令状執行前に当該令状を執行するために被疑者（被告人）を任意捜査の範囲内で留め置くことがある。弁護人としては、具体的に被疑者（被告人）の自由が侵害されていることを主張することになるが、本判決では、具体的な事情を検討しているから、弁護活動を行うにあたって留意すべき点について参考になる。

4 尿鑑定による事実認定

[59] 覚せい剤の自己使用の事案で、被告人からの任意提出にかかる尿は、被告人が採尿時に排泄した尿ではなかった可能性が相当に高く、尿の鑑定書の証拠価値は著しく低いとして、被告人を無罪とした事例

釧路地方裁判所帯広支部平成14年3月27日判決、無罪事例集8集237頁

▶▶判旨

　覚せい剤の自己使用罪は、法定の除外事由なしに覚せい剤取締法2条1項所定の覚せい剤を自己の身体に注射、嚥下、塗布その他の方法により摂取することにより成立する。したがって、例えば、覚せい剤の常習者が、覚せい剤密売人と思しき人物から覚せい剤様の物質を購入し、これを摂取して覚せい剤を使用したかのような感覚を得たとしても、その物質が覚せい剤取締法2条1項所定の覚せい剤でなければ前記罪は成立しないのであるから、覚せい剤の自己使用罪の有罪立証のためには、犯人の身体から得た試料中に、犯人の体内を通過し、代謝の過程を経た状態の覚せい剤成分が科学的に検出された旨の鑑定結果（ないし証拠書類としての鑑定書）が不可欠である。大量に覚せい剤を常用した場合は、犯人の頭髪から覚せい剤成分が検出される場合もあるが、頭髪に取り込まれる覚せい剤成分の量が非常に微量であって検出されないこともあり得るため、頭髪鑑定は一般的ではない。通常は、使用した覚せい剤の大部分が尿中に排出されるため、使用後数時間から2週間程度の間は覚せい剤成分の検出が可能である尿鑑定が用いられ、鑑定手法としても確立している。尿から覚せい剤成分が検出されれば、被検者が採尿時から遡ること十数日の間に覚せい剤を使用したことは確実であるから、通常は密室犯罪である覚せい剤自己使用罪について、被告人が否認又は黙秘して具体的な使用の日時、場所を特定する供述が得られなくとも、採尿時から遡ること十数日間という幅のある記載、被告人の起居ないし行動したと思われる場所の包括的記載及び使用方法の概括的記載をもって訴因の特定が足りるものとされる（本件公訴事実もそのような記載である。）のである。このような意味で、尿の鑑定書は、覚せい剤自己使用罪において絶対的に強力な証拠としての地位を占めるものであると言える。

ところで、尿の鑑定書は、被検者が採尿手続時において、その時その場所で排泄した尿を鑑定試料とするという大前提に立って初めて意味を有するものである。鑑定試料が被検者以外の者の尿である場合はもちろん鑑定結果に何の意味もなく、仮に被検者の尿であっても、過去に排泄されたものであれば、前記使用時期に関する特定の範囲を超えてしまうから、やはり公訴事実についての証拠たり得ないこととなるからである。

　以上によれば、被告人・弁護人と検察官の主張の対立点は、本件任意提出にかかる尿が、被告人が本件採尿手続時にその時その場所で排泄した尿であるかどうかの一点に帰着するものと解する。具体的には、被告人が他人の尿を持ち込んで提出する余地があったかどうか及び被告人の逮捕後に発見された様々な物の評価に関する被告人の各供述の信用性が問題になる。したがって、本件は、法律判断ではなく、専ら事実認定により決着する事案と言うべきである。

　但し、刑事訴訟法は、被告人の有罪立証につき、立証責任を全て検察官が負うものとし、被告人・弁護人に無罪立証の責任を負わせるものではないから、前記対立点について疑問を払拭できない場合は、公訴事実について合理的な疑いを容れる余地のない立証ができないものとして判断するほかない。

（中略）

　これまで検討したところを総合すると、被告人は、警察に他人の尿を提出するために冷凍保存の尿を作成し、たまたま冷凍した尿が第一捜索差押において見過ごされたことから、断固として計画を実現しようと決意し、これをやり抜き、また、これが意図せずして捜査官側の捜査の様々な盲点を突いた結果となり、採尿手続終了に至った蓋然性があるものと認められ、これによれば、本件任意提出にかかる尿は、被告人が採尿時にその時その場所で排泄した尿ではなかった可能性が相当に高く、本件公訴事実である被告人の覚せい剤自己使用罪の有罪立証の不可欠の要である本件任意提出にかかる尿の鑑定書の証拠価値は著しく低いものと解さざるを得ない。

　そして、被告人の供述は、細かい点での勘違い、言い忘れ、言い直しは非常に頻繁に見られるほか、思い込みによる供述、本件任意提出にかかる尿が誰の尿であるかの点についての明らかな虚偽、最終使用時期にかかる疑わしい供述など、様々な疑わしい要素に満ちている。また、注射痕の存在その他の疑わしい情況証拠もないではない。しかし、これらのいずれによっても、覚せい剤を身体に使用したという科学的な鑑定結果が明白には存在しないことを補うことはできず、結局、公訴事実について合理的な疑いを容れる余地のない程度の立証はないものと結論せざるを得ない。

被告人は、自らの覚せい剤使用の罪責を免れようとする一心で、他人の尿をいじり回し、食料品とともにフリーザーに保存するなど不衛生なことを行い、これを通常の常識的な範囲内で捜査を行っていた警察の目を盗んで本件採尿手続場所に持ち込み、自己の尿であると嘘をついて提出するなどして捜査を妨害し、自己の犯罪に関する証拠を捏造した可能性が強いものである。しかも、公判段階でもこの尿が娘のM子のものであるとの虚偽としか思われない供述に固執し、5歳の娘を事実上捜査や裁判に巻き込み、なお全てについては真実を述べていない可能性も強いものである。
　しかしながら、刑事裁判の原則である「疑わしきは被告人の利益に」の原則は、本件においても貫徹されなければならない。

▶▶事案の概要
　被告人による覚せい剤の自己使用の公訴事実につき、被告人は、警察に他人の尿を提出するために冷凍保存の尿を作成し、たまたま冷凍した尿が第一捜索差押において見過ごされたことから、断固として計画を実現しようと決意し、これをやり抜き、また、これが意図せずして捜査官側の捜査の様々な盲点を突いた結果となり、採尿手続終了に至った蓋然性があるものと認められ、これによれば、本件任意提出にかかる尿は、被告人が採尿時にその時その場所で排泄した尿ではなかった可能性が相当に高く、本件公訴事実である被告人の覚せい剤自己使用罪の有罪立証の不可欠の要である本件任意提出にかかる尿の鑑定書の証拠価値は著しく低いものと解さざるを得ないとして、被告人を無罪とした事例。

▶▶本件の争点
　尿の鑑定書の元となった本件任意提出にかかる尿が、被告人が本件採尿手続時にその時その場所で排泄した尿であるかどうか。

▶▶コメント
　本判決は、鑑定試料が被検者以外の者の尿である場合はもちろん鑑定結果に何の意味もなく、仮に被検者の尿であっても、過去に排泄されたものであれば、前記使用時期に関する特定の範囲を超えてしまうから、やはり公訴事実についての証拠たり得ないこととなるから、尿の鑑定書は、被検者が採尿手続時において、その時その場所で排泄した尿を鑑定試料とするという大前提に立って初めて意味を有するものであるとしている。

そして、争点は、本件任意提出にかかる尿が、被告人が本件採尿手続時にその時その場所で排泄した尿であるかどうかの一点に帰着するものと解する、具体的には、被告人が他人の尿を持ち込んで提出する余地があったかどうか及び被告人の逮捕後に発見された様々な物の評価に関する被告人の各供述の信用性が問題になるとして、事実認定の上、本件任意提出にかかる尿は、被告人が採尿時にその時その場所で排泄した尿ではなかった可能性が相当に高く、本件公訴事実である被告人の覚せい剤自己使用罪の有罪立証の不可欠の要である本件任意提出にかかる尿の鑑定書の証拠価値は著しく低いものと解さざるを得ないとして、被告人を無罪とした。

[60] 被告人が捜査官に提出した尿が鑑定に付されるまでの過程が明らかでなく、当該尿が適正かつ妥当な方法により鑑定に付された事実を認められないとして、懲役2年を言い渡した原判決を破棄し、無罪を言い渡した事例

東京高等裁判所平成15年4月14日判決、LEX/DB文献番号25483468

▶▶判旨

被告人が捜査官に提出した尿が鑑定に付されるまでの過程が明らかとなっておらず、当該尿が、適正かつ妥当な方法により鑑定に付された事実を認めることができないのであり、そうである以上、鑑定に付された尿から覚せい剤が検出された旨の鑑定結果に、被告人が覚せい剤を使用したという本件公訴事実に対する証明力を認めることはできない。

▶▶事案の概要

覚せい剤使用の事案である。

被告人は、通報により出動した警察官らにより、交番に任意同行したが、その際の挙動から、精神障害か薬物中毒が疑われる状態であった。その後、被告人が尿の提出を承諾したため、警察署に同行させた上で、尿を採取した。

原審では、被告人から採取された尿から覚せい剤の成分が検出されたとして、被告人に有罪の判決を言い渡した。

しかしながら、被告人から採取された尿の入った採尿容器については、当初、被告人が別人の名前で署名指印した封かん紙により封かんされたはずにもか

かわらず、実際に鑑定に付された採尿容器には、被告人の本名で署名指印された封かん紙が貼付されていた。被告人は、事実誤認を主張し、控訴した。
　当控訴審において、本件採尿手続を取り扱った警察官は、被告人が偽名を使っていたことが判明し本名が分かった段階で、被告人に対し、本名の「Ｙ」名で一連の領置手続に関する書類を書き直すことを求めたところ、被告人がこれに応じたので、封かん紙についても「Ｙ」名で署名指印させ、既に採尿容器に貼付してあった「Ｘ」名の封かん紙を、面前で被告人に剥がさせた上で、新たに封かんをし直させたが、その過程において、尿を別の採尿容器に入れ替えたり、中身を差し替えたりしたことはないと証言した。
　本件において、裁判所は、一旦施された封かん紙が剥がされ、新たに封かんをし直したことが疑われるような場合には、そのことのみをもって当該尿の証拠能力が失われるとまでいうことはできないものの、少なくとも、検察官としては、封かんを破棄した後の過程においても、尿の差し替え、異物の混入等の可能性はなかったことについて、具体的事情を明らかにした上で、十分な立証をする必要があるというべきであるとした。
　そして、本件については、最終的に採尿容器の封かんが、どのような状況の下で、どのようにして行われたのかについては何ら判然とせず、それどころか、上記警察官の証言のとおりであったとすると、かえって、容易には説明のつかない疑問点が残り、真実、単に採尿容器の封かん紙の貼り替えが行われただけにすぎないのか、そもそも被告人が採尿時に使用した容器と鑑定に付された容器が同一であるのか、といった種々の疑念を払拭することができないとして、鑑定結果について証明力を認めることはできないと判断し、原判決を破棄、無罪を自判した。

▶▶**本件の争点**
　尿鑑定の証明力。

▶▶**コメント**
　本判決も指摘するとおり、被告人の尿から覚せい剤の成分が検出されたという事実は、被告人の覚せい剤使用事実を証明する上で決定的な証拠であり、それが故に、提出された尿から覚せい剤成分が検出されたとの鑑定結果が認められる事案においても、採尿手続過程の適法性が争われたり、採取された尿の取り違い、異物の混入等の可能性が主張されることは多い。
　本件では、被告人からの採尿時に採尿容器になされた封かんと、鑑定に付さ

れた採尿容器になされた封かんが異なることから、鑑定に付された尿が被告人のものか否かについて、重大な疑義が生じた事案である。検察官は、結局、封かんを貼り替えた理由や経緯について具体的な主張・立証が行えず、裁判所は、尿鑑定の証明力を否定した。

　鑑定の証明力判断は、①鑑定対象物件の適格性、②鑑定人の適格性、③鑑定の前提条件、④鑑定の内容、などの点に着眼して行われるが、本件は、①鑑定対象物件の適格性が問題となった事案である。

[61] 尿の量や薄層クロマトグラフィー（TLC）検査の結果によって、尿中の覚せい剤濃度とその摂取時期について判断を行うとの手法は、合理的な疑いを容れないほどの科学的根拠を有していないとして、起訴状記載の期間内に、被告人が覚せい剤を使用したという事実は認定できないとしたうえで、破棄差戻しをした事例

東京地方裁判所平成22年1月21日判決、LEX/DB文献番号2547154

▶▶判旨

　被告人の体内に覚せい剤が取り込まれた時期について、裁判所は、以下のように検討した。
　まず、「本件鑑定書には、被告人の尿から検出された覚せい剤成分について、被告人の体内に取り込まれた時期を特定する記載や、検出された覚せい剤成分の濃度の記載はない」。
　「……被告人の尿については『濃い』と判断できること、濃度が『濃い』と判断される場合には、……採尿からさかのぼって2日程度以内に摂取した可能性が非常に高いこと」、被告人の覚せい剤の使用時期に関して、「本件については、鑑定時のメモを見て事後的に判断したこと、TLCの結果により覚せい剤の濃度を判断する手法は、警視庁科学捜査研究所では一般的に行われているものではあるが、スポットの大きさや、発色までの時間や鮮明さについて数字で一律に表する基準が存在するわけではなく、論文化はされていないこと、本件における尿中の覚せい剤濃度とその摂取時期の判断は、これまでの自分の鑑定経験（尿鑑定については4000ないし4500件程度）と、覚せい剤濃度と使用時期に関する論文に基づくものであること、尿中の覚せい剤濃度からその摂取

時期を判断するに際しては、水分の摂取量、体格、内臓疾患の有無等による個人差があること、鑑定により尿中の覚せい剤濃度を数値で算出することは可能だが、本件では実施していないことなどを述べている」。

「……前述のような尿の量やTLCの結果により尿中の覚せい剤濃度とその摂取時期について判断を行う手法（以下『本件手法』という。）……判断の根拠となる、スポットの大きさや発色の時間、鮮明度について、数値化された明確な基準が存在するわけではない。また、本件手法……学会等における検証が行われている事実も認められない」。「……本件手法に基づく覚せい剤の摂取時期に関する上記判断が、合理的な疑いを容れないほどの科学的根拠を有しているかについては疑問が残るといわざるをえない」。

「以上によれば、……被告人の覚せい剤の摂取時期について、平成21年1月19日ころから21日までの間であると限定することはできないというべきである」。

▶▶事案の概要

被告人は、法定の除外事由がないのに、平成21年1月19日ころから同月21日までの間に、東京都内又は神奈川県内若しくはその周辺において、覚せい剤であるフェニルメチルアミノプロパンの塩類若干量を自己の身体に摂取したとの起訴事実により起訴された。

被告人が起訴状記載の期間内に覚せい剤を使用したとの事実は、警視庁科学捜査研究所薬物研究員作成の鑑定書等を根拠としていた。

▶▶本件の争点

尿の量や薄層クロマトグラフィー検査（マルキス試液及びシモン試液検査を伴う）の方法によって、尿中の覚せい剤濃度やその摂取時期について判断を行う手法は、合理的な疑いを容れないほどの科学的根拠を有しているか。

▶▶コメント

薄層クロマトグラフィー（TLC）とは、薬物の分析の手法の1つで、多く行われているものである。混合している成分の分離をして、成分を定性・定量するものがクロマトグラフィーであり、薄層クロマトグラフィーは、シリカゲルなどを塗布したプレートで、物質ごとのシリカゲルに対する吸着性などの違いから、分離をうながすものである。

この鑑定等により明らかになるのは、被告人が覚せい剤を摂取したというこ

とであり、日時・場所・方法は明らかにならない。本件は、この日時に関して、判断の根拠に明確な基準などがないことなどから、日時を公訴事実記載のとおりに限定はできないと判断したものであり、参考になると思われる。

[62] 被告人の尿の鑑定書について、その鑑定対象となった尿が被告人の尿であるとは認められず、関連性がないと判断し、他に証拠はなく、無罪を言い渡した事例

東京地方裁判所立川支部平成28年3月16日判決、判例時報2321号133頁

▶▶判旨

　検察官が被告人の尿から覚せい剤成分が検出されたことを証するものとして証拠請求をした鑑定書は、その鑑定対象となった尿が被告人の尿であるとは認められず、関連性がないと判断した。

　他に被告人の身体に覚せい剤が摂取されたことを証する証拠はなく、結局、本件公訴事実については、犯罪の証明がない（なお、警察官は、公判供述において、採尿直後の被告人の尿を予試験したところ、覚せい剤の陽性の結果が出たと供述する。しかし、この供述や予試験の結果のみでは、被告人の尿に覚せい剤成分が含まれていたことを科学的に正しく立証するものではなく、被告人を有罪にするに足りる証拠とはいえない）。

(中略)

　鑑定に付された尿が白地の封かん紙で封かんされたものであり、しかも、封かん紙が白地である経緯や事情を、担当した捜査官が一切説明できないという本件の事実関係においては、その鑑定に付された尿が被告人の尿であるとの証明はされていないというべきである。

　以上の次第であるから、鑑定書の鑑定対象となった尿が、強制採尿された被告人の尿であるとは認められない。

　よって、刑事訴訟法336条により、被告人に対し無罪の言渡しをする。

▶▶事案の概要

〈1〉被告人は、警察官から職務質問を受け、覚せい剤使用の嫌疑をかけられ、交番において、任意採尿を求められたが、これを拒否した。

〈2〉被告人を担当することとなったA警察官（本件の捜査責任者）は、被告人が任意採尿に応じないことから、強制採尿を実施することとし、裁判官から被告人の尿の捜索差押許可状（強制採尿令状）の発付を受けた。
〈3〉A警察官は、令状の発付を受けると、そのまま病院に直行し、被告人は、別の警察官によって、交番から病院に連れて来られた。同日、A警察官は、同病院内において、被告人に対し、令状を示し、被告人は、その令状に基づき、医師により、強制採尿され、A警察官がその尿を差し押さえた。A警察官が、被告人の面前で予試験を実施した後、採尿容器は封かんされた。被告人は、その後、自宅に帰された。
〈4〉なお、通常、採尿容器の封かんとは、採尿容器の蓋と容器にまたがるように封かん紙（シール）を貼って、容器を鑑定が実施されるまで開けられないようにすることをいい、封かん紙には、採尿された者が、自ら氏名と日付を書き入れ、指印を押すことになっている。仮に、採尿された者が署名等を拒否すれば、担当した警察官がその者の面前でその者の氏名等を記入する扱いとなっている。この封かん紙を剥がすと、採尿容器に開封済という文字が残される仕組みとなっており、封かん後、鑑定まで、尿に細工がされることを防止する仕組みとなっている。
〈5〉その後、A警察官の指示により、B警察官が、本件の強制採尿について、捜索差押調書（ただし、証拠排除されたものである）を作成した。この捜索差押調書は、実際には被告人の強制採尿に関与していないB警察官が、被告人の強制採尿の実施と尿の差押えを報告するものとなっており、しかも、実際の経過と異なり、被告人に令状を交番で示して病院に連行したとの内容になっており、明らかに内容虚偽のものである。
〈6〉その後、採取された被告人の尿は鑑定嘱託されず、事件処理は放置されていたが、地域課の警察官から、被告人の採尿に関し、問い合わせを受けたことがきっかけとなり、被告人のものとされる、氏名、日付、指印欄のいずれもが白地の封かん紙により封かんされた採尿容器に入った尿が、C警察官により、警視庁科学捜査研究所に持ち込まれ、鑑定嘱託された。なお、採尿容器は、チャック付ビニール袋である外袋に入れられ、その外袋の外から採尿容器を見ることができ、その外袋にも採尿された者の氏名等が警察官により記載されることになっている。その後、この尿は、鑑定され、覚せい剤成分が検出された。この鑑定嘱託に関し、科学捜査研究所に持ち込まれた鑑定嘱託書原本と、記載内容は同じであるが、フォント等体裁が異なる鑑定嘱託書謄本が作成されている。また、本件の採尿容器の封かん紙が白地である経緯を記した捜査報告書は

作成されていない。

▶▶本件の争点

鑑定書の鑑定対象となった尿が被告人のものであるか否か。

▶▶コメント

　判決では、「本件の捜査は、極めてずさんであり、厳しい非難を免れない」と指弾されている。
　これは、本件の強制採尿に関しては、警察官らにより、明らかに内容虚偽の捜索差押調書（証拠排除されている）が作成されていること、この捜索差押調書は、捜索差押えに立ち会っていない警察官により、強制採尿時に撮影された写真とも明らかに矛盾した、でたらめな内容で作成されていること、この捜索差押調書は、当公判廷における審理において内容虚偽が明らかになるまで、もっともらしく、強制採尿が適法にされたことを証明する証拠として機能し、被告人の逮捕、勾留がされ、当公判廷における審理においても、証拠請求され、弁護人の同意の意見を受けて、いったんは証拠採用されたものであることからである。これについて、「捜査の適法性の審査を欺く、重大な違法がある証拠であり、極めて不誠実な捜査である」ともしている。
　本件は、強制採尿という強度の捜査が実施されたにもかかわらず、速やかに正しい捜索差押調書が作成されることすらもなく、地域課の警察官による問い合わせがあるまで、相当日数、放置されていた。また、原本と体裁の異なる鑑定嘱託書謄本も作成されている。本件では、捜査において必ず踏襲しなければならない最も基本的な事項さえ、おざなりにされた著しく信頼性の低い捜査と評されてもやむを得ないものである。
　結局、こうした捜査経緯も相まって、採尿容器を封かんした封かん紙が白地であった一方、被告人は封かん紙に署名等をした旨供述するものであって、「そもそも、本件の捜査は、強制採尿に関し虚偽の捜索差押調書が作成されたり、封かん紙が白地の採尿容器に入れられた尿が鑑定に付されたのに、その白地である経緯や事情を説明できる捜査官が一人としていなかったりするなど、極めてずさんなものであり、信頼の基盤がなく、およそ信用できるものではない。警察署の扱いではないものや、記録が残されていない別の検体を、被告人の尿としてすり替えた可能性も否定しきれない」と評価・判断されたものである。
　鑑定試料の生成過程自体を研究する題材となると共に、これを争う場面として参考になるであろう。

5 自らの意志で覚せい剤を摂取したのではないとする弁解

[63] 覚せい剤の自己使用の事案で、被告人がその意思に反して男性客に覚せい剤を注射されたものであるとの弁解はあながち排斥することはできないとして、被告人を無罪とした事例

東京高等裁判所平成14年7月15日判決、判例時報1822号156頁

▶▶判旨

　覚せい剤自己使用の公訴事実について、ソープランドでの接客中、自己の意に反して男性客に覚せい剤を注射されたとの被告人の弁解は、関係証拠と対比してもあながち排斥することができず、被告人が覚せい剤を自己の身体に摂取したのは、その意に反した他人の強制によるものであると合理的な疑いを差し挟む余地があるといわなければならず、本件公訴事実については、被告人は無罪であると認められる。

▶▶事案の概要

　被告人に対する覚せい剤の自己使用の公訴事実につき、原判決が被告人を有罪としたため、控訴した事案で、本件においては、被告人が男性客にその意思に反して覚せい剤を注射されたものであることを裏付ける事情も種々認められる一方、原判決が被告人の弁解を不自然、不合理であるとして排斥した根拠には、必ずしも首肯することができない点が含まれていることからすると、被告人の弁解はあながち排斥することはできず、本件公訴事実について、被告人が自己の意思によって覚せい剤を体内に摂取した旨認定するには、合理的な疑いを差し挟む余地が多分にあるとして、原判決を破棄し、被告人を無罪とした事例。

▶▶本件の争点

　覚せい剤使用の故意の有無。

▶▶コメント

　本件は、被告人が男性客に覚せい剤を注射されたという弁解は、仔細に検討すると、不自然、不合理であるとして排斥し有罪を言い渡した原審判決に対し、被告人の供述を詳細に検討したうえで、その意に反して男性客に覚せい剤を注射された疑いが濃厚であるとして、原判決を破棄し、被告人を無罪とした事例である。

　本判決は、ベッドで寝入った被告人が右腕に激しい痛みを感じて驚いて起きたこと、その直後、被告人は身体に異変を感じて男性客に抗議したこと、気を失った被告人の頬を男性客が叩き正気付かせたこと、さらに男性客は被告人の左腕に注射をしたことなどの被告人の供述について、詳細に検討したうえで、意識が遠のく中での記憶に基づく否定できない真実性のある供述であるとして、その信用性を肯定した。そのうえで、被告人供述を不自然、不合理であるとした原判決の認定について、具体的に検討し、原判決が被告人の供述が信用できないとして指摘する点は、反対の見方が十分できるものばかりであって、有罪とする根拠としてはいずれも薄弱であるとしている。

　覚せい剤の使用は、密室において行われることが多く、供述証拠とりわけ被告人供述が立証の重要なカギとなるところ、本判決は、個々の事実について被告人に有利か否かを仔細に検討しており、参考になる判決といえる。

[64]　覚せい剤の自己使用の事案について、第三者が気を失った被告人に対して覚せい剤を摂取させた可能性が否定できない以上、覚せい剤使用の故意の要件を欠くとした事例

名古屋地方裁判所豊橋支部平成15年4月14日判決、LEX/DB文献番号28085718

▶▶判旨

　左手の指を切り落として出血している被告人につき、薬物依存を疑った医師が被告人の体内から薬物を排出させるために陰部にバルーンを差し込んで尿を排泄させ、その後、警察が当該尿を差押許可状に基づいて差し押さえたものであるところ、採尿自体について警察の指示や要請を窺わせる事情のない本件においては、当該尿の差押え手続に令状主義を潜脱するような違法は見当たら

ない。
　一方、左手の指を切り落として気を失っていた間に第三者に覚せい剤を摂取させられたという被告人の主張につき、当該第三者が覚せい剤に対する顕著な親和性を有し、被告人に対して覚せい剤の使用を促していた事実等から上記可能性が否定できない以上、被告人が自らの意思で覚せい剤を使用したものと断定することはできない。

▶▶事案の概要
　本件は、左手の指を切り落として気を失っていた被告人に第三者が覚せい剤を摂取させた可能性が否定できないとして、被告人が自らの意思で覚せい剤を使用したものと断定することはできず、無罪が言い渡された事案である。
　被告人は、左手の指3本を切り落として出血していたところを通行人に発見され、救急搬送された。その後、被告人の異常な言動から薬物依存を疑った医師が被告人の体内から薬物を排出させるために陰部にバルーンを差し込んで尿を強制的に排出させた。
　当該尿を鑑定したいとの警察の意向を受けた医師がこれを保管していたところ、警察が差押許可状に基づいてこれを差し押さえ、当該尿の鑑定書が作成された。これに対し、弁護人は、当該尿は医療行為に名を借りて採取されたものであり、令状主義を潜脱する違法があるから、上記鑑定書は、違法収集証拠であり、証拠能力はないと主張した。
　また、被告人は、「おやじ」に当たる第三者に「指を詰めろ」と言われて左手の指3本を切り落として気を失っている間に、当該第三者に覚せい剤を摂取させられた可能性があると主張した。なお、検察官は、被告人の弁解は信用できず、被告人が従前覚せい剤を譲渡し、覚せい剤前科も有することから、覚せい剤との親和性が深いなどとして、覚せい剤使用の故意があると主張していた。

▶▶本件の争点
　①医療行為により採取された尿の鑑定書の証拠能力。
　②覚せい剤使用の故意の有無。

▶▶コメント
　警察が尿を強制的に採取する場合には、いわゆる強制採尿令状が必要であるとするのが最高裁判例である（最一決昭55・10・23）。もっとも、既に排出

されている尿の差押えについては、通常の差押許可状で足りると考えられる。

本件では、被告人が意識不明の状態にあることを奇貨として、警察が令状を得ることなく医師をして医療行為に名を借りて尿を採取したという弁護人の主張に対し、裁判所は、当該尿の保管については警察の求めに応じていることを認める一方、採尿自体は医療行為として合理的であり、警察の指示や要請を窺わせる事情は存在しないとして、当該尿の差押え手続に令状主義を潜脱する違法はないとした。

次に、覚せい剤使用の故意については、まず、検察官の主張する被告人が従前覚せい剤を譲渡していたという証人の供述の信用性を詳細に検討したうえでこれを否定した。そして、「おやじ」に当たる第三者が「指を詰めろ」と強要してきたのに応じて被告人が自身の指を切り落として気を失っていた間に、当該第三者が覚せい剤を摂取させた可能性があるという被告人の供述の信用性を詳細に検討したうえでこれを肯定した。いずれも供述の信用性を詳細に検討したうえでの判断であり、特異な事例ではあるものの、事実認定の参考になる事案といえる。

[65] 被告人が職務質問を受けて逃走した後に、被告人が所有する普通自動車内のタバコの箱の中から発見された覚せい剤が、被告人以外の者によって入れられた可能性が否定できないとして、無罪とした事例

東京地方裁判所平成22年1月26日判決、LEX/DB文献番号25464368

▶▶判旨

裁判所は、「本件覚せい剤は、被告人が職務質問を受けて逃走した後に警察官あるいはそれ以外の何者かが本件タバコの箱の中に入れた可能性を否定できない」とし、その理由について以下のように述べた。

まず、裁判所は、「……職務質問の際の被告人の言動からすると、……警察官は、本件タバコの箱の中に覚せい剤が隠されているのではないかとの疑いを抱いたはず」として、「警察官は被告人が逃走した後に本件タバコの箱の中を確認し、それにもかかわらずその時点では本件覚せい剤は発見されなかったのではないか」との疑問を述べている。

この点につき職務質問等を行った警察官らは、覚せい剤が入っている可能性

が高いと考えたことから令状に基づき捜索して差押をしようとした旨述べているが、裁判所は、グローブボックス内に置いてあった可能性が高い自動車車検証は領置されていることからすると、警察官らは、グローブボックスを開けて、自動車車検証を領置した可能性が高いと判断した。そのうえで、グローブボックスを開けた際に、「本件タバコの箱についても、警察官が中を一瞥する程度のことはあったのではないかとの疑問を禁じ得ず、それにもかかわらずその時点では本件覚せい剤は発見されなかったのではないかとの疑いを払拭し得ない。そして、そうであるとすれば、本件覚せい剤は、被告人の逃走後に何者かが本件タバコの箱の中に入れたものである可能性を否定できない」と判断した。

「また、被告人が逃走した後に警察官が本件タバコの箱の中を一瞥する程度のことすらなかったとしても、その時点でグローブボックス内に別件覚せい剤や未開封の注射器が存在したのであれば、警察官がグローブボックス内から本件車検証を取り出した際に別件覚せい剤や未開封の注射器についてもこれを発見して領置するのが自然である（……少なくとも未開封の注射器については、グローブボックスの扉を開ければ中を一瞥するだけで容易にその存在に気付く状態にあった……）のに、その時点では、別件覚せい剤及び未開封の注射器のいずれも発見、領置されていない。このことは、その時点ではグローブボックス内に別件覚せい剤及び未開封の注射器が存在しなかったのではないかとの疑いを抱かせるものであって、被告人の逃走後に何者かがグローブボックス内に別件覚せい剤及び未開封の注射器を入れた可能性を否定できない」と判断した。

「本件自動車はその内部の捜索が行われた平成20年9月24日までE署の車庫内にドアロックをするなどして保管されていた点」に関しては、「E署所属の警察官であれば、管理担当者の目を盗んで本件自動車の鍵を持ち出すことも可能で……車庫のシャッターが開いていることもあるというのであるから、警察官以外の何者かが鍵を用いずに本件自動車のドアを開けて本件覚せい剤を本件タバコの箱の中に入れる……可能性がないとまではいえない」と判断した。

被告人が本件覚せい剤の所持について自白をしている点に関して、裁判所は、被告人の公判供述や警察官調書などの被告人の供述から、「……明確な記憶のなかった被告人が、本件タバコの箱の中から本件覚せい剤が発見されたとの事実を突きつけられたために、……虚偽の自白をするに至ったとも考えられる」として、「したがって、自白が存在することをもって被告人が公訴事実記

載の日時場所において本件覚せい剤を所持していたと認めることはできない」と判断している。

▶▶事案の概要

　被告人は、平成20年9月13日午後10時ころ、密売人からパケ入りの覚せい剤と注射器を購入し、被告人の所有している普通自動車内において、その一部を水に溶かして自己の身体に注射して使用した。翌14日午前1時20分ころ、被告人は、路上に本件自動車を停車させて、運転席で横になっているところを、警察官らに発見され、職務質問と所持品検査を受けた。被告人は、この際、本件タバコの箱から注射器を取り出して、これを運転席の腰掛け部分と背もたれの継ぎ目にねじり込んで隠した。また、被告人が本件自動車のエンジンをかけようとしたため、警察官らは、被告人のエンジンキーを取り上げ、隠したものを出すように説得を続けたところ、被告人は、注射器の押し出し棒を取り出し、提示するなどしていたが、警察官らの制止を振り切って車外に出て、裸足のまま逃走した。

　その後、警察官らは、被告人を本件覚せい剤の被疑者と認めて、本件自動車やその自動車車検証のほか、背もたれの継ぎ目に遺留された注射器の押し出し棒及び注射筒等を領置した上、本件自動車を運転して、警察署に搬送した。本件自動車は、警察署内において、シャッター付きの車庫で、ドアをロックし、前輪左右のタイヤに輪留めを施し、保護シートを覆い被せた状態で保管された。

　同月24日午後3時37分から午後4時10分ころまで、本件自動車内で、捜索差押許可状に基づき覚せい剤等を目的物とする捜索が行われた。捜索差押の経過として、本件覚せい剤はセンターコンソールで並んで設置されたドリンクホルダー内に置かれた本件タバコの箱の中で、別件覚せい剤及び未開封の注射器は助手席グローブボックス内で、それぞれ発見されたと記載されている。

　被告人は、公判廷においては本件犯行を一貫して否認しているが、捜査段階では、当初こそ否認していたものの、検察官の取調べに対して、別件覚せい剤及び未開封の注射器については自分がグローブボックス内に入れたものであることを否認する一方で、本件覚せい剤については「これまで、覚せい剤を持っていた覚えはないなどとお話していましたが、本当は、覚せい剤を使った残りの覚せい剤を持っていました」などと供述し、翌日の警察官による取調べでは「……シャブを食った私は、……吸っていた……の箱の中に入れました。そして、シャブが入っていたパケをどうしたかよく覚えていませんでしたが、

結局このタバコの箱の中に入っていたのです」と供述していた。

▶▶本件の争点

被告人の所有する普通自動車内のタバコの箱から発見された覚せい剤は、被告人が所持していたものと合理的な疑いがなく認定できるか。

▶▶コメント

疑わしきは被告人の利益にという原則にのっとり、被告人以外の第三者が本件タバコの箱の中に本件覚せい剤を入れた可能性が否定できないとして無罪を言い渡した事例である。覚せい剤等の事案において、被疑者・被告人が自分の物ではないという弁解をすることは、よくあることであるが、どのような事情のもと、その弁解が認められる余地があるのか、参考になるものと思われる。

なお、この件は、控訴審（名古屋高判平22・9・29）により、原審判決は破棄され、公訴事実は認められるとして有罪とされている。

---

[66] 被告人に対してわいせつな行為をしようとし、その手段として覚せい剤を注射しようとする第三者に対し、抵抗することが非常に困難な状況であったため、注射される間抵抗しなかったことが認められるとしても、覚せい剤使用についての共謀を認めることが出来ないとして無罪を言い渡した事例

大阪地方裁判所平成24年8月31日判決、LEX/DB文献番号25482879

▶▶判旨

被告人は、自分から覚せい剤を使用してその効果を得ようという意思はなく、被告人に対してわいせつな行為をしようとし、その手段として覚せい剤を注射しようとする共犯者に対し、いったんはこれを拒絶したものの、しつこくこれを求められ、抵抗することは非常に困難な状況においてこれに応じないとどのような危害が加えられるか分からないと怖れ、最終的にはこれを受け入れ、注射される間抵抗しなかったことが認められる。そうすると、被告人は、最終的には覚せい剤の使用を容認し、抵抗しないで注射を受け入れているが、覚せい剤の効果を得ようという意思はなく、使用について積極的に何らかの言

動をしたこともなく、抵抗が非常に困難な状況において消極的に共犯者の行為を受け入れたにすぎない。これらの事情をもって、自分の犯罪として覚せい剤を共同して使用したと評価することはできず、被告人と共犯者との共謀を認めることはできない。……結局、被告人が自ら覚せい剤を摂取したと認めることはできず、また、自らの意思に基づいて摂取したとも、共犯者と共謀の上覚せい剤を摂取したとも認められない。したがって、本件公訴事実は、犯罪の証明がないことになるから、刑事訴訟法336条により被告人に対して無罪の言渡しをする。

▶▶事案の概要

被告人（女性）は、事故の約5カ月前に飛び降り自殺を図った際に、骨盤や両足踵、左腕を骨折するなどの重傷を負い、事故当日も自立歩行が相当程度困難な状態であり、左手の握力もほとんどない状態であった。上記のような傷害を負っていた上に、暴力団関係者であると被告人が考えていた男性と男性方宅で二人きりになり、被告人に対してわいせつな行為をしようとし、その手段として覚せい剤を使用し、興奮状態になった男性から、わいせつな行為を求められ、その手段として覚せい剤使用を迫られていたため、肉体的にも心理的にも被告人が抵抗することは非常に困難であった。

本件では、覚せい剤を注射しようとする男性に対して被告人は、最終的には覚せい剤の使用を容認し、抵抗しないで注射を受け入れているが、覚せい剤の効果を得ようという意思はなく、使用について積極的に何らかの言動をしたこともなく、抵抗が非常に困難な状況において消極的に男性の行為を受け入れたにすぎず、これらの事情をもって、自分の犯罪として覚せい剤を共同して使用したと評価することはできず、被告人と男性との共謀を認めることはできないとし、無罪を言い渡された。

▶▶本件の争点

覚せい剤自己使用の故意、共犯者（男性）との共謀の有無。

▶▶コメント

覚せい剤自己使用について、故意及び共謀が否定されるのは、極めて稀である。被告人が最終的には覚せい剤の使用を容認し、抵抗しないで注射を受け入れているものの、故意及び共謀を否定しており、参考になる。本件では、被告人が事件当時、重度の傷害を負っており、肉体的に抵抗が非常に困難であっ

た事情が考慮され、自己使用が否定されたものと考える。

[67] 被告人が覚せい剤を自己の身体に注射したのは、捜査対象者から拳銃を頭部に突き付けられて覚せい剤の使用を強要されたためであることから緊急避難に該当するとして無罪を言い渡した事例

東京高等裁判所平成24年12月18日判決、判例時報2212号123頁

▶▶判旨

　被告人が自己の身体に覚せい剤を注射した行為が、現在の危難を避けるためにやむを得ずにした行為といえるかについて検討すると、……本件においては、覚せい剤の影響下にあった捜査対象者が、けん銃を被告人の頭部に突き付けて、目の前で覚せい剤を使用することを要求したというのであるから、被告人の生命及び身体に対する危険の切迫度は大きく、深夜、相手の所属する暴力団事務所の室内に2人しかいないという状況にあったことも考慮すると、被告人が生命や身体に危害を加えられることなくその場を離れるためには、覚せい剤を使用する以外に他に取り得る現実的な方法はなかったと考えざるを得ない。また、本件において危難にさらされていた法益の重大性、危難の切迫度の大きさ、避難行為は覚せい剤を自己の身体に注射するというものであることのほか、本件において被告人が捜査対象者に接触した経緯、動機、捜査対象者による本件強要行為が被告人に予測可能であったとはいえないこと等に照らすと、本件において被告人が覚せい剤を使用した行為が、条理上肯定できないものとはいえない。

　そして、本件において、被告人の覚せい剤使用行為により生じた害が、避けようとした被告人の生命及び身体に対する害の程度を超えないことも明らかであるから、被告人の本件覚せい剤使用行為は、結局、刑法37条1項本文の緊急避難に該当し、罪とならない場合に当たる。

▶▶事案の概要

　被告人は、平成23年7月ころ、以前から面識があった警察官に対し、覚せい剤密売事件に関し、関係者の氏名や覚せい剤の保管場所等について情報提供をしたところ、同年8月頃、同警察官から、覚せい剤の保管場所であるマンショ

ンの部屋と、当日密売する覚せい剤を保管しておく自動車の車種がわからないから調べて欲しい、覚せい剤のサンプルを取ってきてほしいと言われ、その依頼を受けた、そこで、平成24年1月に関係者に会いに行き、同人から必要な情報を聞き出し、帰ろうとしたところ、同人に怪しまれ、同人から拳銃を右こめかみに突き付けられ、目の前にあった注射器で覚せい剤を注射するよう強要されたため、断ったら殺されると思い、覚せい剤を自分で注射したというものである。

関係者からけん銃を頭部に突き付けられて覚せい剤の使用を強要されたため、断れば殺されると思い、仕方なく覚せい剤を使用した旨の被告人の供述は、その信用性を排斥できないというべきであるとし、被告人の行為は緊急避難に該当すると認められた。

▶▶本件の争点

緊急避難の成立の可否。

▶▶コメント

覚せい剤の自己使用事件において緊急避難の主張が認められるケースは極めてまれであると思われるが、拳銃を頭部に突き付けられた状態という極めて特殊な事情を考慮すれば、当然の結論と考える。

---

[68] 被告人はその意思に基づかずに覚せい剤を注射されたことを具体的にうかがわせる事情があることなどから、被告人が自らの意思に基づき覚せい剤を使用したという点に合理的疑いが残るとして、無罪を言い渡した事例

福岡地判小倉支部平成26年7月18日判決、LEX/DB文献番号25504573

▶▶判旨

本件最終摂取直前に至るまでの相当期間にわたり、本件各先行摂取の際やそれ以外の場面において、被告人がB(筆者注:元交際相手)から受けていた監禁ないし暴行、傷害の内容にかんがみれば、本件最終摂取時において、被告人が、自身でも供述するように、Bから再び監禁ないし暴行されることを恐れ、Bの意に反する行動を取ることが困難な心理状態にあった可能性を否定でき

ない。そうすると、本件最終摂取の際、明確な抵抗をすることなく、Bの指示に従ってそのそばに行き、首を差し出したという被告人の行為は、当時Bに覚せい剤を注射されるとわかったものの、Bに対する恐怖心から、その意に反する行動を取れず、Bに注射されることを消極的に受け入れたにすぎないものである可能性を排斥できない。すなわち、自分から覚せい剤を使用してその効果を得ようとする意思や、Bに覚せい剤を注射してもらおうという主体的な意思を被告人が有していたとまでは断定できない。このように、本件においては、被告人がその意思に基づかずに覚せい剤を注射されたのではないかという具体的疑いを抱かざるを得ない……このような事情にかんがみれば、被告人において、自らも供述するように、Bに対し、その意に反して逃げたり警察に通報したりすれば、再び監禁され、暴行を受けるかもしれないという恐怖心を抱いていたため、Bの意に沿うような行動をとるほかない心理状態にあった可能性を否定できない。そうすると……被告人において、Bから覚せい剤を注射されることを「消極的に」受け入れたものにすぎない可能性を否定できないから、覚せい剤使用の認容、すなわち、覚せい剤を使用してその薬効を得ようとする意思ないし覚せい剤を注射してもらおうという主体的な意思まであったと断定することはできない。

▶▶事案の概要

被告人は元交際相手により監禁されるなどしていた中で、複数回覚せい剤を注射されたところ、これら覚せい剤の最終使用行為について覚せい剤使用罪で起訴された。被告人は、覚せい剤の使用について抵抗することができない状態で注射されたのであり、覚せい剤使用の故意がないと主張して争った。

▶▶本件の争点

覚せい剤自己使用の故意の有無。

▶▶コメント

人間の身体内では覚せい剤成分が生成されないため、尿中より覚せい剤成分が検出された場合、覚せい剤を体外より摂取したことになる。そして、覚せい剤は日常生活上誤って摂取するような物ではないから、通常、摂取にあたっては自らの意思に基づいてされたものと考えられる。そうすると、尿中より覚せい剤成分が検出された場合、特段の事情のない限り、その意思に基づいて覚せい剤を摂取したと考えられ、使用の故意が認められる。多くの裁判例はこの

ような論理で覚せい剤使用の故意を推認し、故意が争点となる場合は特段の事情を審理する傾向にある。

　本件は、この特段の事情について、被告人の公判供述を詳細に検討した上で無罪としたものである。

　もっとも、本件では、被告人は覚せい剤を摂取することについては認識しており、この点が特徴的である。裁判所は、覚せい剤使用について「『消極的に』受け入れたものにすぎない可能性を否定できないから、覚せい剤使用の認容」があったと断定できないと判示して、故意を否定した。故意について最高裁判例はいわゆる認容説に好意的といわれているところ、本判決も認容説に配意した判断をしたものと思われる。

[69]　覚せい剤の使用事犯において、交際相手が被告人に無断で同人の飲み物に薬物を入れた旨の供述が信用できるとして、被告人につき覚せい剤使用の故意が認められないとして無罪とした事例

奈良地方裁判所平成27年8月26日判決、LEX/DB文献番号25542064

▶▶判旨

　判決は「被告人が提出した尿から覚せい剤成分が検出された事実が存在する」ことから覚せい剤が「自らの意思に基づくものか否かはともかく、何らかの方法によりその体内に覚せい剤を摂取したことは明らかで」あり「覚せい剤が、法律により厳しく取り締まられている禁制薬物であって、一般人において日常生活の過程で誤って体内に摂取されることは通常あり得ないことからすると、被告人の尿中から覚せい剤成分が検出された場合、この事実だけから、被告人が知らない間に、あるいは、強制的に、または、欺罔その他の方法に基づき、被告人の意思に反して摂取させられた疑いがあるような特段の事情がない限り、被告人が自らの意思に基づいて覚せい剤をそれと認識して体内に摂取したと推認することができる」という一般論を述べた上で、本件ではこの推認を妨げる特段の事情の有無について検討した。

　そして、交際相手の供述が、①それなりに具体的で、決定的に不自然、不合理といえるような点は見当たらないこと、②交際相手は、従前、同人が注射してやる方法で、被告人と一緒に覚せい剤を使用していたことなど自身にも被告

人にも不利益な内容を供述しており証言態度にも問題がないこと、③被告人は覚せい剤取締法違反の罪で執行猶予中であるところ、本件で有罪となれば前刑の執行猶予が取り消される状況にあるから、交際相手には被告人をかばうための虚偽供述の動機があるものの、しかし、交際相手の供述に従えば、交際相手は覚せい剤を被告人に飲ませて使用したという単独犯となり、より犯情が悪く、刑罰が重くなるところ、そのことを誤解しているといった様子がなく、捜査公判を通じ一貫した供述をしていることも認められ、自己に不利になるような虚偽供述をすることについて疑問があること、④検挙された当時の状況から本件覚せい剤を摂取した際の状況について、被告人との間で、有効な口裏合わせができる状況にはなかったこと等を指摘して、交際相手の供述はそれなりに信用性を備えたものといえ「少なくとも、本件故意の推認に対する合理的な疑いを生じさせる事情となるものであ」るとした。

▶▶事案の概要

被告人が捜査段階では自白、公判廷において覚せい剤を使用したことは覚えていないと供述し、交際相手が被告人の知らない間に飲み物に入れた旨供述している状況の下、検察官は、交際相手の供述が信用できず、被告人の捜査段階の自白が信用できると主張したが、裁判所は交際相手の供述が信用でき、被告人の供述は信用できないとして無罪とした。

▶▶本件の争点

覚せい剤自己使用の故意の有無。

▶▶コメント

覚せい剤の使用事犯においては故意がしばしば争点となる。通常は被告人から何らかの弁解が示されつつ、被告人の尿中から覚せい剤成分が検出されている場合が多いと思われる。その場合は、本判決も指摘するように、覚せい剤が体内で生成される物質ではなく、日常生活の過程で誤って体内に摂取されることもないという経験則に基づき、被告人の尿中から覚せい剤成分が検出された場合には、特段の事情がない限り、被告人が自らの意思に基づいて覚せい剤と認識した上で体内に摂取したと推認されるとし、この「特段の事情」について審理されることになる。

もっとも、本件では、被告人は捜査段階で覚せい剤使用について一応自白していたが、薬物中毒後遺症という精神障害の影響のためか事実関係についてほ

とんど記憶がない状況であり、公判廷では一層記憶は後退していた。他方で、交際相手は一貫して被告人が知らない間に覚せい剤を飲み物に入れた旨供述していた。

　このように、本件では、被告人が明確な否認供述をしていたわけではなく、共犯者が被告人の故意を否定するというやや珍しい事案である。

6 共犯者の供述

[70] 覚せい剤営利目的輸入罪の共犯関係の成立が争点となった事案において、共犯者2名の供述には信用性がなく、他方、被告人の弁解内容には一応の合理性があり信用性を否定できないとして、被告人を無罪とした事例

福岡地方裁判所平成13年7月17日判決、判例タイムズ1091号291頁

▶▶判旨

　Aの一審での供述内容について、①犯行直前の1年半の間に、被告人は5回しか渡韓していないこと（甲は30回以上）及び韓国との国際電話は1回しかなかったことから「被告人が独自に密輸ルートを開拓することは困難であった」こと、②被告人の行動に関する供述について裏付けがなかったり、むしろAの行動と合致すること、③共犯者Bの供述との関係のうち、供述が一致しない部分について、Bの供述を信用することができる点があること、一致する部分についても、捜査官の誘導による結果ではないかとの疑いを否定できないことや、AがBに対し偽証を示唆しようとして書簡を送り、Bの一審での証言に影響を与えた可能性を否定できないことをそれぞれ指摘している。また、供述内容自体について、④Cへの仲介役依頼の経緯について具体的な供述が欠如しており不自然であること、⑤被告人から甲に対する謝礼がないこと、⑥甲が被告人に言われて作成した念書について、その作成経緯について曖昧な供述しかしておらず、不自然であることをそれぞれ指摘している。さらに、密輸入代金の授受や最初に密輸入を頼まれた経緯・時期に関する供述経過が変遷していることについて、Aの供述によると、Aは、「被告人から覚せい剤の密輸入を強引に指示されたというのであるから、上記の点についての記憶が大きく変容ないし混乱するとは考えにく」いから、この点の「A供述の変遷は、意図的に生じたものである疑いが強い」ことを指摘している。

　他方、Aは、自身が死ぬ直前、「被告人の依頼した弁護士に対し、確定一審において被告人に不利な虚偽の証言をしていたことを認め、被告人は無罪である旨供述して」いる。その内容は概括的で、本件の核心部分の説明はないが、「被告人の依頼した弁護士に自発的に連絡をとって自宅に来てもらい、意識清明の

状態で供述していることが認められる」ことや、「Aが上記供述を強要された様子はなく、被告人からの報復を恐れ家族の行く末を案じて供述したような形跡もうかがわれない」ことから、Aの一審における「供述の内容は、他の証拠に照らして種々の不自然なところがある上、その供述の内容自体にも不自然、不合理な点が多々見受けられ、しかも、その供述が重要な点で不自然に変遷していることが認められる一方、Aが死の直前にした新供述は、前述のようなA旧供述の種々の疑問点を裏付けるものということができ、その信用性を否定し難いところであるから、甲旧供述の信用性は低い」と判断した。

　次に、B供述について検討している。Bは、再審段階で、被告人が本件に関与した旨を供述した理由は、逮捕直前に被告人から受けた暴行等に対する憎しみや思い込みから、取調官に迎合したことであると述べている。これについて、裁判所は、「被告人が処罰を受けるのは当然と思って、ことさら被告人を罪に陥れるという意識が希薄なまま、被告人に不利な虚偽供述をした可能性を否定できない」などとし、「Bが証言を翻したのは、被告人に対する恐れによるのではなく、Bの真意に基づくものであることをうかがわせる」とした。そして、Bの旧供述が虚偽の内容であり、新供述の信用性が否定できないことを指摘した上で、供述の変遷について、「供述変遷の理由について、検察官から上記の事情聴取を受けた際には、仮出獄の取消しを恐れて、嘘の供述をしたものである旨の説明をしているところ、刑務所を仮出獄してきたBが、その仮出獄の期間は当時既に経過していたとはいえ、法律には素人であったことから、仮出獄が取り消されるなどの不利益を受けるのではないかと恐れて、検察官に迎合して供述したということは考えられないことではない」し、「その後の再審請求審及び当審においても、前記のとおり、確定一審では被告人に不利な虚偽の証言をしたことを認めていることを併せ考えると、上記の供述変遷の理由についてのBの説明を不自然とはいい難い」とし、「B新供述の信用性は否定できないと考えられるから、結局、B旧供述は、その信用性に疑いがあるというべきである」とした。

　他方、被告人の弁解について、①被告人の供述には、被告人が、甲の覚せい剤取引と何らかの関わりがあったことを示す内容が含まれるが、覚せい剤の密輸入に関与していたことまで示すものではなく、被告人の弁解を含めその供述自体に格別不自然、不合理なところがあるともいえないこと、②勾留され服役した十数年もの長期間にわたり、一貫した弁解を続けていること自体、被告人の供述の信用性を示しているとも考えられること、③被告人の個別の弁解内容についても信用性がないとはいえないと判断した。

そして、「A旧供述及びB旧供述はいずれも信用性が乏しいといわざるを得ず、他方、被告人の弁解は、その内容に一応の合理性があり、信用性を否定できない」とし、A及びBの供述に基づいて被告人の犯罪事実を認定できないとして、覚せい剤取締法違反の公訴事実について無罪とした。

▶▶事案の概要

本件は、覚せい剤取締法違反、関税法違反及び傷害により懲役16年の判決を受けた被告人が、覚せい剤営利目的輸入罪等について有罪が確定していたが、1審における共犯者A及びBの証言が虚偽であり、Aらが虚偽であることを認めていることを理由に、再審請求をした事件である。なお、被告人は、A及びBとの共謀関係について、「身に覚えがない」として、本件の捜査段階から一貫して否認している。

▶▶本件の争点

共犯者との共謀関係についての共犯者供述の信用性。

▶▶コメント

共犯者供述の信用性の判断過程については、各種文献があるところである。本件は、各共犯者の供述に、捜査段階、公判段階、再審段階で変遷がみられたところ、各共犯者供述の信用性が判断のポイントとなった上で、被告人を無罪とした極めて珍しい事例である。

本件の再審開始決定は、福岡地決平8・8・31（判例集未登載）で、これに対する即時抗告棄却決定が福岡高決平12・2・29判タ1071・272である。本件の第1審判決（福岡地判昭57・9・30判例集未登載）から、再審要件や再審開始決定に至るまでの経緯については、上記即時抗告棄却決定も併せて参照されたい。

[71] 被告人が共謀して覚せい剤有償譲受けをした事案における密売の首謀者であった共犯者Aとの間の共謀について、Aの証言に不合理な変遷や関係者の証言と看過し得ない齟齬があり、信用性が認められないとして、被告人を無罪とした事例

大阪地方裁判所平成13年10月4日判決、LEX/DB文献番号25420625

▶▶判旨

　被告人とAの共謀があったことを推認させる事実として、裁判所は、①被告人がAが覚せい剤を密売している現場を訪れていたこと、②Aが使用していた部屋は、被告人も所属する暴力団の組員関係者賃借し、被告人に転貸したものであること、③被告人は、覚せい剤取締法違反による前科六犯を有し、うち二犯は営利目的所持の事案である上、被告人自身、本件公判廷において、過去にAを使って覚せい剤の密売をしたことがあると認めていることを認定している。また、Aの供述の信用性を補強する事実として、④関係者の証言から、被告人が、Aが覚せい剤の密売を生業としていたことを認識し、被告人とAとが覚せい剤の売り上げの話をしていたことを認定している。

　その上で、裁判所は、直接証拠たる共犯者Aの供述の信用性を検討する。なお、Aは、捜査段階当初の取調べにおいては、被告人の関与を否定していたが、捜査段階後期、本件に被告人が関与した旨の供述をするに至った。しかしながら、公判では、被告人との共謀を否認した。そこで、Aが捜査段階後期にした供述の信用性が争点となった。

　裁判所は、被告人とAとが親しい間柄にあるため、Aが被告人に不利益な供述をすることをはばかる関係にあるため、一般的にAの供述には信用性があるとみても差し支えない場合が多いとした。そして、Aの供述内容は「詳細かつ具体的で、特に、密売を始めた前後の状況や謀議の状況などに関する供述は、まさに体験した者でなければ供述しえない内容で、非常に迫真性がある」ことを指摘した。

　しかしながら、Aの供述内容の具体的検討をするにおいては、Aが供述を変遷させた理由は、「取調官から他の証拠と符合しない点や不合理な点を追及されて、従前の供述を維持できなくなったから」であり、共謀の核心部分についても、厳しい追及を受ければ供述を変遷させた可能性があることや、Aの供述

態度には真摯さが窺われないことから、「他の証拠との整合性がない限り、これを信用するのは危険である」とした。

そこで、裁判所は、Aが供述する事実のうち、共謀成立を推認させる間接事実として、①被告人とAとの連絡状況、②被告人からAへの覚せい剤の動き、③Aから被告人への売上金の動きを挙げ、これらについて、被告人及びAと関係があった人物（B、C）の証言の信用性を検討して、認定しようとする。

B、Cの供述の信用性について、基本的には信用することができるとしながら、BとA、CとAの供述には②③の重要な部分に齟齬があることから、B、Cの供述は、「被告人とAとの間で覚せい剤や現金のやり取りがあったこと等の大筋においてはAの捜査後期供述と合致するものの、共謀の成立を推認させる核心部分というべき、被告人からAへの密売用覚せい剤の受渡しの状況や、Aから被告人への売上金の受け渡しの状況等に関する供述については、A供述とは看過しえない齟齬があり、A供述を裏付ける力は弱いといわざるを得ない」とした。

そして、被告人とAとの間には、「覚せい剤販売の共謀関係であったとまでは断じがたく、例えば、被告人が単に覚せい剤をAに売却していたにとどまる関係であった可能性も、完全には排斥しきれない」として、被告人を無罪とした。

▶▶事案の概要

被告人は、Aと共謀の上、営利の目的で、①多数回にわたり多数人に対し、覚せい剤を有償で譲り渡したこと及び②覚せい剤を所持したことを公訴事実として起訴された。被告人は、有償譲渡し及び所持がAによるものであることについて争っていないが、Aと共謀したことについて、捜査段階から一貫して否認している。他方、直接証拠である共犯者Aの供述は、二転三転している。

▶▶本件の争点

被告人と共犯者との間の共謀の成否。

▶▶コメント

被告人が共謀を否認している事件において、共謀の成否に関する直接証拠としては共犯者供述しかないため、この共犯者供述の信用性を検討した上で、被告人を無罪とした事例である。本件では、共犯者の供述が変遷しているため、共犯者の供述と関係者2名の供述とを子細に検討した上で、共謀の核心部分に

ついての共犯者供述の信用性を否定した。

　本件では、裁判所が、被告人と覚せい剤との結びつきや、被告人が単に覚せい剤をAに売却する関係であった可能性まで言及しているところ、覚せい剤の営利目的有償譲渡について無罪となった限界事例としての価値があるだろう。

[72]　被告人2名（Y1・Y2）の覚せい剤取締法違反・関税法違反が争われた事件で、実行行為に関与していない被告人2名の罪に関して、共謀の成立が問題となり、その共謀の認定について、この両名の共犯者とされる者Aの供述の信用性が争われた事例

東京地方裁判所平成20年5月14日判決、判例時報2012号151頁

▶▶判旨

　判旨は、まず、Aの供述以外の証拠関係から、本件犯行には、A以外に同格あるいは、より上位の立場の者が関与しており、非合法活動を行う工作員等の関与が疑われるといった事実を認めている。

　そして、Aの供述以外の証拠関係から、相当規模の暴力団等の非合法組織の後ろ盾が不可欠であること等を認め、被告人Y1及びY2の本件犯行への関与が強く疑われると判断している。

　そのうえで、A供述の信用性に関しては、「Aは、上記のとおり、本件各事件において被告人Y2が北朝鮮側との連絡役、被告人Y1が資金提供役及び被告人Y2とA間の連絡役であったなどとして、被告人両名が本件の共犯者である旨明確に供述している……A供述を除く関係証拠によれば、本件ではAのほかに本件に深く関与した共犯者の存在が動かし難い事実として認められるのであり、この点がA供述と整合している上、Aが共犯者として指摘する被告人両名については……本件に関与したことが強く推認され、あるいは相当の疑いをもって見ることができるのであって、これらの点はA供述の信用性を強力に裏付けるものといえる」と判断している。

▶▶本件の争点

　被告人2名（Y1・Y2）の覚せい剤取締法違反・関税法違反が争われた事件で、実行行為に関与していない被告人2名の罪に関して、共謀の成立が問題と

なり、その共謀の認定について、この両名の共犯者とされる者Aの供述の信用性が争われた。

▶▶事案の概要
　被告人Y1及びY2に対する、北朝鮮からの覚せい剤の瀬取りの方法（親船にある積み荷を、小船に移して陸揚げする方法）での密輸入による覚せい剤取締法違反・関税法違反が問われた事件である。
　本件では、共犯者とされるAの供述が、被告人Y1及びY2の共謀を認定するための重要な証拠であったため、Aの供述の信用性が問題となった。この点、裁判所は、Aの供述のうち、共謀に関する核心部分は、他の証拠により裏付けされ、虚偽の供述をする動機を検討しても十分に信用できると判断している。

▶▶コメント
　本件は、共謀共同正犯における共謀の認定につき、共犯者の供述が問題となった事例である。いわゆる共犯者の供述には、引っ張り込みの危険があり、裁判所がどのような視点で判断をしているのか、参考になるものと思われる。

[73] 覚せい剤密輸の共謀の有無が争点となった事案において、公判廷における宣誓・証言を拒否した共犯者の供述によって被告人が共犯者らに対して覚せい剤の密輸を持ちかけ指示するなどしたと間違いなく認定することはできないなどとして無罪を言い渡した事例

千葉地方裁判所平成24年5月16日判決、LEX/DB文献番号25481707

▶▶判旨
　共犯者P3には、次のように、本件密輸を持ちかけ指示した人物に関して、虚偽の供述をする危険性があることは否定できない。すなわち、P3には、①捜査官の取調べに応じて本件覚せい剤密輸の依頼者を正直に供述してしまうとメキシコの密輸組織によって自分や家族が報復を受けかねないと考え、そのような事態を恐れて、真の依頼者を別人に置き換えて虚偽の供述をするおそれがあること、また②罪を認めた上で早くメキシコに帰国するためには少しでも自らの刑事責任を軽くしたいと考え、自らが単なる運び屋の立場にすぎない旨

供述するなど本件密輸における自らの立場や引受けた経緯等について虚偽の供述をするおそれがあることがそれぞれ否定できない。

そして、その際、P3が、本件密輸を持ちかけてきた人物として、密輸組織とのつながりがなく、自分と格別親しい関係にない人物であり、メキシコから日本へたまたま一緒に来て、b空港の税関ではぐれてしまった被告人の名前をとっさに思いつき、密輸を持ちかけ指示した人物は被告人である旨虚偽の供述をしたとしてもあながち不自然なことではない。

また、P3は、当公判廷では、証言することはおろか、宣誓することすら拒み、その理由についても何ら述べなかった。検察官は、被告人の面前で証言する必要のある当公判廷では、P3は、被告人が違法組織につながっているのではないかとの恐怖心から真実を証言することができないと主張するが、前述のとおり、P3には虚偽の供述をする危険性が否定できないことからすると、当公判廷においてのみ、証言を拒み、宣誓すら拒否したのは、被告人の弁護人による反対尋問にさらされることを恐れたためではないかとの疑いも払拭できない。

そうすると、P3供述の内容が具体的で自然であり一貫しているとしても、殊に違法薬物密輸の話を持ちかけた人物に関する供述については、本件におけるP3供述の核心部分として、その信用性を慎重に検討しなければならない。

▶▶事案の概要

本件公訴事実は、被告人が、P2及びP3と共謀の上、覚せい剤を混入させた水溶液を瓶4本に小分けし、これらを隠し入れたスーツケース及びボストンバッグをメキシコから輸入しようとしたという事案である。

本件の争点は、被告人が、P2及びP3が日本に持ち込む4本の瓶の中身が覚せい剤を含む違法薬物であることを認識しつつ、P2及びP3らとの間でその密輸を共謀したか否かである。

本件覚せい剤を日本国内に持ち込んだ一人であるP3は、捜査段階において、被告人は、「ドローガ（違法薬物）を作るものが入っている」と言っていた旨供述し、自らの公判においても、同旨の供述をしていた。しかし、P3は、本件事件の公判廷では、証言することはおろか、宣誓することすら拒み、その理由についても何も述べなかった。

このような状況下において、裁判所は、前記判旨記載のとおり、P3供述の信用性を慎重に検討しなければならない旨判示したうえ、密輸を持ちかけたのが被告人であることを裏付ける証拠が乏しいことに加え、P3供述が、被告人の弁護人による反対尋問にさらされる機会のない場においてなされたもので

あること、そのため、公判廷において証言された場合に比して、その信用性を判断するにあたって困難を伴うことも併せて考えると、間違いなく事実が述べられたものであるとして、これに基づいて、P3及びP2に本件密輸を持ちかけ指示したのは被告人であると認定することにはちゅうちょを覚えざるを得ないと判示した。そして、その他の本件各証拠、認定できる事実、被告人供述の信用性などの各検討結果を踏まえてもその判断は変わらないとして、被告人に無罪を言い渡した。

▶▶本件の争点

被告人が、P2及びP3が日本に持ち込む4本の瓶の中身が覚せい剤を含む違法薬物であることを認識しつつ、P2及びP3らとの間でその密輸を共謀したか否か。

▶▶コメント

本件は、公判廷における証言を拒否した共犯者の供述の信用性を否定して被告人に無罪を言い渡した事例である。

本判決は、共犯者の供述の内容に特段不合理、不自然な点は認められないとしながらも、共犯者には虚偽の供述をするおそれがあること、共犯者が証言等を拒否していることなどから、共犯者の供述の信用性を慎重に検討しなければならないと判示している。

本判決は、覚せい剤密輸の事案における共犯者の供述の信用性を否定した一事例として参考になるものと思われる。

[74]　被告人の関与を認めた共犯者供述は捜査側の意に添う虚偽供述であり、それを除外すると犯罪の証明がないとして無罪を言い渡した事例

東京高等裁判所平成24年12月14日判決、東京高等裁判所（刑事）判例時報63巻1〜12号283頁

▶▶判旨

共犯者は、捜査側から接見、勾留執行停止、共犯者の元養子に対する捜査などについて、便宜な取り計らいを受けるために、捜査側の意に沿うように、被

告人Aが資金提供役、被告人Bが北朝鮮との連絡役として本件に関与したという虚偽供述をしたものの、それが虚偽であるが故に、被告人両名の関与について、不自然な供述、あいまいな供述、事実に反する供述をした疑いがあるから、共犯者が公判廷において被告人両名の面前で供述したことなど、検察官が主張する諸事情を考慮しても、被告人両名の関与を認めた共犯者供述を信用することはできない。

そして、共犯者供述を除いた間接事実を総合しても、被告人両名が共犯者であると認めるに足りないから、結局、本件各公訴事実について、犯罪の証明はない。

▶▶事案の概要

被告人両名が共犯者らと共謀の上、営利の目的で、2回にわたり覚せい剤を瀬取りの方法で輸入し、さらに、同様の方法で覚せい剤を輸入しようとしたが、回収に失敗して輸入の予備にとどまった事実につき、被告人両名に無期懲役及び罰金1000万円が言い渡され、被告人両名が控訴した事案において、共犯者（海上に投下した覚せい剤を回収するための小型船舶に乗っていた実行行為者らの統括していた者）は、便宜な取り計らいを受けるために、捜査側の意に沿うように虚偽供述をしたものの、それが虚偽であるが故に、被告人両名の関与について、不自然な供述、あいまいな供述をした疑いがあるから、被告人両名の関与を認めた共犯者供述を信用することはできず、本件各公訴事実について、犯罪の証明はないとし、原判決を破棄し、被告人両名に無罪を言い渡した。

▶▶本件の争点

共犯者供述の信用性。

▶▶コメント

原判決では、共犯者供述の信用性を肯定していた。原審での供述後、共犯者が死亡し反対尋問が行えないという事情の下、控訴審が共犯者供述の信用性を詳細に検討したうえで、その信用性を否定した点で参考になる。

[75] 覚せい剤を共犯者の体内に隠匿し、密輸しようとした事案において、共犯者と共謀していたことについては合理的な疑いが残るとして、被告人に対し、無罪を言い渡した事例

大阪地方裁判所平成24年12月21日判決、LEX/DB文献番号25503642

▶▶判旨

　覚せい剤を共犯者と共謀して密輸したとの公訴事実について、共犯者の「初対面である被告人から突然覚せい剤を体内に隠匿して覚せい剤を日本に持ち込む仕事をしないかと持ち掛けられ、肛門内と膣内に隠匿した」という供述について、不自然であり信用できないとした上で、共犯者供述以外の証拠からも被告人が共犯者でなければ合理的に説明することのできない事実は存在せず、また、被告人の弁解を全くあり得ないものであるとして排斥することもできないとして、被告人が本件覚せい剤の密輸につき甲と共謀していたことについては、検察官の立証では、合理的な疑いが残るといわざるを得ないとして無罪を言い渡した。

▶▶事案の概要

　本件は、覚せい剤を体内に隠匿した状態で日本に入国した共犯者と同じ飛行機でカナダの空港から某空港まで移動し、同空港にあるラウンジ内で一緒に一定時間を過ごし、その後も同じ飛行機で同空港から日本に入国した被告人が、共犯者と共謀していたとして起訴された事案である。

　被告人は、否認しており、共犯者は、被告人から空港ラウンジ内で突然、覚せい剤を体内に隠匿して日本に持ち込む仕事をしないかと持ち掛けられ、ラウンジ内のトイレで被告人から覚せい剤を渡されたと供述していた。共犯者の供述以外に共謀を証する証拠はなかった。

▶▶本件の争点

　覚せい剤を密輸した実行犯である共犯者供述の信用性。

▶▶コメント

　被告人の弁解について、全体として素直に信用できないところがあるとしな

がらも、共犯者供述及び被告人の弁解を詳細に検討し、共犯者供述の信用性を否定し、被告人の弁解について、全くあり得ないものとして排斥することはできないとしている点で参考になると思われる。

[76] 覚せい剤の密輸の事案において、関係者Bについて、検察官が、被告人又は弁護人にBに対し直接尋問する機会を与えることについて、相応の尽力はおろか実施することが容易な最低限の配慮をしたことも認められないとして、退去強制によって出国したBの検察官調書の刑訴法321条1項2号前段による採用を認めなかった事例

東京地方裁判所平成26年3月18日判決、判例タイムズ1401号373頁

▶▶判旨

　外国人が入国管理当局の退去強制処分を受けたため、公判期日等において供述することができない場合に、その検察官調書を刑訴法321条1項2号前段に基づいて証拠能力を認めることについて、最高裁平成7年6月20日第三小法廷判決・刑集49巻6号741頁は、「同じく国家機関である検察官において当該外国人がいずれ国外に退去させられ公判準備又は公判期日に供述することができなくなることを認識しながら殊更そのような事態を利用しようとした場合はもちろん、裁判官又は裁判所が当該外国人について証人尋問の決定をしているにもかかわらず強制送還が行われた場合など、当該外国人の検察官面前調書を証拠請求することが手続的正義の観点から公正さを欠くと認められるときは、これを事実認定の証拠とすることが許容されないこともあり得るといわなければならない。」と判示している。東京高裁平成20年10月16日判決・高刑集61巻4号1頁は、この最高裁判決の趣旨について、供述者が国外にいるため、刑訴法321条1項2号前段所定の要件に該当する供述調書であっても、供述者の退去強制によりその証人尋問が実施不能となったことについて、国家機関の側に手続的正義の観点から公正さを欠くところがあって、その程度が著しく、これらの規定をそのまま適用することが公平な裁判の理念に反することとなる場合には、その供述調書を証拠として許容すべきではないという点にあるとしている。そして、この東京高等裁判所判決は、退去強制となった供述者の検察官調書を証拠として採用する前提として、検察官のみならず、

裁判所はもとより入国管理当局を含めた関係国家機関が、当該供述者の証人尋問を実現するために、相応の尽力をすることを求めているものと解される。
　本件においては、検察官が、当時の状況を踏まえて、被告人又は弁護人にBに対し直接尋問する機会を与えることについて、相応の尽力はおろか実施することが容易な最低限の配慮をしたことも認められないのであるから、Bの本件各供述調書を刑訴法321条1項2号前段により証拠採用することは、国家機関の側に手続的正義の観点から公正さを欠くところがあって、その程度が著しいと認められるし、将来における証人審問権に配慮した刑事裁判手続を確保するという観点からも、到底許容することができない。

▶▶事案の概要

　本件は、被告人が、覚せい剤をイラン・イスラム共和国内から本邦居住のB宛てに発送したという密輸の事案である。
　Bは英国国籍を有する外国人であり、麻薬特例法違反の嫌疑で現行犯人逮捕され、これに引き続く勾留の後、本件覚せい剤取締法違反等の嫌疑で3度にわたり逮捕・勾留されたが、その間、捜査担当検察官はBの取調べを行い、5通の供述調書を作成した。
　Bは、「F」という男性に頼まれて郵便物を受け取り、これを被告人に渡して被告人から数万円の報酬をもらったが、覚せい剤が入っていることは知らなかった等と供述していたところ、捜査担当検察官は、Bを嫌疑不十分により不起訴処分とし、釈放したが、その際、Bの本邦における在留期限を過ぎていたことから、入国管理局に収容され、英国に強制送還された。
　捜査担当検察官は、本件の証拠中にBの供述調書が存在すること、Bが不起訴処分となり入国管理局に収容されていることを被告人にも弁護人にも告げず、公判担当検察官らも、Bが入国管理局に収容されており退去強制手続きが進められているであろうことを認識したが、そのことを被告人にも弁護人にも告げなかった。その後、公判担当検察官は、Bが強制送還されたことを知り、裁判所に対し、本件各供述調書を証拠請求した。
　裁判所は、これらの事実によれば、捜査担当検察官らは、遅くとも被告人を起訴しBを不起訴処分にして釈放した時点において、以下の各事実を認識していたものと認められる上、Bが強制送還されるまでの間に弁護人が証拠保全請求をして証人尋問を実現できる可能性は十分あり、裁判員裁判事件における現在の証拠開示の運用に照らせば、検察官が速やかにBの供述調書等を任意開示することで、実効性のある証人尋問を行うことができた可能性が高いなどの事

情を考慮し、判旨のとおりの判断をおこなった。

　①本件各輸入行為への被告人の関与を立証する上で、Bの供述調書を証拠請求することが想定されること、

　②被告人が捜査段階で終始黙秘していることから、Bの供述調書について弁護人は不同意の意見を述べることが予想され、Bを証人請求する高度の必要性が見込まれること、

　③Bが近いうちに送還される可能性が高いこと、

　④本件は裁判員裁判対象事件であり、公判前整理手続が必要的となって争点及び証拠の整理に期間を要するところ、特に本件事案の性質や被告人が捜査段階において黙秘していること等から相当の期間が必要となることが見込まれること等の事情から、公判期日が相当期間を経過した後となること、

　⑤そうすると、高度の蓋然性をもってBが公判準備もしくは公判期日において供述することができなくなり、そうなればBの供述調書を321条1項2号前段書面として請求することになって、これが採用されれば被告人又は弁護人がBに対して反対尋問をすることができないままに事実認定の証拠となる事態となること。

▶▶本件の争点

　事件関係者Bの検察官調書の証拠能力。

▶▶コメント

　退去強制をされた者の検察官調書については、検察官において供述者が国外に強制的に退去させられて供述不能の状態に至るだろうということを認識しながら、ことさらにその事態を利用しようとした場合など、手続的正義の観点から公正さを欠くと認められるときは、その供述調書に刑訴法321条1項2号前段を適用することは許されないとした最高裁判例が存在する（最三判平7・6・20刑集49・6・741、判例時報1544・128、判例タイムズ890・80）。

　上記裁判例は、「検察官において当該外国人がいずれ国外に退去させられ公判準備又は公判期日に供述することができなくなることを認識しながら殊更そのような事態を利用しようとした場合はもちろん、裁判官又は裁判所が当該外国人について証人尋問の決定をしているにもかかわらず強制送還が行われた場合など、当該外国人の検察官面前調書を証拠請求することが手続的正義の観点から公正さを欠くと認められるときは、これを事実認定の証拠とすること

が許容されないこともあり得る」としたが、結論としては、「検察官において供述者らが強制送還され将来公判準備又は公判期日に供述することができなくなるような事態を殊更利用しようとしたとは認められ」ないとして、検察官調書の採用を適法とした。

本判決では、上記最高裁判例の解釈として「退去強制となった供述者の検察官調書を証拠として採用する前提として、検察官のみならず、裁判所はもとより入国管理当局を含めた関係国家機関が、当該供述者の証人尋問を実現するために、相応の尽力をすることを求めているものと解される」とした東京高判平20・10・16（高刑集61・4・1。但し、検察官調書の証拠採用を認めている）を引用し、検察官が、「被告人又は弁護人にBに対し直接尋問する機会を与える相応の尽力」はおろか、「実施することが容易な最低限の配慮」をしたことも認められないことを理由として、検察官調書の証拠採用を認めなかった。

本件は、被告人に対し有罪の判決がなされており、検察官控訴がされていない事例であるが、退去強制された者の検察官調書の証拠採用に当たり、検察官に対し、証人尋問を実現するための相応の尽力を求めた事案として参考になる。

[77] 覚せい剤密輸入事犯において、共犯者の供述が通話記録により裏付けられていること等を理由に信用できるとし共謀の事実が認定できるとして有罪とされた事例

大阪地方裁判所平成27年3月24日判決、判例タイムズ1424号329頁

▶▶判旨

第三者（共犯者）供述について、まず、通話記録との整合性を検討し、その結果「被告人から本件密輸入に関して指示を受けたとするb供述は、上記のような通話記録によって、客観的に裏付けられており、b供述の信用性を強く補強する」とし、この第三者と被告人が、本件密輸入の場所である関西国際空港に一緒に赴いているところ、本件密輸入には覚せい剤密売組織が関与していることが認められるから、わざわざ事情を知らない者と空港に赴くとは通常考えられない等と指摘して「結局、被告人が一連の覚せい剤密輸入の都度、単独で又はbと一緒に関空に赴いているのは、運搬役が持ち帰った覚せい剤を回収するためであったとみるのが、自然かつ合理的である」とした。

これに対する被告人の弁解は、信用することができない等と排斥された。

▶▶事案の概要
　被告人が第三者と共謀して覚せい剤密輸入をしたという公訴事実につき、差し戻し前一審判決は、共犯者である第三者の供述が、別の共犯者の供述と整合しない、被告人以外の犯人の存在が強く窺われることを理由として、無罪を言渡したところ、控訴審は、事実誤認を理由として破棄差し戻し判決を下した。その後上告棄却を経て、差戻し一審による判決が本件である。

▶▶本件の争点
　第三者（共犯者）供述の信用性。

▶▶コメント
　本件は、１審判決（無罪）⇒控訴審判決（破棄差戻し）⇒上告審決定（上告棄却）⇒差戻し１審判決（有罪）という経緯を辿っている。紹介した判決は差戻し１審判決である。

　本件は、覚せい剤を航空機で密輸入した事案である。被告人は空港に覚せい剤を受け取りに赴いているところ、密輸入への関与を否認したので、共謀が論点となっている。共謀の事実を立証する証拠は、共犯者とされている人物の供述であった。

　１審判決では同人物の供述の信用性を否定、控訴審では信用性を肯定した。供述の信用性の検討にあたっては、通話記録等との整合性及び被告人と関西国際空港に赴いたことを事情として取り上げて信用できるとしたものである。

[78] 依頼を受けて覚せい剤を運搬したとする覚せい剤所持の幇助罪の事案において、運搬を依頼したとの依頼主の供述の信用性を否定し、その他被告人において運搬物の中に覚せい剤があるとの認識を認めるに足りる証拠は存在しないとして、無罪を言い渡した事例

大阪地方裁判所平成27年11月12日判決、LEX/DB文献番号25541838

▶▶判旨

　以上検討したところによれば、本件依頼の際に覚せい剤である旨を明示した上で運搬を依頼したというBの供述部分には、上記のとおり本件依頼の際に被告人に対し運搬するものが覚せい剤であることを被告人に対して明らかにしたものとBが思い込んでいるという疑問を差し挟む余地がある一方で、その証言に反する被告人の供述部分の信用性は直ちには排斥し難いということになる。そうすると、本件依頼の内容に関するBの供述部分の信用性に関する上記疑問は最終的には合理的なものとして残るといわざるを得ない。したがって、覚せい剤の運搬を依頼したとのBの供述部分には高度の信用性を認めることができず、その他に、被告人においてBの病室へ運搬するものの中に覚せい剤があるとの認識を有していたと認めるに足りる証拠は存在しない。

▶▶事案の概要

　被告人が、Bがみだりに覚せい剤を所持するに際し、そのことを知りながら、同人の依頼を受けて、フェニルメチルアミノプロパン塩酸塩の結晶約0.759グラムを同所の同人の下に運び、もって同人の前記犯行を容易にし、これを幇助したとして起訴されたという事案である。

▶▶本件の争点

　運搬を依頼したとの共犯者B供述の信用性。

▶▶コメント

　本件は、本件依頼の際に覚せい剤である旨を明示して本件覚せい剤の運搬を依頼し受け取った旨のB供述の信用性について、①Bが真に経験して記憶しているところを供述しているのか疑問を生じさせる事情が認められるとしてい

る。具体的には、被告人が具体的にどのような返事をしたのかという点や、被告人が覚せい剤と注射器1本を裸の状態のまま持ってきたと供述するのみで、それをどうやって持ってきたのか、どこから取り出したのかという点、さらには、その際に被告人とどのようなやり取りをしたのかという点等について、覚えていない旨述べていることや、依頼の内容や覚せい剤を受け取ってからそれを使用しようとする状況に関する供述内容は一定していない上、客観的状況と整合しないこと、また被告人に対し覚せい剤である旨を明示して本件依頼をしたという点以外に具体的でかつ反対尋問において動揺がないという部分が乏しいことを挙げている。

こうした点については、供述の信用性を争う場面での主張立証、又は、公判における有効な反対尋問の在り方などについて参考になるものと思われる。

[79] 覚せい剤譲渡の事案において、唯一の積極的直接証拠である譲受人Aの供述が高い信用性を有するとはいえないとし、入手先が被告人以外の者であることの合理的疑いが残るとして無罪を言い渡した事例

宇都宮地方裁判所平成28年12月1日判決、LEX/DB文献番号25448404

▶▶判旨

本件では、Aより提出された尿から覚せい剤成分が検出され、Aは覚せい剤を使用した罪により有罪判決を受けているところ、Aは、この使用した覚せい剤の入手状況等につき、公訴事実と同旨の供述(以下「A供述」という。)をしているものである。公訴事実に関する積極的直接証拠は、このA供述のみであるから、本件では、このA供述の信用性が問題となる。(なお、公訴事実を推認させる重要な間接事実も存在しない。)

Aは、公訴事実と同旨の内容を述べるとともに、①4年ほど前から覚せい剤を使用していたこと、②当初は、被告人に依頼して覚せい剤を入手していたが、その後、被告人以外の者から覚せい剤を入手するようになったこと、③入手先となった者には、暴力団組員など暴力団関係者がいること、④この入手先の中には逮捕等された者もいるが、1月末ころにも被告人以外に3名の入手先が逮捕等されずに社会内にいたこと、を述べており、A供述の信用性を検討する際には、被告人以外の入手先が存在していたことを前提にする必要がある。

また、Aは、⑤暴力団関係者からの報復を恐れており、暴力団関係者のことを話したくない旨及び⑥保身のために安易に嘘をつくことがあるし、迎合的な態度をとる旨を述べているが、実際のAの公判廷における供述経過・供述態度からもこれらのことがうかがえる。
　このようなAの発言傾向や性格等も考慮すると、A供述の信用性を肯定するには、一層慎重でなければならない。
　検察官は、Aの供述内容について、㈦客観的証拠に合致し、㈣具体的かつ迫真的であり、㈬合理的かつ自然であり、㈮一貫しており、自己に不利益な内容を含み、記憶に基づく誠実なものである、また、㈯被告人との関係上、あえて虚偽供述をする動機がない、として、A供述が信用できると主張するので、これらの点を検討する。
(1)検察官が合致しているとする客観的証拠は、Aから被告人への送金に関する履歴、Aと被告人との通話履歴及び電子メール履歴、AとBとの通話履歴及び電子メール履歴であり、確かに、各履歴の客観的記載はAの供述内容と合致している。
　しかしながら、これらの客観的証拠自体の証明力を検討しても、A供述の信用性を高めるものはない。
　すなわち、送金に関する証拠をみると、送金した事実については証明力を有するが、その送金の趣旨が何であるかの記載はないから、それが覚せい剤（違法薬物）の代金であるか、それ以外であるか、については何ら証明力を有していない。そして、Aは被告人に対して……借金を負っているところ、Aは、複数回にわたって被告人に送金しており、その中には借金の返済が含まれることをA自身も述べている。
　電子メールの記録を検討しても、その文面上、上記各送金に関して、送金したことや送金の準備ができたことは記載されていても、送金の趣旨について何も触れられておらず、その文面をみても送金の趣旨を推測することはできない。さらに言えば、Aは、過去に被告人に頼んで覚せい剤を入手していた際には代金を代わりに払ってもらったこともある、……とも述べており、覚せい剤（違法薬物）取引の際に代金が必ず支払われるとは限らないことがうかがえる。
　また、被告人とAの通話記録や電子メールの記録、通話記録や電子メールの記録を見ても、……それが覚せい剤（違法薬物）取引に関するものと推測される記載はない。……
　結局のところ、Aの供述内容と合致する客観的証拠の存在は、その存在によりA供述の信用性を高めるものではない。

次に、Aが虚偽供述をする動機の有無を検討するに、Aは、上記のとおり、暴力団関係者を恐れているのに対して、被告人については、食事を一緒にする友人であり、金を貸してくれたり、覚せい剤を入手してくれたりした人物であり、借金の催促をしてくることもほとんどなかった、と述べている。そうすると、暴力団関係者が入手先であった場合には、Aが被告人を入手先と虚偽供述する動機は否定できず、被告人に対する借金の存在、さらには、Aの上記発言傾向や性格等をも考慮すると、虚偽供述の疑いは決して低いものではない。
　検察官が述べる上記(イ)ないし(エ)の点を検討しても、その供述内容は、覚せい剤の入手先とのやりとりなどを被告人相手に変えるだけですむ内容であって、特に信用性が高いと評価しうる内容ではない。
　被告人の供述に疑わしい点があることなど検察官の主張するそのほかの点を検討しても、A供述の信用性を積極的に補強するものは見当たらない。
　したがって、A供述は、1月末当時に存在していた被告人以外の複数の覚せい剤入手先の一つからAが覚せい剤を入手した可能性を否定するほどの高い信用性を有するとはいえず、Aが使用した覚せい剤の入手先が被告人以外の者であることの合理的な疑いが残る。

▶▶事案の概要
　被告人は、被告人使用の郵便受けに覚せい剤を入れて、これをAに受領させ、もって覚せい剤を譲り渡したというものである。
　そして、「判旨」のとおり、公訴事実に関する積極的直接証拠は覚せい剤を使用した罪により有罪判決を受けているA供述のみであった。

▶▶本件の争点
　唯一の積極的直接証拠である譲受人Aの供述の信用性。

▶▶コメント
　共犯者供述に関連する事情・事実を丁寧かつ慎重に認定及び評価したうえで、供述全体の信用性を否定して無罪判決に至った事例として、参考になるものと思われる。

[80] 覚せい剤の密輸の事案において、密輸入について被告人の指示を受けていたという共犯者供述が、核心部分について通話記録で裏付けられるなどの理由から信用できるとした事例

大阪高等裁判所平成28年11月16日判決、LEX/DB文献番号25544659

▶▶判旨

　弁護人が種々主張するところを検討しても、本件密輸入の準備段階から実行段階までの一連の重要な場面における被告人と共犯者との通話、被告人と関係者との通話の多くが本件密輸入に関する連絡であることが強く推認される旨の原判決の説示は合理的である。

　そうすると、共犯者供述のうち、本件密輸入について被告人から指示を受けていたという核心部分は、通話記録で裏付けられるなどしており、信用できるとの原判決の判断は相当であり、これを左右するようなものはない。

▶▶事案の概要

　被告人が、トルコ共和国から覚せい剤約4004.17グラム在中の機内手荷物であるスーツケースを、航空機で運搬させて本邦に輸入したという密輸の事案である。

　本件は、無罪とされた第1審判決を破棄・差し戻した控訴審判決に対する上告が棄却された後の差戻後第1審に対する控訴審（差戻後控訴審）である。

　第1審（大阪地判平23・1・28刑集68・3・297）は、「被告人ただ一人から本件覚せい剤密輸入についての指示を受けていたとする共犯者供述は、その根幹部分において、信用性が決して高いものではな」く、被告人との共謀の有無を検討するに当たっては、この供述部分に安易に依拠することは許されないとして、被告人に無罪を言い渡した。

　これに対し、控訴審（大阪高判平24・3・2刑集68・3・267）は、共犯者供述は、通話記録という客観的な証拠に裏付けられた信用性の高いものであり、原判決には判決に影響を及ぼすことが明らかな事実の誤認があり、破棄を免れないとした。一方で、自判の適否については、事実認定及び刑の量定について国民の意見を反映させることを本旨とする裁判員制度の趣旨に鑑み、事件を第1審に差し戻すのが相当であるとし、上告審（最一判平26・3・10

裁時1599・2、判タ1401・167、判時2224・74、刑集68・3・87）も控訴審の判断を支持し、上告を棄却した。

差戻後第1審（大阪地判平27・3・24判タ1424・329）においては、共犯者供述が関係者間の通話記録により裏付けられているほか、信用できる関係者供述に基づく関係者間の通話状況と整合すること、被告人が一連の覚せい剤密輸入の都度、単独で又は共犯者と一緒に関空に赴いているのは、運搬役が持ち帰った覚せい剤を回収するためであったとみるのが、自然かつ合理的であり、本件密輸入に関して被告人から指示を受けていたとする共犯者供述が、上記のような被告人の本件密輸入への関与を基礎づける事情とも整合することなどを理由として、共犯者供述の信用性を認め、被告人に対し有罪の判決を言い渡した。

本件差戻後控訴審において、弁護人は、共犯者供述の信用性を支えるという通話記録が極めて不完全であること、被告人抜きで犯行が可能であること、被告人供述の信用性評価を誤っていることなどを主張したが、裁判所は、共犯者の虚偽供述の動機の有無、虚偽供述の現実的可能性、通話記録、被告人の言動の評価などについて詳細な検討を行った結果、判旨のとおり共犯者供述が信用できると判断した。

▶▶本件の争点

覚せい剤の密輸入について被告人から指示を受けていたとする共犯者供述の信用性。

▶▶コメント

共犯者の供述については、自己の罪責を免れたり軽減したりしようとして無実の者を引き込む危険、すなわち、他に責任を転嫁しようとして虚偽の供述をする危険があることが指摘されている（司法研修所編『共犯者の供述の信用性』〔法曹会、1996年〕）。

本件における共犯者の供述は、被告人1人だけから覚せい剤密輸に関する指示を受けていたというものであるから、正に上記の指摘が該当し、その供述の信用性については慎重な検討が要請される事案であったといえる。

共犯者供述の信用性の検討に当たっては、他の証拠との符合性、供述内容、供述経過、供述態度などの他、共犯者供述が事件全体に占める位置と程度、虚偽供述をすることによって得る利益・不利益の内容・程度、共犯者の属性などの外在的事情にも留意すべきとされている。

本件においても、第1審において、共犯者供述と通話記録との整合性、供述の具体性・迫真性、捜査段階からの供述経過、虚偽供述の動機の有無が検討されたが、特に、通話記録と供述内容に整合しない点があるとして、共犯者供述の信用性を否定した。
　控訴審においては、通話記録を精査した結果、共犯者供述と整合しているとして、一転して、共犯者供述の信用性を肯定し、上告審もこの判断を支持した。
　差戻後第1審及び差戻後控訴審は、上記控訴審の判断をほぼそのまま踏襲し、主に通話記録と共犯者供述の整合性などを理由としてその信用性を肯定した。
　本件は、通話記録という客観的証拠との整合性に関する評価によって、共犯者供述の信用性に関する判断が分れた事案である。

7 法令の適用

[81] 被告人が覚せい剤を本邦に輸入しようと企てたが、目的を遂げなかった事案で、覚せい剤輸入罪の既遂時期は陸揚げ時であることを理由として、予備しか成立しないとした事例

最高裁判所第三小法廷平成13年11月14日決定、判例時報1769号153頁

▶▶判旨

　覚せい剤を船舶によって領海外から搬入する場合には、船舶から領土に陸揚げすることによって、覚せい剤の濫用による保健衛生上の危害発生の危険性が著しく高まるものということができるから、覚せい剤取締法41条1項の覚せい剤輸入罪は、領土への陸揚げの時点で既遂に達すると解するのが相当であり（前記第一小法廷判決参照）、これと同旨の原判断は相当である。所論の指摘する近年における船舶を利用した覚せい剤の密輸入事犯の頻発や、小型船舶の普及と高速化に伴うその行動範囲の拡大、GPS（衛星航法装置）等の機器の性能の向上と普及、薬物に対する国際的取組みの必要性等の事情を考慮に入れても、被告人らが運行を支配している小型船舶を用いて、公海上で他の船舶から覚せい剤を受け取り、これを本邦領海内に搬入した場合に、覚せい剤を領海内に搬入した時点で前記覚せい剤輸入罪の既遂を肯定すべきものとは認められない。

▶▶事案の概要

　被告人が他5名らと共謀の上、外国船籍の船舶と洋上取引して入手した覚せい剤を本邦に輸入しようと企て、航海上で覚せい剤を受領して漁船に積載して本邦領海内に到達搬入し、同覚せい剤を保税地域を経由しないで本邦に引き取ろうと企てて不開港に運び入れ、接岸したが私服の警察官が警戒に当たっていたため目的を遂げなかった等の事案の上告審において、覚せい剤輸入罪の既遂時期は陸揚げ時であることを理由として、瀬取り船が領海内を航行した事実をもって覚せい剤輸入罪の既遂とする訴因が変更されない以上は予備しか成立しないとして、覚せい剤輸入罪の予備罪と禁制品輸入未遂罪の成立を認め

有罪判決を言い渡した原審を支持し、上告を棄却した事例。

▶▶本件の争点
覚せい剤輸入罪の既遂時期。

▶▶コメント
覚せい剤取締法41条1項の覚せい剤輸入罪の既遂時期について、船舶から領土に陸揚げすることによって、覚せい剤の濫用による保健衛生上の危害発生の危険性が著しく高まるものということができるとして、領土への陸揚げの時点で既遂に達するとした。その上で、被告人らが公海上で他の船舶から覚せい剤を受け取り、これを本邦領海内に搬入した時点では、覚せい剤輸入罪の既遂を肯定できないとした。

[82] 被告人が覚せい剤入りの紙袋を電車の座席に置き忘れに気付かないまま降車した事案で、乗客により紙袋が遺失物として車掌に届けられた時点での覚せい剤の所持を排斥し、予備的訴因である座席を移動する前の時点での所持を認めた事例

東京高等裁判所平成14年2月28日判決、判例時報1820号159頁

▶▶判旨
本件紙袋を持って千葉駅で電車に乗ってから、座席に本件紙袋を残してそこから離れるまでの間、被告人が本件覚せい剤を所持していたことは明らかである。しかし、原判決は、本件紙袋を持ったB子がそれを車掌であるCに届け出ようとした時点での所持を認定したものであるが、その時点では、本件覚せい剤に対する所持が被告人にあったと認めることはできない。すなわち、覚せい剤取締法41条の2第1項にいう「所持」とは、人が物を保管する実力支配関係を内容とする行為をいい、この関係は、必ずしも覚せい剤を物理的に把持することまでは必要ではなく、その存在を認識してこれを管理し得る状態にあれば足りると解されるが、被告人は、乗車した車両が榎戸駅から八街駅の付近を進行しているころに、本件覚せい剤入りの財布が入った本件紙袋を座席に置き忘れたまま他の車両に移動しており、その後置き忘れに気付かないまま横芝駅

か八日市場駅で降車し、その後本件紙袋を電車内に置き忘れたことを駅員に届けることなどもしていない。被告人が車両を移動して以降、座席に置かれていた本件紙袋は不特定の乗客等により発見されて拾得される可能性があっただけでなく、被告人は、異常な精神状態にあったため、本件覚せい剤の存在自体を失念していた可能性が高い。したがって、原判決が認定した時点では、被告人が本件覚せい剤を車両内に保管していたとはいえず、本件覚せい剤に対する実力支配関係が被告人にあったものではないから、その所持を認めることができない。

以上の次第であるから、上記時点において、被告人に本件覚せい剤の所持が認められるとした原判決には、覚せい剤の所持に関する事実認定を誤り、かつ、覚せい剤取締法41条の2第1項の解釈適用を誤った違法があり、事実誤認及び法令適用の誤りをいう論旨は理由がある。

検察官の主位的訴因は「被告人は、みだりに、平成13年4月17日午後1時53分ころ、千葉県山武郡松尾町五反田《番地略》東日本旅客鉄道株式会社松尾駅に停車中の列車内において、覚せい剤であるフェニルメチルアミノプロパン塩類を含有する白色結晶状粉末1.844グラムを所持したものである。」というものであるところ、上記時点において、被告人につき本件覚せい剤の所持があったと認められないことは、事実誤認及び法令適用の誤りの主張につき判示したとおりである。

また、予備的訴因の時点では、被告人が本件覚せい剤の入った本件紙袋を自分の座っている座席の横に置くなどしていたことが認められるから、その時点で被告人につき本件覚せい剤の所持が認められることは明らかである。

なお、弁護人は、主位的訴因と予備的訴因との間には公訴事実の同一性がないと主張するが、覚せい剤の所持は継続犯であって、本件は、被告人による、同一の電車内における同一の覚せい剤の所持について、その時点を30分弱前後するものに過ぎないから、主位的訴因と予備的訴因との間には、公訴事実の同一性があるというべきである。

▶▶事案の概要

被告人が、覚せい剤入りの本件紙袋を座席に置き忘れたまま他の車両に移動し、その後、置き忘れに気付かないまま降車した事案で、本件紙袋を持った乗客が、それを車掌に届け出ようとした時点での所持を認定した原判決を破棄し、予備的訴因の時点では、被告人が本件覚せい剤の入った本件紙袋を自分の座っている座席の横に置くなどしていたことが認められるから、その時点で被

告人につき本件覚せい剤の所持が認められることは明らかであるとし、懲役3年を言渡した事例。

▶▶本件の争点

覚せい剤輸所持の時点。

▶▶コメント

　本判決は、覚せい剤取締法41条の2第1項にいう「所持」とは、人が物を保管する実力支配関係を内容とする行為をいい、この関係は、必ずしも覚せい剤を物理的に把持することまでは必要ではなく、その存在を認識してこれを管理し得る状態にあれば足りると解されるとした上で、原判決が認定した時点では、被告人が本件覚せい剤を車両内に保管していたとはいえず、本件覚せい剤に対する実力支配関係が被告人にあったものではないから、その所持を認めることができないとして、原判決を破棄した。そして、予備的訴因の時点では、被告人が本件覚せい剤の入った本件紙袋を自分の座っている座席の横に置くなどしていたことが認められるから、その時点で被告人につき本件覚せい剤の所持が認められることは明らかであるとして、予備的訴因の時点での所持を認めた。

[83]　被告人が共犯者と共謀の上、覚せい剤を輸入した後に、配達員から受領した時点での所持は、覚せい剤輸入に必然的に伴う所持と評価すべきであり、その時点での覚せい剤所持は覚せい剤輸入罪に吸収され、別罪を構成しないとされた事例

東京地方裁判所平成15年11月6日判決、判例時報1858号160頁

▶▶判旨

　本件覚せい剤輸入罪は、本件覚せい剤が本邦に持ち込まれた時点で既遂に達し、被告人はその7日後に受領しているが、本件覚せい剤は、機外に搬出された後、所定の手続きを経て配達人によって被告人のもとに届けられることにより初めて被告人が所持するに至るのであるから、被告人が本件覚せい剤を受領した時点での所持は、本件覚せい剤輸入に必然的に伴う所持と評価すべきであ

るから、覚せい剤輸入罪に吸収され別罪を構成しないとみるのが相当である。

▶▶事案の概要
　被告人は共犯者と共謀の上覚せい剤輸入を企て、国際スピード郵便として被告人方に発送し、フィリピンから本邦に輸入し、郵便配達人に配達させた。郵便物を受領後、玄関前で郵便物を開披していたところ、本件覚せい剤輸入の捜査のため張り込んでいた捜査員が向かってくるのに気づき、慌てて室内に入り、本件覚せい剤が発見されるのを免れるため、台所の米びつの中に隠したが、捜査員がそれを現認し、捜索差押許可状を示して捜索を開始した後に、自ら米びつから本件覚せい剤を取り出し、捜査員に手渡したという事案。
　被告人は本件覚せい剤所持の現行犯で逮捕された。

▶▶本件の争点
　併合罪の成否。

▶▶コメント
　検察官は、本件覚せい剤につき、覚せい剤輸入罪のほか、被告人宅での所持についても覚せい剤営利目的所持罪が成立し、両者は併合罪となると主張していた。
　本判決では、本件覚せい剤輸入罪は、本邦への到着時点で既遂に達しているものの、被告人が受領した時点での所持は、本件覚せい剤輸入に必然的に伴う所持と評価すべきであるとし、被告人が隠匿しようとした行為についても、捜査員が自宅に向かってきたことに気づいた被告人が犯行の発覚を免れようとの意図から出たとっさの対応にすぎず、隠匿した場所も自宅内であり、捜査員に本件覚せい剤を手渡すまでの所持の時間も14分にすぎないとして、社会通念に照らして、本件覚せい剤輸入に必然的に伴う所持の域を出ないものであり、覚せい剤輸入罪に吸収され別罪を構成しないとみるのが相当と判断した。
　覚せい剤が国外から国内に持ち込まれた後、被告人の支配下におかれることが必然とされる輸入行為において、その後被告人が営利目的で所持することが別罪に問われることがあることは前提としながらも、被告人の支配下におかれた状況、時間的な短さから、社会通念上別罪を構成しないと判断した点は参考になる。

[84] 海上に投下した覚せい剤を小型船舶で回収して本邦に陸揚げするという方法で覚せい剤を輸入することを計画し、密輸船から海上に投下したが、悪天候のため、回収を断念した事案について、覚せい剤が陸揚げされる客観的な危険性が発生したとはいえず、輸入罪の実行の着手がないとされた事例

最高裁判所第三小法廷平成20年3月4日判決、判例時報2003号159頁、判例タイムズ1266号140頁

▶▶判旨

　本件においては、回収担当者が覚せい剤をその実力的支配の下に置いていないばかりか、その可能性にも乏しく、覚せい剤が陸揚げされる客観的な危険性が発生したとはいえないから、本件各輸入罪の実行の着手があったものとは解されない。

▶▶事案の概要

　被告人らは、従前、北朝鮮において覚せい剤を密輸船に積み込んだ上、本邦近海まで航行させ、同船から海上に投下した覚せい剤を小型船舶で回収して本邦に陸揚げするという方法で、覚せい剤を輸入していた。
　被告人らは、再び上記方法で覚せい剤を輸入することを企て、覚せい剤を積み込んだ密輸船を北朝鮮から出港させ、一方で、日本側の回収担当者において、陸揚げを実行するよう準備した。
　上記密輸船は島根県沖に到達したが、荒天で風波が激しかったことから、被告人らは、日本側の回収担当者と密輸船側の関係者との間で連絡を取り、覚せい剤の投下地点を、当初予定していた前同様の日本海海上から、より陸地に近い内海の美保関灯台から南西約2.7キロメートルの美保湾内海上に変更し、午前7時頃、1個約30キログラムの覚せい剤の包み8個を、ロープでつなぎ、目印のブイを付けた上、簡単に流されないよう重しを付けるなどして、密輸船から海上に投下した。
　回収担当者は、投下地点等の連絡を受けたものの、悪天候のため、GPS（衛星航法装置）を備えた回収のための小型船舶を原判示境港中野岸壁から出港させることができず、午後3時過ぎころ、いったんは出港したものの、同岸壁と

投下地点との中間辺りまでしかたどり着けず、覚せい剤を発見できないまま、同岸壁に引き返し、結局、その日は再度出港することはできなかった。

密輸船から投下された覚せい剤8個のうちの4個は、翌日午前5時30分ころまでに、上記投下地点から20キロメートル程度東方に位置する美保湾東岸に漂着し、さらに、その余のうち3個が、同日午前11時ころまでに、同海岸に漂着し、これらすべてが、そのころ、通行人に発見されて警察に押収された。

一方、回収担当者は、そのことを知らないまま、同日午後、覚せい剤を回収するため、再度、上記境港中野岸壁から小型船舶で出港したが、海上保安庁の船舶がしょう戒するなどしていたことから、覚せい剤の発見、回収を断念して港に戻った。その後、被告人らは、同日中に、本件覚せい剤の一部が上記のとおり海岸に漂着して警察に発見されたことを知って、最終的に犯行を断念した。

なお、前記覚せい剤の包みのうちの最後の1個は、約1カ月後に、美保湾東岸に漂着しているのが通行人によって発見され、警察に押収された。

上記の事実に基づき、原判決が本件各輸入罪の実行の着手を認めなかったため、検察官が上告した。

▶▶本件の争点

実行の着手の有無。

▶▶コメント

回収担当者が覚せい剤をその実力的支配の下に置いていないばかりか、その可能性にも乏しい本件においては、覚せい剤が陸揚げされる客観的な危険性が発生したとはいえない以上、輸入罪の実行の着手は認められないとして、検察官の上告を棄却した本判決は妥当なものといえる。

[85]　路上での覚せい剤等の密売に売り子として関与し幇助犯とされた被告人に対する麻薬特例法11条1項、13条1項に基づく没収・追徴の範囲は、幇助犯が薬物犯罪の幇助行為により得られた財産等に限られるとした事例

最高裁判所第三小法廷平成20年4月22日判決、判例時報2005号149頁、判例タイムズ1268号132頁、最高裁判所刑事判例集62巻5号1528頁、最高裁判所裁判集刑事294号191頁

▶▶判旨

　麻薬特例法11条1項（2条3項）、13条1項は、その文理及び趣旨に照らし、薬物犯罪の犯罪行為により得られた財産等である薬物犯罪収益等をこれを得た者から没収・追徴することを定めた規定であると解される。これを幇助犯についてみると、その犯罪行為は、正犯の犯罪行為を幇助する行為であるから、薬物犯罪の正犯（共同正犯を含む。）がその正犯としての犯罪行為により薬物犯罪収益等を得たとしても、幇助犯は、これを容易にしたというにとどまり、自らがその薬物犯罪収益等を得たということはできず、幇助したことのみを理由に幇助犯からその薬物犯罪収益等を正犯と同様に没収・追徴することはできないと解される。そして、上記各条文の解釈によれば、幇助犯から没収・追徴できるのは、幇助犯が薬物犯罪の幇助行為により得た財産等に限られると解するのが相当である。したがって、これと異なる上記大阪高等裁判所及び東京高等裁判所の各判例は、いずれもこれを変更し、原判決は、その判断が相当なものとして、これを維持すべきである。

▶▶事案の概要

　被告人は、約3カ月半にわたり、路上において覚せい剤等の密売に売り子として関与していた。その後、被告人は、幇助犯として起訴された。
　原判決は、麻薬特例法の没収・追徴に関して、薬物犯罪収益等を得ていない者からこれを没収・追徴することはできないと解釈し、本件薬物の売上金である薬物犯罪収益は、正犯が得たもので幇助犯である被告人が得たものではないとして、被告人から追徴せず、被告人が幇助行為の報酬として得た金銭の限度で追徴を認めた。これに対して、検察官から、名古屋高金沢支判平6・6・21（平成6年（う）第22号）、大阪高判平9・3・26（平成8年（う）第715号）

及び東京高判平17・6・3（平成16年（う）第2814号）に反するとともに、法令の解釈適用に誤りがあって、これを破棄しなければ著しく正義に反するとして、上告があった。

▶▶**本件の争点**

　麻薬特例法11条1項、13条1項に基づき幇助犯が没収・追徴される薬物犯罪収益等は正犯と同様に薬物犯罪収益全額であるのか。

▶▶**コメント**

　薬物犯罪収益に関する没収・追徴において、幇助犯の没収・追徴の範囲を示した裁判例であり、参考になるものと思われる。幇助犯という犯罪の性質からすれば、裁判所の判断が妥当であろう。

[86] 既に別件で覚せい剤取締法違反の執行猶予付き確定判決を受けている被告人に対する、本件覚せい剤事件の併合関係に関して、本件での覚せい剤使用行為が、その確定判決の前か後かが明らかでないという場合に、使用時期は、上記確定裁判に関する事実に対する捜査が開始された後であることは明らかであるとして、本件覚せい剤使用の罪は、別件の確定判決と併合罪の関係にはないとした事例

東京地方裁判所平成22年1月28日判決、判例タイムズ1334号258頁

▶▶**判旨**

　被告人は、平成21年9月10日東京地方裁判所で覚せい剤取締法違反の罪により懲役2年（4年間執行猶予）に処せられ、その裁判が同月25日確定したことが認められるところ、判示認定の被告人による覚せい剤使用の事実が、前記裁判の確定前に行われたか、その後に行われたかは明らかではない。

　判示の覚せい剤を使用した時期は少なくとも前記裁判に関する事実について被告人に対する捜査が開始された後であることは明らかであるから、前記裁判の確定前に覚せい剤を使用した場合とその後に覚せい剤を使用した場合を比較して、犯情に大きな相違はないというべきであり、むしろ、判示第1と判示第2についてそれぞれ個別に懲役刑に処せられる被告人の不利益の方が大

きいというべきである。そうすると、明確な根拠に基づかないで被告人に不利益を強いることはできないから、……前記確定裁判のあった覚せい剤取締法違反の罪と併合罪の関係にはないものとすべきである。

▶▶事案の概要

被告人は、平成21年9月10日に覚せい剤取締法違反の罪により懲役2年に処せられ、4年間その刑の執行を猶予されたが、その判決の前後ころ（平成21年9月上旬から同月27日までの間）に、本件の覚せい剤使用（起訴状記載の事実第1）を行い、その執行猶予期間中（平成21年9月27日）に本件の覚せい剤所持（起訴状記載の事実第2）を行った。

▶▶本件の争点

本件での覚せい剤の使用が、既に確定している覚せい剤使用の裁判より前に行われたものか、後に行われたものかが明らかでない場合に、本件での覚せい剤の使用と確定裁判のあった覚せい剤取締法違反の罪とを併合関係とすることはできるか。

▶▶コメント

刑法45条は、「確定裁判を経ていない2個以上の罪を併合罪とする。ある罪について禁錮以上の刑に処する確定裁判があったときは、その罪とその裁判が確定する前に犯した罪とに限り、併合罪とする」と規定している。このうち「その裁判が確定する前」の意義について、判例は、裁判の確定前と解する立場をとっている（東京高判昭31・7・19高刑9・7・804、判タ61・76）。

本件は、刑法45条後段の「その裁判が確定する前に犯した罪」に、本件覚せい剤の使用が当たるか否かが不明であったため、併合罪の処理をどのようにするのかが問題となった事例であり、この分野での裁判所の考え方を知るものとして参考になるものと思われる。

本件では、検察官の主張は、被告人に有利に「前記裁判の確定前に覚せい剤を使用したことを前提にすべき」というもので、本件覚せい剤使用と前記確定裁判を併合罪の関係としてとらえ、2つの懲役刑を求刑しているようであった。

他方、裁判所も、被告人に有利になるかどうかという観点から、懲役刑が2つになる不利益を考慮し、本件覚せい剤使用と本件覚せい剤所持を併合罪の関係とした。

どちらも、被告人に有利になるかどうかという観点であるが、別々に処理した場合と併合関係にした場合での量刑の重さを考えたとき、裁判所の処理が妥当であったと思える。

[87] 被告人が覚せい剤代金として得た1万円札は、麻薬特例法12条が準用する組織犯罪処罰法14条により、被告人の所持金の中から1万円を没収すべきであるとして、麻薬特例法13条1項前段、11条1項1号により被告人から1万円を追徴した原判決を破棄した事例

東京高等裁判所平成22年4月27日判決、判例タイムズ1344号253頁

▶▶判旨

　被告人が覚せい剤代金として得た1万円札は、麻薬特例法11条1項1号にいう薬物犯罪収益として没収すべきものであるところ、その全額が被告人の所持金と混和し、当該混和財産は、任意提出された1万円札1枚（さいたま地方検察庁熊谷支部平成21年領第379号の29）及び東京拘置所で保管中の被告人の所持金として存続しているので、同法12条が準用する組織犯罪処罰法14条により、被告人の前記の所持金の中から覚せい剤代金相当額である1万円を没収すべきである。

▶▶事案の概要

　被告人は、平成21年5月9日、覚せい剤代金として1万円札1枚を受け取り、翌10日ATMから引き出した1万円札3枚も同じ財布に入れ、うち1枚を取り崩して買い物をした。被告人は、翌11日に緊急逮捕されて警察署留置施設に収容されたが、その所持金額は3万1158円であった。

　被告人の所持金は、勾留中の物品購入及び差入れ等により増減したが、1万円を下回ることなく経過していた。被告人は、起訴後である7月16日、覚せい剤代金は自己の所有物ではないとして、所持金から1万円札1枚を任意提出し、残りの所持金は1万4378円となった。その後も被告人の所持金は増減し、証拠上判明する最近の時点である平成22年4月15日には、東京拘置所において6907円が保管されていた。

▶▶本件の争点

薬物犯罪収益と他の財産の混和が生じた場合における没収・追徴の方法。

▶▶コメント

本件は、被告人が覚せい剤約 0.1 グラムを代金 1 万円で譲渡し、覚せい剤取締法違反で起訴された事案である。原審（さいたま地熊谷支判平 21・10・23 判例集未登載）は、被告人を懲役 1 年 10 カ月に処するとともに、1 万円の追徴を言い渡したが、本判決は、原判決を破棄したうえで自判し、被告人を懲役 1 年 10 カ月に処するとともに、1 万円の没収を言い渡した。没収が、犯罪に関連する一定の有体物の所有権を奪う処分であるのに対し、追徴は、法律上・事実上没収が不能となった場合において、没収すべきものに代わる金額を国庫に納付するよう命ずる処分である（前田雅英『刑法総論講義〔第 6 版〕』〔東京大学出版会、2015 年〕417 ～ 418 頁参照）。

麻薬特例法（国際的な協力の下に規制薬物に係る不正行為を助長する行為等の防止を図るための麻薬及び向精神薬取締法等の特例等に関する法律）11 条 1 項 1 号は、薬物犯罪収益を没収する旨を規定している。そして、同法 12 条が準用する組織犯罪処罰法（組織的な犯罪の処罰及び犯罪収益の規制等に関する法律）14 条は、不法財産（薬物犯罪収益はこれに当たる）がそれ以外の財産と混和した場合において、当該不法財産を没収すべきときは、当該混和により生じた財産のうち当該不法財産の額または数量に相当する部分を没収することができる、と規定している。本判決は、麻薬特例法 12 条、11 条 1 項 1 号、組織犯罪処罰法 14 条により、混和に係る覚せい剤譲渡代金相当額である 1 万円を没収すべきとしたものである。

これに対し、麻薬特例法 13 条は、同法 11 条 1 項の規定により没収すべき財産を没収することができないときは、その価額を犯人から追徴する旨を規定している。原判決は、覚せい剤譲渡代金（1 万円札 1 枚）が他の財産と混和して特定性を失い、没収することができないと判断し、追徴を言い渡したものと考えられる。

[88] 税関職員である財務事務官が犯則事件の調査において作成した写真撮影報告書や差押調書等の書面について、検証の結果を記載した書面と性質が同じであると認められる限り、刑訴法321条3項所定の書面に含まれるとした事例

東京高等裁判所平成26年3月13日判決、高等裁判所刑事判例集67巻1号1頁、東京高等裁判所（刑事）判決時報65巻1〜12号22頁、判例タイムズ1406号281頁

▶▶判旨

　財務事務官作成の写真撮影報告書等及び差押調書の作成者は、いずれも関税法に定める税関職員であるところ、犯則事件の特殊性にかんがみ、同法の規定に基づき、犯則事件を調査するため必要があると認めるときは、犯則嫌疑者に質問したり所持する物件等を検査したりできるほか、裁判官の発する許可状により強制処分である臨検、捜索及び差押えができるものとされ、これらの調査をしたときには法令に定める事項を記載した調書を作成すべきものとされている（関税法第11章第1節、同法施行令第9章参照）。これらの規定に照らせば、税関職員による犯則事件の調査は、検察官、検察事務官又は司法警察職員が行う犯罪の捜査に類似する性質を有するものと認められるから、税関職員が犯則事件の調査において作成した書面であっても、検証の結果を記載した書面と性質が同じであると認められる限り、刑訴法321条3項所定の書面に含まれるものと解するのが相当である。

▶▶事案の概要

　被告人3名が、覚せい剤約10.981キログラムを食品の箱39箱をスーツケース3個に収納し、機内預託手荷物として日本国内に持ち込みもうとしたという密輸の事案の控訴審である。

　控訴審弁護人は、控訴趣意の一部として、財務事務官作成の写真撮影報告書や差押調書等を刑訴法321条3項により証拠とした点が判決に影響を及ぼすことが明らかな法令違反であると主張した。

　裁判所は、判旨のとおり、税関職員が犯則事件の調査において作成した書面であっても、検証の結果を記載した書面と性質が同じであると認められる限

り、刑訴法 321 条 3 項所定の書面に含まれるとした。

　そして、原審において証拠採用された書面のうち、①写真撮影報告書等については、税関職員が、犯則物件の発見状況や押収品を明らかにし、証拠として確保することなどを目的として、五官の作用により被告人 3 名の所持品や押収品の状態等を観察、確認して写真を撮影し、その結果を撮影した写真を貼付するなどして書面化したものであって、採証活動及び調書作成の点において検証と性質を同じくするものであり、書面の方が口頭による報告より正確で理解しやすいものであるから、検証の結果を記載した書面と同質の書面と認められ、3 項書面に含まれるものと解されると判断した。

　一方、②差押調書については、税関職員が、検証（臨検）とは目的や性質が全く異なる採証活動である差押えについて、処分の適正を期することを主眼として作成された書面であるから、検証の結果を記載した書面と同質のものとはいい難いとして、刑訴法 321 条 3 項により証拠とした原審の措置には同項の解釈、適用を誤った違法があると判断した。

▶▶本件の争点

　財務事務官作成の写真撮影報告書や差押調書等を刑訴法 321 条 3 項により証拠とした点について、判決に影響を及ぼすことが明らかな法令の違反があるか。

▶▶コメント

　財務事務が犯則事件の調査において作成した写真撮影報告書等について、検証の結果を記載した書面と性質が同じであると認められる限り、刑訴法 321 条 3 項所定の書面として証拠能力が認められ得るとされた事例である。

　いわゆる 3 項書面については、条文に明示されている「検察官、検察事務官又は司法警察職員」以外の者が作成した書面に本項が適用できるかについて争いがある（松尾浩也監修『条解刑事訴訟法〔第 4 版・増補版〕』〔弘文堂、2016 年〕864 頁）。本件では、これらの者以外の者が作成した書面であっても、検証の結果を記載した書面と性質が同じであると認められる限り、刑訴法 321 条 3 項所定の書面に含まれるとの判断がされている。

[89] 覚せい剤密輸の事案において、証拠となった電子メールの趣旨について、当事者に釈明を求めないまま、客観的な趣旨を根本的に取り違えた上、これを前提として結論を導いた原審の訴訟手続には、釈明義務に違反した違法があり、原判決には訴訟手続の法令違反があるとして、原判決を破棄し、差し戻した事例

東京高等裁判所平成28年1月20日判決、判例タイムズ1425号226頁

▶▶判旨
　検察官が請求した証拠で、裁判所の認識を前提とする限り、弁護人の主張の根幹に関わる、客観的で重要なものについて、論告中で何ら言及されていないという、通常なら考え難い事態が生じている場合には、裁判官においては、そのような状況が明らかとなったところで、審理の段階にかかわらず、当事者にその証拠の趣旨の釈明を求め、必要に応じて補充立証を促すなど、証拠の誤解に基づく判断に陥る危険を防止するための措置を講じる義務があるというべきである。
　……
　以上によれば、本件メールの趣旨について、当事者に釈明を求めないまま、前記のように客観的な趣旨を根本的に取り違えた上、これを前提として結論を導いた原審の訴訟手続には、釈明義務に違反した違法があり、訴訟手続の法令違反をいう論旨はこの限りで理由がある。

▶▶事案の概要
〈1〉事案は、被告人が、氏名不詳者らと共謀の上、営利の目的で、インド所在の空港で航空機に搭乗する際、覚せい剤を隠し入れたキャリーケース1個を機内預託手荷物として積み込ませ、シンガポール共和国所在の空港で航空機を乗り継ぎ、東京国際空港に到着し、上記キャリーケース1個を航空機の外に搬出させて日本国内に持ち込み、覚せい剤を日本国内に輸入した（関税法違反の点は未遂）、というものである。
〈2〉原審（東京地方裁判所平成25年（合わ）第183号）は、被告人の犯意を認め、覚せい剤取締法違反（営利目的輸入）及び関税法違反（禁制品の輸入未遂）の各罪で被告人を懲役12年及び罰金700万円等に処した。

〈3〉原判決では、被告人がPに宛てた電子メールについて、「弁護人は、Pが本件とは無関係の人物であると主張するが、同メールが送信されたのは本件渡航の11日前であり、日本へ行くことに関する記載も本件渡航についてのものとみるのが最も合理的であるところ、同メールの記載内容からは、被告人において、委託者側の話に疑念を抱いており、日本に渡航しなければ委託者側に不利益が生じることを認識していたとみるのが自然である」ことなどを指摘した上、結論として、被告人に未必的認識があったことを合理的に疑わせる事情はないと認定した。

〈4〉これに対して、控訴審において弁護人は、本件メールは、無関係の人物と被告人が認識していたPに対し、別件の資金移転案件に関連して銀行に対する不信を表明し、抗議したものであるにもかかわらず、原判決が本件メールによって「被告人において、委託者側の話に疑念を抱いて」いたことを認定したのは、不意打ち認定であり、書証に対する同意の範囲を超えて事実認定を行い、釈明義務にも違反するもので、訴訟手続の法令違反がある、と主張した。

〈5〉メールの審理経過は次のとおりであった。

ア　原審甲号証では、立証趣旨を「被告人によるメールの送受信状況」とする統合捜査報告書であり、これを原審弁護人が同意し、原裁判所により採用されている。原審記録によれば、当初請求された同証拠番号の報告書から、原審弁護人が問題を指摘した電子メールが除外された経緯がうかがわれる。また、上記手続期日に先立ち、被告人が送受信した電子メールに関する証拠が弁護人から請求されたが、原審検察官の不同意の意見を受け、原裁判所は、上記期日において、証人尋問又は被告人質問の後にその採否の判断をすることとした。

イ　原審被告人質問において、被告人は、原審検察官から、本件メールのうち1通等を示された上、P6が本件渡航と何か関係を持っていた人物なのではないかと聞かれ、渡航とは全く関係ないと供述し、その後の原審弁護人からの質問に対しても、P6とP2とは関係がない旨の供述をした。

ウ　上記期日（上記被告人質問の後と推察される）において、原審弁護人は、原審弁号証を撤回した。

〈6〉以上の経緯に照らすと、原審弁護人は、被告人質問によってP6がP2の関係者でないことが明らかになったと考え、原審弁号証までの取調べが不要になったと判断したものと推察される。

〈7〉ところが、原裁判所は、弁護人の予想に反し、P6をP2の関係者と認め、被告人の疑念を認定したもので、本件渡航の11日前に発信された本件メール中で「日本に行く」というのは本件渡航のことを指すと考え、自分が日本に行

かなければ困るだろうと述べている相手は、本件渡航の委託者側の人物であると理解し、これを否定する被告人の供述を信用しないものとして、判決に至ったものと考えられるものである。

▶▶本件の争点

検察官請求証拠であるメールによって事実認定したことにつき、不意打ち認定であり、書証に対する同意の範囲を超えて事実認定を行い、釈明義務にも違反するもので、訴訟手続の法令違反があるか

▶▶コメント

本件の原審は裁判員裁判であったところ、公判前整理手続きを経て公判に至っている。公判前整理手続きにおいては、裁判官も広く請求証拠の状況に触れることがあるところ、本件のように、請求証拠の趣旨や意味について、訴訟当事者間で取り違えたまま進行してしまうおそれは否定できないところでもある。

本判決では、そうした経過も具体的に明らかにしたうえで、これを釈明義務違反であると構成して破棄差戻し判決をしたものであって、正当であると言えよう。

8 その他

[90] 被告人が情を知らない第三者Aをして覚せい剤を輸入したとされる事案において、荷物の引き取りの経緯に関する被告人の供述については、弁解に虚偽があるものとして排斥することはできず、また、Aが所持していた被告人の住所等が記載されたメモの存在だけでは被告人が本件に関与していたとは断定できないとした事例

大阪地方裁判所堺支部平成13年3月22日判決、LEX/DB文献番号25420593

▶▶判旨

　被告人は、右Mなる人物には会ったこともなく、同人に荷物を持ち帰るように依頼したこともないし、Mにこれを依頼した人物などと共謀して本件覚せい剤を密輸入しようと企てたことはなく、本件は全く身に覚えのないことであるとして、本件公訴事実記載の犯行を一貫して否認している。

　検察官は、Mに手渡されたメモ紙に被告人の自宅や携帯電話の電話番号が記載されていたことや、被告人がその妹などを介して本件バックを受け取ろうしたことに加え、被告人は、本件犯行前の3月から4月にかけて中国の瀋陽に3回ほど国際電話をかけており、中国側の共犯者と本件覚せい剤密輸入を敢行する打ち合わせをしていたことがうかがわれること、本件バックに入れられていたスニーカーは商品として販売するには粗末にすぎる物であり、また、被告人は当時病気療養中で商売を行っておらず、その商売の内容からしてもスニーカーを注文すること自体不自然であり、スニーカーの見本というのはあくまでも覚せい剤を隠匿するための方途にすぎなかったと推測されるほか、被告人の前科関係や人的関係、本件直前に資金を準備していたと見受けられること、当時の収入状況等から営利をもくろんで本件犯行に及んだという動機も十分にうかがわれることなどを統合すれば、本件公訴事実の証明は十分であると主張する。

　しかしながら、瀋陽への国際電話の点は、中国にいたRから電話があった際、電話代が高いというのでその都度自宅からRに電話をかけ直したとの被告人

の供述をあながち虚偽とみることはできない上、これが本件犯行の打ち合わせをしていた証左と断定する根拠もなく、仮に犯行の打ち合わせをしていたとすれば、前記のとおりの本件当日の荷物受取の状況とむしろ齟齬するといわなければならず、さらに、検察官が指摘するその余の点は、その内容に照らしても、また関係証拠からみても、被告人が本件犯行に加担したことを推認させる事情としていずれも不十分なものと断ぜざるを得ない。

そして、本件につき被告人を有罪に導く最も重要な事実と思われる、被告人方等の電話番号と被告人の姓が記載されたメモ紙の存在についても、Mが右メモ紙を所持していたことは動かしようのない事実であるが、右メモ紙をMに渡した人物がどのような経緯で被告人の電話番号を知り、どのような意図から右メモ紙に被告人の電話番号を記載してこれをMに手渡したのか証拠上必ずしも合理的に推認することはできず、結局のところ、右人物が本件バックを被告人に受け取らせようとした意図があったことだけは認められるものの、その事実のみから、被告人が本件に関与していたとまで断定することはできないといわざるを得ない。

▶▶事案の概要

被告人が、情を知らない第三者（M）をしてスニーカーの靴底に入れた覚せい剤を輸入させたとして、覚せい剤輸入（未遂）罪で起訴された事件。被告人は、捜査段階から自らは本件に関与していないとして、一貫して否認している。他方、被告人が本件に関与したことを示す事実として、Mが、被告人方の電話番号及び姓が記載されたメモ紙を所持していたことが認められている。このような状況において、被告人の弁解を虚偽であるとは認定せず、また、メモの存在のみから被告人が本件に関与したとは認めず、被告人を無罪とした。

▶▶本件の争点

被告人の犯人性。

▶▶コメント

被告人の間接正犯の犯人性に関する事例判断である。

被告人の姓及び電話番号が記載されているメモ紙の存在が、被告人が本件に関与したかを示すほぼ唯一の物的証拠であるところ、事実認定として、「メモ紙の存在→被告人の本件への関与」したという推認過程は合理的な推認とはいえないことを示した事例判断として、実務上参考になる。

[91] 発見された大麻が、発見場所となった自動車の運転者であった被告人の所有物であることにつき、合理的な疑いがあるとして無罪を言い渡した事例

京都地方裁判所平成14年2月7日判決、季刊刑事弁護33号158頁、無罪事例集8集265頁

▶▶判旨

　白色クラウンの管理、利用状況について本件大麻草は、白色クラウンの後部トランクの中シートと底板との間から発見された本件プラスチックケースに在中していたことからすると、本件プラスチックケースは、白色クラウンのキーを普段から所持して白色クラウンを使用している者か、白色クラウンの管理者からその使用を委ねられるなどして、必要な時にはキーを借り出すことができた者が、後部トランク内に本件プラスチックケースを隠匿していたと推認するのが合理的である。そして、本件プラスチックケースが白色クラウンの後部トランクから発見された時点では、白色クラウンのキーを現実に所持していたのは被告人であるから、被告人がこのような地位にあった者ということができるのであって、被告人が白色クラウンのキーを所持していたことは、検察官が指摘するとおり、被告人が本件大麻草の所持者であることを推認させる有力な証拠ということができる。

（中略）

　したがって、被告人は、本件大麻草の発見時において、白色クラウンのキーを所持していたのにとどまらず、それ以前から、白色クラウンの所有者であるSから、白色クラウンのキーを渡され、何度も同車を運転するなどして利用していたものであって、被告人がSの配下的な立場にあり、Sと行動を伴にする関係にあったことに鑑みると、本件大麻草を白色クラウンに隠匿する可能性のある立場にあったことは否定できない。しかしながら、他方で、被告人は、Sから、白色クラウンの管理使用を全面的に任され、同車を1人で専用していたものではなく、S自身が、白色クラウンのキーを所持していて、自ら同車を運転するなどしていたほか、その時期や頻度ははっきりとはしないとはいえ、Sや被告人以外の複数の関係者も、Sからキーを受け取って白色クラウンに乗り込むこともあったというのであるから、白色クラウンの所有者であるS自身も、上記の可能性については、被告人の場合と比べて低いとはいえず、また、

Sや被告人ほどには頻度は少ないとはいえ、被告人以外の複数の関係者にも、白色クラウンのキーを借りて利用していたものであって、しかも、これらの関係者がSとは親交のある関係にあったとも考えられることからすると、これらの者が本件プラスチックケースを白色クラウンの後部トランクに隠匿する可能性も否定し去ることはできない。

(中略)

　したがって、被告人は、本件大麻草が隠匿されていた白色クラウンのキーを預かって運転するなどしていたこと、捜査段階において、被告人は、当初から、一貫して、被告人自身が本件大麻草を隠匿所持していたことを自白していたこと、本件大麻草が発見された際、本件プラスチックケースについてあらかじめ知っていたことを前提とするような言動があったことが認められるが、他方で、白色クラウンについては、他にもキーを所持し運転していた複数の関係者が存在し、被告人が専ら白色クラウンを管理していたとはいえないこと、被告人の捜査段階での自白には、本件プラスチックケースの隠匿状況について、警察官らにより発見された状況とは整合せず、その信用性を疑わせる重要な内容があり、他にその信用性を特段に高める内容は含まれていないこと、被告人には虚偽の自白をする動機も一応はあることからすると、被告人が本件大麻草在中の本件プラスチックケースを白色クラウンに隠匿所持したものと認定するには、なお合理的な疑いがあり、その他に検察官の主張の事実を認めるに足りる証拠はない。

　よって、この公訴事実については犯罪の証明がないことになるから、刑事訴訟法336条後段により被告人に対し無罪の言渡しをする。

▶▶事案の概要

　大麻所持の事案で、捜査段階では被告人は身代わりとして自白をしていたものの、大麻が、大麻の発見場所となった自動車の運転者であった被告人の所有物であることにつき、合理的な疑いがあるとして、被告人を無罪とした事例。

▶▶本件の争点

　自動車内における大麻所持。

▶▶コメント

　判決は、大麻の入っていたプラスチックケースは、白色クラウンのキーを普段から所持して白色クラウンを使用している者か、白色クラウンの管理者から

その使用を委ねられるなどして、必要な時にはキーを借り出すことができた者が、後部トランク内に本件プラスチックケースを隠匿していたと推認するのが合理的であるとした上で、白色クラウンについては、他にもキーを所持し運転していた複数の関係者が存在し、被告人が専ら白色クラウンを管理していたとはいえないこと、被告人の捜査段階での自白には、本件プラスチックケースの隠匿状況について、警察官らにより発見された状況とは整合せず、その信用性を疑わせる重要な内容があり、他にその信用性を特段に高める内容は含まれていないこと、被告人には虚偽の自白をする動機も一応はあることからすると、被告人が本件大麻草在中の本件プラスチックケースを白色クラウンに隠匿所持したものと認定するには、なお合理的な疑いがあるとして、被告人に大麻所持の部分について無罪を言い渡した。

[92]　共謀による覚せい剤の営利目的所持の事案で、被告人の覚せい剤密売組織における役割、密売への関与の程度から、時期によっては共謀による共同所持の事実が認められないとして一部無罪を言い渡した事例

大阪地方裁判所平成16年10月25日判決、LEX/DB文献番号28105171

▶▶判旨

　覚せい剤密売組織による組織的犯罪であるとしても、その地位に応じて関与の度合いに濃淡があるものであり、組織の中での役割、密売への関与形態、覚せい剤保管状況に関する認識の有無とその程度などの諸事情を総合考慮した結果、意思を通じ合って自己の行為として覚せい剤を実力支配できる状態に置いていたかどうかを判断すべきであり、被告人は本件当時売り子兼店番補助という立場にすぎず、保管部屋に入室することはできず、覚せい剤の仕入れや小分け作業に関与したことも一切なく、補充作業に関与したこともなかったので、保管場所について未必的に認識していたにすぎず、補充用の覚せい剤について自己が保管するとの意思もなく、組織の役割分担上も保管する立場になかったとして、共謀による所持の事実は認められないとして無罪とした。

　なお、その後の被告人の地位や役割の変化から２ヶ月後の所持については認められている。

▶▶事案の概要
　覚せい剤密売組織に所属する被告人は、本件当時売り子兼店番補助として、当日密売をするための覚せい剤を保管する部屋に出入りをしていたが、覚せい剤の仕入れ、覚せい剤の小分け作業には関与したことがなく、組織が仕入れた小分け前の覚せい剤や当日密売しない分の小分け後の覚せい剤が保管されている別の部屋への出入りはできなかった。
　被告人は、この別の部屋に保管された覚せい剤についても共謀による共同所持が認められるとして起訴された。

▶▶本件の争点
　共謀による共同所持の有無。

▶▶コメント
　検察側は、被告人が一連の覚せい剤密売の仕組みを十分理解したうえで、その一因として関与していたものであり、売り子だとしてもその役割に応じた働きをして組織として一体として行った犯行であるとし、共謀による共同所持が認められると主張していた。
　本件判決は、覚せい剤取締法41条の2第1項に規定される「所持」とは、人が物を保管する意思をもってその物に対し実力支配関係を実現していれば、それを「所持」といい、必ずしも覚せい剤を物理的に把持することは必要ではないものの、その存在を認識してこれを管理し得る状態にあることを要するとして、被告人が保管場所を未必的に認識していたものと認めながら、被告人の当時の売り子兼店番補助という当該部屋への出入りができなかったことや、覚せい剤の仕入れ、仕分け作業に関与したことがないこと等から、自己が保管するとの意思もなく、組織の役割分担上も保管する立場になかったとして、共謀による所持の事実は認められないと判断した。
　一方で、本件から1カ月後の時点においては、役割や関与形態に変化があったとして共謀による所持が認められている。
　覚せい剤の密売組織において組織の下位者にも共謀による共同所持が認められるかという点について、個々の役割や関与の度合いを分析し結論を異にした判決として、今後の参考になると思われる。

[93] 警察官が収集、保管している証拠について弁護人が証拠保全の請求をし、原審がこれを認めて証拠を押収したため、検察官が準抗告を申し立てたが、申立権がないという理由で棄却されたために、警察署長が準抗告を申し立てた事案において、保全すべき必要性が肯認できるのは、捜査機関が、証拠を故意に毀滅したり、紛失させたりするおそれがあることが疑われる特段の事情が疎明された場合に限られるとし、また、検察官及び警察官ともに申立権を有すとして、原裁判を取り消して、押収請求を却下した事例

京都地方裁判所平成17年9月9日決定、判例時報1951号175頁、判例タイムズ1227号196頁

▶▶判旨

　捜査機関が収集、保全した証拠について、捜査機関が被疑者に有利な証拠であるとして廃棄又は隠匿するおそれがあるとの理由で、広く証拠保全が許容されるならば、捜査機関が事案の真相を解明すべく被疑者にとって有利、不利を問わず、客観的な証拠等の収集を行う適正な捜査を行っているのに、被疑者側が捜査機関の収集した証拠の中から自己に有利な証拠を探し出そうとするなどの行為を招きかねず、ひいては、捜査機関による適正な捜査自体に支障を生じさせ、あるいはその妨げとなり得る場合も考えられ、証拠開示の制度との整合性にも疑問が生じることなどをも考慮すると、捜査機関が収集、保管している証拠について、証拠保全手続によって保全すべき必要性が肯認できるのは、捜査機関が、証拠を故意に毀滅したり、紛失させたりするおそれがあることが疑われる特段の事情が疎明された場合に限られると解すべきである。

　そこで、本件写真についてそのような特段の事情が認められるかどうかを検討するに、……警察官が本件写真を故意に毀滅又は隠匿するなどの行為に出るおそれがあることを疑わせる特段の事情は認められないのであって、本件写真については、保全を必要とする事由の疎明はなされていないと解される。

　なお、本件準抗告の申立適格について付言するに、前記のとおり、本件被疑事件は、被疑者の逮捕の翌日である7月26日に、検察官に送致されており、以後検察官が本件被疑事件について主体的に捜査を行う地位に立ったものというべきであるから、本件写真が原裁判時にはなお山科警察署に保管され、検

察官に送致されていないという事情を考えても、検察官は、本件押収の裁判に対して準抗告を申し立てる正当な利益、権限を有し、その申立適格を有することは明らかである。そして、更には、本件のように事件送致後は、検察官が捜査機関を一元的に代表して当事者資格を持つとするのが、法律専門職としての職務上の性質や職責からしても適当であって、捜査機関内部の主張の対立を防ぐメリットもあるとの見解も成り立つところではあるが、事件送致後であっても、警察官は、事件について、検察官の捜査指揮に反することができないなどの制約はあるとはいえ、新たな証拠の収集等の捜査を継続する責務があるのであるから（犯罪捜査規範196条1項）、本件写真のように、自ら保管している証拠物について押収された場合には、警察官もまた、保管者という立場で本件準抗告の申立権を有するものと解するのが相当である。

▶▶事案の概要

　覚せい剤の被疑事実により逮捕された事案において、警察官が撮影し警察署が保管する被疑者両手首内側等の写真について弁護人が証拠保全の請求をしたところ、原審はこれを認容し写真が押収された。これに対し、検察官が準抗告を申立てたが、検察官には準抗告の申立権がないとしてこれを棄却したため、改めて、警察署長が本件準抗告を申立てたという事案。

▶▶本件の争点

　①警察官が収集、保管している証拠について、弁護人による証拠保全請求が認められるか。
　②①の証拠保全請求を認容する決定に対し、検察官が不服申立権を有するか。

▶▶コメント

　本件については、さらに特別抗告がなされ、上記の争点②について問題となったが、特別抗告審は、「捜査機関が収集し保管している証拠については、特段の事情が存しない限り、刑訴法179条の証拠保全手続の対象にならないものと解すべきであるから、これと同旨の原判断は相当である」とし、原審の判断を維持した（最二決平17・11・25）。

[94] 捜査段階での取調べにおいて、警察官が被告人に対し暴行を加え、傷害を負わせた行為について、著しく妥当性を欠いた違法な取調べであり、これにより被告人の被った肉体的・精神的苦痛も大であったと考えられ、量刑判断において相当程度考慮することが必要であるとした事例

大阪地方裁判所平成18年9月20日判決、判例時報1955号172頁

▶▶判旨

　本件当日の取調べにおいて、C警察官が被告人に対し一方的にその顔を殴り、更にスチール机を被告人の方へ押し出した上これを蹴って、その角の部分を被告人の左側胸部に強打させる暴行を加え、その結果、被告人に左肋軟骨骨折の傷害を負わせたと認定するのが相当である。

　そして、上記のようなC警察官の行為は、取調室という密室状況や取調官・被疑者という圧倒的な立場の差を悪用した、それ自体犯罪を構成する可能性のある言語道断な行為であるといわざるを得ず、著しく妥当性を欠いた違法な取調べであったと認められ、これにより被告人の被った肉体的・精神的苦痛も大であったと考えられる。これに対し、それを消却・鎮静化する事後的措置としては被告人が別に国家賠償訴訟を提起することも考えられはするが、それ自体負担を伴うばかりか、立証責任や本件の証拠構造からして必ずしも勝訴が確実であるとまではいえないことに照らすと、それが現実的・実効的な消却・沈静化措置であるとは言い難いのであって、結局、本件違法の重大性や被告人の苦痛の大きさを総合勘案すると、上記国家賠償訴訟において勝訴し得る可能性を考慮してもなお、本件においては、上記違法な暴行により被告人が苦痛を被った事実を、後記のとおり、量刑判断において相当程度考慮することが必要であると解される。

▶▶事案の概要

　被告人が覚せい剤の使用、密売目的での覚せい剤を所持、使用する目的での大麻の所持につき起訴された事案において、裁判所は、捜査段階における取調中、警察官が、被告人に対し一方的にその顔を殴り、更にスチール机を被告人の方へ押し出した上これを蹴って、その角の部分を被告人の左側胸部に強打させる暴行を加え、その結果、被告人に左肋軟骨骨折の傷害を負わせたと認定し

たうえで、本件違法の重大性や被告人の苦痛の大きさを総合勘案すると、違法な暴行により被告人が苦痛を被った事実を量刑判断において相当程度考慮することが必要であるとし、量刑上考慮の上、懲役2年6カ月及び罰金20万円という有罪判決を言渡した。

▶▶**本件の争点**

捜査官による取り調べ中の暴行という捜査手続上の違法を量刑上被告人に有利に斟酌することができるか

▶▶**コメント**

暴行を伴う取り調べがあった場合、取得した自白の証拠能力も問題となりうるが、本件では、被告人が逮捕された直後の段階から、営利目的や共犯者との共謀も含め一貫して罪を認めており、その供述状況は、警察官が有形力を行使したとされる日の前後でほとんど変化がないこと、及び被告人自身も、当公判廷において、捜査段階の供述調書においては任意に真実を語ったものである旨事実上認めていることを理由に、警察官の上記有形力の行使が違法な暴行であるか否かについて判断するまでもなく、被告人の捜査段階の各供述調書の任意性は肯定されると判示している。かかる状況が異なっていれば、任意性が否定された可能性もあると思われる。

[95] 覚せい剤の使用及び所持の事案の控訴審において、原判決の量刑は、原判決言渡しの時点では重過ぎて不当であるとはいえないが、原判決結前に存在した情状に加え、原判決後に生じた情状を併せ考慮すると、現時点においては、執行猶予を付さなかった点において重過ぎることになったとして、原判決を破棄、自判し、執行猶予を付した事例

東京高等裁判所平成20年2月12日判決、判例タイムズ1337号60頁

▶▶**判旨**

被告人が原審公判廷において反省している旨述べていること、各懲役前科（同種前科）にはいずれも執行猶予が付され、その猶予期間はいずれも無事経

過していることなど被告人のために酌むべき諸事情を考慮しても、原判決の量刑は、原判決言渡しの時点では重過ぎて不当であるとはいえない。
　しかしながら、当審における事実取調べの結果によれば、原判決後、被告人は肺ガンに罹患し、入院して治療に当たる必要があることが判明したこと、被告人の母が当公判廷で証言し、今後被告人を指導監督していくことを約束していることが認められる。前記の情状に加え、このような原判決後に生じた情状を併せ考慮すると、現時点においては、原判決の量刑は、執行猶予を付さなかった点において重過ぎることになったというべきである。

▶▶事案の概要

　平成19年8月24日ころ、東京都渋谷区代々木公園内の男子便所において覚せい剤を自己の身体に注射して使用し、かつ、同月26日神奈川県川崎市中原警察署内において覚せい剤約0.038グラムを所持したという事案において、原判決が、実刑を言い渡したのに対し、被告人が控訴し、原判決後の事情を併せて考慮すれば、量刑は重すぎると主張した事案。

▶▶本件の争点

　原判決後に肺ガンが判明したことや被告人の母が指導監督を約束したこと等の本件事情のもと、量刑が重すぎて不当といえるか。

▶▶コメント

　原判決後の事情であるから原則として犯情の評価が変わることはないと解されるが、執行猶予が付されるべきか否かという点において上訴審で斟酌されうる原判決後の事情として参考になる。

[96]　犯罪歴のない主婦が友人夫婦に協力して覚せい剤を輸入した事件の控訴審において、いわば友人夫妻に騙されて海外に渡航させられ、協力依頼を断りにくい状況に追い込まれ、それほど重大なことと気付かないまま犯行に協力させられてしまったといえること等の情状を考慮すると実刑判決は量刑が重すぎるとし、また被告人を支える者が大勢いることから社会での更生が相当として、破棄自判し、執行猶予判決を言い渡した事例

東京高等裁判所平成20年3月13日判決、判例タイムズ1337号58頁

▶▶判旨

　手口も巧妙であり、また、覚せい剤も大量であって、情を知らない子供たちまで巻き込んで敢行された本件が厳罰に値する極めて悪質な犯行であることはいうまでもない。

　しかしながら、被告人は、これまで犯罪組織とは全く無縁の一主婦であったのであり、被告人が香港に行った動機も、高校の同級生であるＢ（Ａの妻）からの依頼を受け、Ａらがブランド物を買付けることに協力するという本件犯行とは全く関係のない理由によるものであった。被告人は、量こそ少ないものの、現実に当初の依頼どおりＡらから日本に持ち帰るブランド物を渡されているうえ、靴の中に覚せい剤が隠してあるという事実に関しては日本に帰国するまでＡらから被告人に具体的に明らかにされることはなかった。被告人自身、香港に無料で行くという恩恵には浴したものの、本件覚せい剤の密輸行為に対する報酬を得ているわけではなく、いわば、被告人は、Ａらに騙されて香港に渡航させられ、同人らからの協力依頼を断りにくい状況に追い込まれた上、それほど重大なこととは気付かされないまま同人らの犯行に協力させられてしまった、ということができる。この意味で、Ａらのように明確に自らの利をねらって違法薬物の密輸行為を企てた者らとは格段にその責任の重さが異なっているというべきである。たしかに、被告人が安易にＡらの依頼を承諾し、結果的に重大な犯罪を犯してしまったという点は責められるべきであるが、被告人は、真摯に反省の態度を示している上、その身柄拘束の期間も長期に及び、これまで犯罪とは無縁の世界に生きてきた被告人にとって、社会的にも十分に制裁を受けているものと認められる。今後の被告人の生活状況についても、被

告人の父親が原審公判廷において今後被告人を支えていく旨証言しており、被告人の再犯のおそれは限りなく低いといってよい。そして、被告人には、3人の子がいるが、うち2人はまだ未成年であり、被告人による監護が必要である。

　そうすると、被告人が犯した犯罪は極めて重大であって厳罰に値するものであるが、上記のような諸点を考慮した場合、被告人を懲役6年及び罰金200万円に処した原判決の量刑は、重過ぎる、というべきである。論旨は理由がある。

　そして、当審における事実取調べの結果によれば、被告人の雇用主が今後被告人を雇っていくことを約束する旨の書面を当裁判所に提出していること、被告人の近隣の住民からも、今後被告人を支えていく旨の書面が提出され、400人近い人たちが被告人の減刑を求める嘆願書の作成に協力している状況にあることが認められ、上記のような情状に加えて、これらの情状を併せ考慮すると、被告人に対しては、今直ちに刑務所に収容して刑罰を科するよりも、もう一度社会内において更生の機会を与えるのが相当と考えられる。

▶▶事案の概要

　Aは覚せい剤の密輸組織に協力して妻のBとともに4回にわたり香港や中国の広州に渡航し、渡航先で覚せい剤が隠匿された靴を渡され、これを履いて我が国に帰国し、覚せい剤の密輸行為を繰り返していた。Aは密輸組織より1回に渡航する人数をもっと増やして欲しいとの要望を受け、Bの友人でありAとも面識があった被告人に香港に同行してもらってはどうかとBに提案した。被告人は、Bから、一緒に香港に行って欲しいと頼まれ、その際A及びBから、香港に行ってブランド物を買い付けてきてそれを売るので荷物運びを手伝って欲しい、パスポート代だけ負担すればよく、旅費や香港でかかる費用については負担する必要はないとの説明を受けた。そして、被告人とその娘及びAB夫妻とその子ら2名の合計6名は、香港に渡航し、ブランド物のコピー商品を買ったり、観光をしたりしたが、香港から帰国する前の晩、Aは自分たちで履いて帰る靴以外に2足の靴をBに渡し、被告人親子に覆いて帰ってもらうよう指示した。Bは被告人にその旨依頼し、被告人はこれを承諾したが、その際、Bは被告人に対し、「この靴のことでもし何か聞かれても何も知らないと言ってね、パパから覆くように言われたと言ってくれればいいから」と言った。被告人は、この発言を聞き、この靴にはもしかしたら覚せい剤や大麻など中に何か法に触れる薬物が隠されているのではないか、との不安を感じたものの、旅行代金はすべて出してもらっており今更断ることもできず、意を決してBの

要請どおり渡された靴を娘とともに覆いて帰国した。

▶▶本件の争点

いわば、共犯者らに騙されて海外に渡航させられ、同人らからの協力依頼を断りにくい状況に追い込まれた上、それほど重大なこととは気付かされないまま同人らの犯行に協力させられてしまった等の本件事情のもと、量刑が重すぎて不当といえるか。

▶▶コメント

本件では、量刑のほか、営利目的がなかったことを理由に、事実誤認及び法令適用の誤りも争点となったが、被告人には、Aらが有していた営利目的の密輸行為を共に行う意思があったと認めることができ、被告人にも営利目的があったと認められるとされている。

にもかかわらず、控訴審において、懲役6年及び罰金200万円の原判決を破棄し、懲役3年執行猶予5年罰金200万円に減刑されており、本件で考慮された量刑事情は、弁護活動の参考となる。

[97] 覚せい剤密輸（業務委託型）の事案において、実行行為を行っていない被告人につき、覚せい剤輸入の故意は認められるとしつつも、被告人と犯罪組織関係者が、貨物発送時以前において、共同して覚せい剤を輸入するという意思を通じ合っていたことが常識に照らして間違いないとはいえないとして無罪を言い渡した事例

東京地方裁判所平成23年7月1日判決、最高裁判所刑事判例集67巻4号632頁

▶▶判旨

1 覚せい剤輸入の故意について
（1）本件貨物の中身が覚せい剤あることの認識について
・被告人が、来日前、犯罪組織関係者との間で、メールで連絡を取り合っていた事実を認めることができる。しかし、その内容は、被告人が、覚せい剤を受け取ることを認識していたことを窺わせるものではない。また、被告人が来日

後にAらと面会した目的については、被告人供述を除いては証拠がなく、被告人供述を前提とすれば、被告人とAらとの間で、被告人が、受け取る物について覚せい剤であると認識するようなやりとりがあったと認めることはできない。
　……しかし、この点について、被告人は、当公判廷で、メキシコから来日する前に、日本で受け取る荷物が覚せい剤であるかもしれないと思っていたと述べている。……被告人の前記供述は、本件貨物の中身が覚せい剤である可能性を認識していたことを自白するものである。
（2）本件貨物をメキシコから日本へ輸入することの認識について
　メキシコから日本にわざわざ赴いて荷物を受け取ることを指示されている以上、メキシコから日本に輸入される荷物を受け取る可能性をも考慮するのが当然であって、この点を認識していたことは、常識に照らして間違いなく認められる。
2　共謀について
　……検察官は、本件が、大量、高価な覚せい剤を日本に輸入するという事案であり、現に被告人宛ての本件貨物を被告人自身が受け取っていることから、事前共謀が推認されると主張する。しかし、それは、結局、およそ外国から大量の覚せい剤の入った荷物を受け取った者は、輸入について事前共謀をしているという経験則の存在を前提とするもので、当裁判所は、それには全く賛成できない。
　さらに、関係各証拠から、被告人と犯罪組織関係者との共謀の存在を推認させる事実が認められるかを検討しても、被告人と犯罪組織関係者との間で交わされたメールの送受信履歴及び内容は、被告人と犯罪組織関係者が、共同して覚せい剤を輸入することについて意思を通じ合っていたことを推認させるには足りない。また、犯罪組織関係者から被告人に対してなされた指示の内容や、Aらとの面会の目的については、被告人供述のほかに証拠はなく、被告人供述を前提とすれば、本件貨物発送時以前に、被告人が、犯罪組織関係者から、本件貨物の中身が覚せい剤であり、メキシコから日本へ輸入するものであることを知らされたとの事実は認められない。その他の証拠の内容にも、被告人と共犯者との意思の連絡を推認させる点は見当たらない。
　そうすると、本件では、被告人と犯罪組織関係者が、本件貨物発送時以前において、共同して覚せい剤を輸入するという意思を通じ合っていたことが常識に照らして間違いないとは言えない。
　なお、被告人は、本件犯行の実行行為を行っていないから、単独犯としての

責任を負うことはない。

▶▶事案の概要
公訴事実は、「被告人は、氏名不詳者らと共謀の上、営利の目的で、覚せい剤を日本国内に輸入しようと計画し、平成22年9月13日（現地時間）、メキシコ合衆国のＤコーポレーション営業所において、覚せい剤約2978.15グラムと約2989.84グラムをそれぞれ隠し入れた段ボール箱2個を航空小口急送貨物として、東京都江東区（以下略）Ｄコーポレーション新砂保税蔵置場留め被告人宛てに発送し、同日（現地時間）、同国の空港において、同空港関係作業員に航空機に積み込ませた上、アメリカ合衆国の空港を経由して、航空機により、同月15日及び同月17日、それぞれ前記段ボール箱各1個を千葉県成田市所在の成田国際空港駐機場に到着させた上、同空港関係作業員に航空機の外へ搬出させて覚せい剤合計約5967.99グラムを日本国内に持ち込み、さらに、前記保税蔵置場にそれぞれ到着させ、同月17日、同区青海2丁目7番11号東京税関検査場において、同税関職員の検査を受けさせたが、関税法上輸入してはならない貨物である前記覚せい剤を発見されたため、前記貨物を受け取ることができなかった」というもの。

▶▶本件の争点
覚せい剤輸入の故意（覚せい剤取締法上の覚せい剤輸入の故意及び関税法上の輸入禁止貨物輸入の故意）及び共謀の有無

▶▶コメント
「外国の犯罪組織関係者との共謀の立証」が容易でないことは想像に難くないが、本判決は「他の事件より有罪の証明度が低くなるわけではない」として、共謀の事実について合理的疑いが残るとして無罪を言い渡しており、妥当な判決だと思われる。

[98] 覚せい剤を密輸した事件について、被告人の故意を認めながら共謀を認めずに無罪とした第1審判決には事実誤認があるとした原判決に、刑訴法382条の解釈適用の誤りはないとされた事例

最高裁判所第三小法廷平成25年4月16日決定、裁判所時報1578号20頁、判例タイムズ1390号158頁、判例時報2192号140頁、最高裁判所刑事判例集67巻4号549頁

▶▶判旨

　刑訴法382条の事実誤認とは、「第1審判決の事実認定が論理則、経験則等に照らして不合理であることをいうものと解するのが相当であり、控訴審が第1審判決に事実誤認があるというためには、第1審判決の事実認定が論理則、経験則等に照らして不合理であることを具体的に示すことが必要である（最高裁平成23年（あ）第757号同24年2月13日第一小法廷判決・刑集66巻4号482頁）。

　原判決は、本件においては、被告人と犯罪組織関係者との間の貨物受取の依頼及び引受けの状況に関する事実が、覚せい剤輸入の故意及び共謀を相当程度推認させるものであり、被告人の公判供述にも照らすと、被告人は、犯罪組織が覚せい剤を輸入しようとしているかもしれないとの認識を持ち、犯罪組織の意図を察知したものといえると評価し、被告人の公判廷における自白に基づいて覚せい剤の可能性の認識を認めた第1審判決の認定を結論において是認する。他方、覚せい剤の可能性についての被告人の認識、貨物の受取の依頼及び引受けの各事実が認められるにもかかわらず、第1審判決が、覚せい剤輸入の故意を認定しながら、客観的事情等を適切に考察することなく共謀の成立を否定した点を経験則に照らし不合理であると指摘している。

　被告人が犯罪組織関係者の指示を受けて日本に入国し、覚せい剤が隠匿された輸入貨物を受け取ったという本件において、被告人は、輸入貨物に覚せい剤が隠匿されている可能性を認識しながら、犯罪組織関係者から輸入貨物の受取を依頼され、これを引き受け、覚せい剤輸入における重要な行為をして、これに加担することになったということができるのであるから、犯罪組織関係者と共同して覚せい剤を輸入するという意思を暗黙のうちに通じ合っていたものと推認されるのであって、特段の事情がない限り、覚せい剤輸入の故意だけで

なく共謀をも認定するのが相当である。原判決は、これと同旨を具体的に述べて暗黙の了解を推認した上、本件においては、上記の趣旨での特段の事情が認められず、むしろ覚せい剤輸入についての暗黙の了解があったことを裏付けるような両者の信頼関係に係る事情がみられるにもかかわらず、第1審判決が共謀の成立を否定したのは不合理であると判断したもので、その判断は正当として是認できる」。

以上によれば、原判決は、第1審判決の事実認定が経験則に照らして不合理であることを具体的に示して事実誤認があると判断したものといえるから、原判決に刑訴法382条の解釈適用の誤りはなく、原判決の認定に事実誤認はない。

▶▶事案の概要

被告人が、氏名不詳者らと共謀の上、営利の目的で、覚せい剤を日本国内に輸入しようと計画し、メキシコ合衆国から覚せい剤を隠し入れた段ボール2個を航空小口急送貨物として発送し、航空機により成田空港に到着させ、税関検査場において、税関職員の検査を受けさせたが、覚せい剤を発見されたため、貨物を受け取ることができなかったとして覚せい剤取締法違反により起訴された事案の上告審で、覚せい剤輸入の故意は認められるが共謀は認められないとして無罪の言渡しをした第1審判決（裁判員裁判）には事実誤認があるとした原判決に刑事訴訟法382条の解釈適用の誤りはなく、原判決の認定に事実誤認はないとして、上告を棄却した事案。

▶▶本件の争点

覚せい剤の認識。

▶▶コメント

刑訴法382条の事実誤認の意義及び控訴審の判示のあり方について判断した最判平24・2・13刑集66巻4号482頁（いわゆるチョコレート缶事件）は、いわゆる論理則・経験則違反説に立つべきことを明言し、控訴審が第1審判決に事実誤認があるというためには、論理則・経験則違反を具体的に示すことが必要であるとした。

本決定は、第1審の裁判員裁判において、共謀の成立に関し、常識に照らせば共同による犯行の意思連絡があったとまでは認定できないとされたのに対し、控訴審が、覚せい剤輸入について暗黙の意思連絡を推認できるのに共謀を

認めなかったことは、経験則に照らして明らかに不合理であると判断したことについて、上記平成24年判例の基準に照らして是認した。

本決定は、第１審の裁判員裁判による無罪判決を事実誤認を理由に破棄した控訴審判決を維持した最高裁の初めての判断であり、上記平成24年判例の具体的な当てはめ例を示した事例として意義を有するものと思われる。

[99] 同種前科で執行猶予判決後わずか約１年で覚せい剤の自己使用及び所持をした事案において、再犯防止のため、社会内において薬物再乱用防止プログラムを備えた薬物離脱のための適切な指導を受けさせる期間を十分に設けることが有用であるなどとして、保護観察付執行猶予に処した事例

千葉地方裁判所平成28年６月２日判決、判例タイムズ1431号237頁

▶▶判旨

被告人は、覚せい剤の自己使用及び所持により、懲役２年６月、４年間執行猶予に処せられ、社会内で更生する機会を与えられながら、その後わずか約１年で同様の犯行に及んだものであって、その覚せい剤に対する親和性や依存性、薬物規制法規軽視の姿勢は明らかであるから、被告人が本件各犯行を認めて、家族のためにも二度と覚せい剤を使用しない旨供述していること、被告人の家族が出廷して被告人と同居し監督する旨証言していること等の被告人のために酌むべき事情を考慮しても、実刑は免れ得ない。

したがって、前記執行猶予が取り消される見込みであることもふまえ、懲役２年の実刑に処すこととするが、現行犯逮捕時の客観的状況も併せ考えれば、その覚せい剤に対する依存性は高いと評価せざるを得ず、また、自分の意思で覚せい剤をやめられる旨述べていることからするとその認知のゆがみも大きく、そのような被告人の再犯を防ぐためには、断薬の上で行う施設内処遇の効果を、薬物の誘惑の多い社会内においても維持するべく、薬物再乱用防止プログラムを備えた保護観察所の下で薬物離脱のための適切な指導を受けさせる期間を十分に設けることが有用であり、被告人の更生意欲や更生環境に照らせばそれが相当と認められる。よって、その刑の一部の執行を猶予する。

▶▶事案の概要
　同種前科で執行猶予中の被告人による覚せい剤取締法違反の事案である。

▶▶本件の争点
　薬物乱用防止プログラムを備えた保護観察所での指導と刑の一部の執行猶予の適用。

▶▶コメント
　覚せい剤自己使用及び所持の同種前科で執行猶予中の被告人につき、懲役2年が相当としたものの、薬物再乱用防止プログラムを備えた保護観察所の下で薬物離脱のための適切な指導を受けさせる期間を十分に設けることが有用とし、刑の一部である懲役6月の執行を2年間猶予し、その猶予の期間中被告人を保護観察に付するものとしている。

　覚せい剤使用の再犯防止の観点から、薬物離脱プログラムの有用性を積極的に認め、そのうえで、刑の一部の執行猶予判決をしている。

　刑の一部執行猶予制度は、平成28年6月1日から施行されているところ、覚せい剤など薬物事犯については、要件が緩和されている（薬物使用等の罪を犯した者に対する刑の一部執行猶予に関する法律）。

　これは、「薬物使用等の罪を犯す者には、一般に薬物への親和性が高く、薬物事犯の常習性を有する者が多いと考えられるところ、これらの者の再犯を防ぐためには、刑事施設内において処遇を行うだけでなく、これに引き続き、薬物の誘惑のあり得る社会内においても十分な期間その処遇の効果を維持、強化する処遇を実施することがとりわけ有用であると考えられます。そこで、……薬物使用等の罪を犯した者については、刑法上の刑の一部執行猶予の要件である初入者にあたらない者であっても、刑の一部執行猶予を言い渡すことができることとするとともに、その猶予期間中必要的に保護観察に付することとし、施設内処遇と社会内処遇の連携によって、再犯防止及び改善更生を促そうとするものです」（第179回国会参議院法務委員会会議録3号14～15頁参照）という立法趣旨からであり、本判決は、まさにこの趣旨にのっとったケースであると言える。

期成会実践刑事弁護叢書 05

入門・覚せい剤事件の弁護〔改訂版〕

2018年2月20日 第1版第1刷 発行

編　者　東京弁護士会期成会明るい刑事弁護研究会

発行人　成澤壽信
編集人　北井大輔
発行所　株式会社 現代人文社
　　　　〒160-0004 東京都新宿区四谷2-10 八ッ橋ビル7階
　　　　Tel: 03-5379-0307　Fax: 03-5379-5388
　　　　E-mail: henshu@genjin.jp（代表）、hanbai@genjin.jp（販売）
　　　　Web: www.genjin.jp

発売所　株式会社 大学図書

印刷所　株式会社 平河工業社

装　丁　Malpu Design（清水良洋＋柴﨑精治）

Printed in Japan　ISBN 978-4-87798-694-0 C2032

© 2018 Tokyo Bengoshikai Kiseikai Akarui Keijibengo Kenkyukai

◎本書の一部あるいは全部を無断で複写・転載・転訳載などをすること、または磁気媒体等に入力することは、法律で認められた場合を除き、著作者および出版者の権利の侵害となりますので、これらの行為をする場合には、あらかじめ小社または著作者に承諾を求めて下さい。
◎乱丁本・落丁本はお取り換えいたします。